银领精品系列教材

管理学基础

第 2 版

主　编　蒋永忠　张　颖
副主编　汪朝洋　刘　浩　王　韦

省级精品课程配套教材

- 简化理论，突出应用
- 内容创新，编排科学
- 案例丰富，趣味性强
- 免费提供配套教学资源

清华大学出版社
北京

内 容 简 介

本书是省级精品课程《管理学基础》的配套教材，是在保持第 1 版核心内容的基础上，结合管理学领域的最新发展编写而成的，内容丰富，实用性强。本书内容体系构建是根据教育部最新教材改革精神要求和应用型人才培养的要求，同时结合高职高专以能力培养和训练为核心的基本教育思想，本着实用性、适应性、趣味性相结合的原则确定的。

全书共分八章，以计划、组织、领导、控制等管理职能为主线，从如何管理的角度，对管理学中最基本的问题做了应有的阐述。文中尽量淡化理论色彩，采用描述性的语言，以期达到深入浅出、通俗易懂的目的。本书可作为应用型本科院校或高职高专院校经济管理类相关专业的教材，也可供相关管理人员阅读参考。

本书封面贴有清华大学出版社防伪标签，无标签者不得销售。
版权所有，侵权必究。举报：010-62782989，beiqinquan@tup.tsinghua.edu.cn。

图书在版编目（CIP）数据

管理学基础/蒋永忠编著．—2 版．—北京：清华大学出版社，2012.6（2021.8重印）
银领精品系列教材
ISBN 978-7-302-28896-1

Ⅰ. ①管… Ⅱ. ①蒋… Ⅲ. ①管理学-高等学校-教材 Ⅳ. ①C93

中国版本图书馆 CIP 数据核字（2012）第 106131 号

责任编辑：陈仕云
封面设计：康飞龙
版式设计：文森时代
责任校对：张兴旺
责任印制：沈 露

出版发行：清华大学出版社
网　　址：http://www.tup.com.cn，http://www.wqbook.com
地　　址：北京清华大学学研大厦 A 座　　　邮　　编：100084
社 总 机：010-62770175　　　邮　　购：010-62786544
投稿与读者服务：010-62776969，c-service@tup.tsinghua.edu.cn
质量反馈：010-62772015，zhiliang@tup.tsinghua.edu.cn
课件下载：http://www.tup.com.cn，010-62788951-223

印 装 者：三河市科茂嘉荣印务有限公司
经　　销：全国新华书店
开　　本：185mm×230mm　印　张：18.75　插　页：1　字　数：365 千字
版　　次：2012 年 6 月第 2 版　2007 年 8 月第 1 版　印　次：2021 年 8 月第 9 次印刷
定　　价：59.00 元

产品编号：036737-03

丛 书 序

一、出版缘起

2004年2月,教育部部长周济在全国高职教育第三次产学研结合经验交流会上强调,高职教育的主要任务是培养高技能人才。他说,这类人才,既不是白领,也不是蓝领,而是应用型白领,应该叫"银领"。"银领"是指知识与技能都要具备的复合型人才。

为适应培养高等技术应用型人才的急切需求,高职高专教育的发展如火如荼,高职教学改革也在不断深入。"银领精品系列教材"就是在这样的客观背景下,着眼于21世纪中国社会经济发展对高等技术应用型人才的需求及实践要求,从高职高专教学改革思想的出发点出发,力求突出高职高专教育的特点和要求,同时密切结合精品课程建设及职业资格制度人才培养模式的要求策划组织的。

教材建设是整个高职高专院校教育教学工作的重要组成部分,也是精品课程建设的工作要求之一,高质量的教材是培养高质量人才的基本保证。我们期望本系列教材的出版能为高职高专的教学改革和应用型人才的培养贡献一份力量!

二、读者对象

本系列教材所选课程均为省级或国家级精品课程建设的配套研究成果,由精品课程负责人联合其他具有丰富的教学和实践经验的专家编写而成,主要适于作为高职高专院校或应用型本科院校财经大类经济学和管理学类工商管理、市场营销、经济贸易、电子商务、物流管理等相关专业的教材,同时适合企业相关实际工作者阅读参考。

三、丛书特色

1. 强化基础,突出应用

针对高等职业教育注重培养各职业岗位应用型人才的特点,紧密结合高职高专教育发展现状和教学需要进行编写。对基础理论的阐述以"必需,够用"为原则,由浅入深进行阐述,以求简明易懂。重点放在对应用理论及操作技能方面的介绍,注重培养学生的实践能力,突出应用性。

2. 内容创新,编排科学

高职教育与经济建设密切相关,高职教材的内容也必须紧跟时代,反映新观念、新技术、新工艺、新方法，以培养学生的创新精神。本系列教材的内容体系安排从易到难、循序渐进，注重教材的整体性和衔接性，更注重与相关职业资格考试的最新动态相结合，具有一定的创新性。

3. 精选课程，内容成熟

所选课程均为财经大类经济学和管理学相关专业的公共基础课和专业基础课，由于有精品课程建设的基础，相关内容讲义均已在作者所在院校进行多轮讲解，并经不断修改完善，内容体系比较成熟。

4. 作者队伍强大

本系列教材的主编均为教育部国家级精品课程以及省级精品课程主持人或具有丰富实践工作经验的专家，多年从事高职高专教学和科研实践工作，拥有较丰富的教学实践和写作经验。其他参编者也均为来自高职高专教学第一线的"双师型"教师。

5. 突出案例教学的作用

本系列教材中设有丰富的学习案例，通过开篇案例、节内的微型案例、章后的中型案例及书后综合案例的有机结合，强化了案例对知识点的牵引、辅助解说及综合考查作用，突出了教材的时代性、生活性和情趣性。

6. 注重配套教学资源建设与服务

所有教材均配有精美电子课件和教学大纲，根据课程需要，还有配套练习题参考答案、教学案例分析、同步练习自测题库及参考答案等辅助教学资源。

四、教学支持

为帮助一线教师的教学，为课堂教学提供丰富的教学资源和实在的教学支持，本系列教材附有如下丰富配套教学资源，并免费为选用教材的一线教师提供：

- ✧ 课程教学大纲
- ✧ 配套电子课件（PPT 形式）
- ✧ 教材课后练习题参考答案
- ✧ 同步练习自测题库及参考答案
- ✧ 教学案例及评析

获取方式：需要获取上述相关教学资源的一线教师，请登录清华大学出版社网站（www.tup.com.cn）下载或发邮件至 thjdservice@126.com 索取，来信请注明您的姓名、所在学校、联系方式以及您的详细需求。

使 用 指 南

一、使用对象

本书适合于高职高专院校经济管理类专业学生使用,也可供对管理学有兴趣的社会人士参考使用。

二、指导思想

我们认为,管理是一门实用性很强的学问,体现了科学性与艺术性的有机结合。作为组织中人,无论管理者还是被管理者,都应该掌握管理的基本原理,了解管理的基本过程,使自己的工作有理可循,有据可依。通过管理知识的学习,管理者可以登高望远,不断总结经验教训,从而提高工作效率和水平;被管理者可以适应环境,增强自我管理能力,提高工作主动性。两者皆宜,两者皆有益。

三、框架及特色

本教材是根据高职高专学生的学习习惯和学习特点,结合高职高专以能力培养和训练为核心的基本教育思想,本着实用性、适应性、趣味性相结合的原则来编排内容。全书共分八章,以计划、组织、领导、控制等管理职能为主线,从如何管理的角度,对管理学中最基本的问题做了应有的阐述。文中尽量淡化理论色彩,采用描述性的语言,达到深入浅出、通俗易懂说道理的目的。

书中各章开篇均设有学习目标和技能目标,学习目标主要规划理论知识的学习,由"掌握、熟悉、了解"组成,"掌握"意味着要能够熟练运用有关知识分析实际问题,"熟悉"意味着一般性掌握有关内容,"了解"则为知道即可,无须深究。技能目标则规划能力项目的学习,指出应该具备的能力并要求能够学以致用。同时每章都以有趣并富有寓意的管理故事作为导言,引出正文内容。篇末设有了解大师栏目,结合章节内容,介绍了八位管理大师,以开拓学生视野。本书强调通过案例教学来训练学生解决实际问题的能力,作业布置也基本围绕"解决问题"这一要点展开。

各部分主要内容如下。

第一章管理概述。本章首先介绍了管理的含义、特征、目标和职能。认为管理就是在特定的环境下，对组织所拥有的资源进行有效的计划、组织、领导、控制，以便完成组织的既定目标的过程。其次介绍了管理者应具备的三种类型（基层管理者、中层管理者、高层管理者）和技能（技术技能、人际技能、概念技能）。最后介绍了管理学作为一门学科所具有的研究内容、特点与学习方法。

第二章管理理论的演进。本章全面论述了管理理论的演进历史，有三条主线：第一条是时间线，以时间为轴充分体现其历史性；第二条是理论线，以管理理论的演进历史过程为轴，充分反映其发展性；第三条线是人性线，以管理理论发展进程中的人性理论的深化为轴，蕴含着对管理最优境界的追求，充分反映其突破性。首先介绍了古典管理理论中的科学管理理论、一般管理理论和行政组织理论；其次介绍了行为科学理论中的人际关系理论、需求层次理论、双因素理论、X 理论、Y 理论和 Z 理论；最后介绍了现代管理理论的丛林和当代管理理论的发展。

第三章计划。计划工作是全部管理职能中的基本职能，相对于其他管理职能处于领先地位。计划工作就是要确定组织的目标及实现这些目标的途径。本章主要从三个方面阐述计划工作：一是计划的概述，包括计划的含义、计划的特性、计划的类型、计划的编制过程；二是决策，包括决策的概念、决策的类型、决策的程序、决策的方法；三是目标管理，包括目标的概念及特征、目标管理、目标管理的过程。

第四章组织。本章首先介绍了组织和组织工作的含义、组织工作的特点和原则、正式组织与非正式组织的基本特征和相互关系。其次介绍了直线制组织结构、职能制组织结构、直线职能制组织结构、事业部制组织结构、矩阵制组织结构、委员会制组织结构、新型组织结构等基本的组织结构类型。最后介绍了如何对管理人员进行选聘、考评和培训。

第五章企业文化。在市场经济中，企业文化发挥着无可替代的作用，是企业管理的重要部分，更是企业的核心竞争力。打造和谐企业文化，对企业长期经营业绩有重大作用，这个作用不是促进，而是直接提高。本章主要从三个方面阐述企业文化的内容：企业文化的含义、特征和功能；企业文化的结构、内容和类型；企业文化的建设，包括企业文化建设的原则和途径。

第六章领导。领导是指领导者带领和指导群众实现共同确定的目标的各种活动的总和过程。领导和管理不同，管理是建立在合法的职务权力基础上对下属的行为进行指挥的过程，领导更多的是通过其个人魅力与专长来影响追随者的行为。领导理论是关于领导的有效性的理论。对领导有效性的研究主要从三个方面进行：领导特质理论着重研究领导的品行、素质、修养，目的是要说明好的领导者应具备怎样的素质；领导行为理论着重分析领导者的领导行为和领导风格对其组织成员的影响，目的是找出最佳的领导行为和风格;领导权变理论则着重研究影响行为和领导有效性的环境因素,目的是要说明在不同情况下,哪一种领导方式才是最好的。

第七章激励与沟通。本章首先介绍了激励的含义、过程和原则。指出激励是在工作中调动人的积极性的过程。其次介绍了一系列的激励理论以及沟通的含义、作用、过程和类别,认为沟通是信息从发送者到接收者的传递和理解的过程。最后介绍了沟通障碍和有效沟通的技术与方法。

第八章控制。本章主要介绍了管理职能中的控制职能,控制是检查已完成的工作是否按计划、标准和方法进行,发现偏差,分析原因,进行纠正,以确保组织目标实现的过程。它与管理的其他职能都有着密切的关系,控制的效果如何将会对整个管理过程产生重要的影响。为了使控制取得预期的效果,要把握住控制的标准和原则,进行有效的控制管理。同时介绍了一些常用的控制方法及各自的适用范围,如预算控制法和非预算控制法等。

四、配套支持

本书提供配套电子课件(PPT)及自测题库。

五、编写人员

本书由安徽工商职业学院蒋永忠、张颖主编;安徽审计职业学院汪朝洋,安徽工商职业学院刘浩、王韦副主编。张颖编写第一章,刘浩编写第二、四章,汪朝洋编写第三、五章,王韦编写第六、八章,蒋永忠编写第七章。张颖修改校订全书,最后由蒋永忠总纂定稿。

六、致谢

在本书的编写过程中,借鉴、参考和引用了许多国内外作者的观点和有关资料,主要参考文献已列于书后,或在文下注明,在此谨向各位作者表示衷心的感谢。本书得以顺利出版,还要感谢清华大学出版社编辑们的关心、支持和大力帮助。

由于编者水平有限,书中缺点、疏漏甚至错误在所难免,恳请广大读者及同行专家批评指正,以便我们改进。

编 者

2012 年 4 月

目　　录

第一章　管理概述 1
　第一节　管理 2
　　一、管理的含义 2
　　二、管理的特征 4
　　三、管理的目标 6
　　四、管理的职能 7
　　五、管理的人性假设 7
　　六、管理的社会责任与道德 8
　　七、管理的环境 13
　第二节　管理者 14
　　一、管理者的类型 14
　　二、管理者的技能 15
　第三节　管理学 19
　　一、管理学的研究内容 19
　　二、管理学的特点 21
　　三、管理学的学习方法 22
　本章小结 23
　了解大师 23
　思考与讨论 24
　实训题 24
　综合案例 25
　看图说事 28

第二章　管理理论的演进 29
　第一节　古典管理理论 30
　　一、科学管理理论 30
　　二、一般管理理论 35

三、行政组织理论 37
第二节　行为科学理论 38
　　一、人际关系理论 38
　　二、需求层次理论 43
　　三、双因素理论 48
　　四、X、Y 理论 50
　　五、Z 理论 53
第三节　现当代管理理论 54
　　一、现代管理理论的丛林 54
　　二、当代管理理论的发展 57
本章小结 63
了解大师 63
思考与讨论 65
实训题 65
综合案例 65
看图说事 67

第三章　计划 68
第一节　计划的概述 69
　　一、计划的含义 69
　　二、计划的特性 71
　　三、计划的类型 74
　　四、计划的编制过程 76
第二节　决策 78
　　一、决策的概念 78
　　二、决策的类型 80
　　三、决策的程序 82
　　四、决策的方法 85
第三节　目标管理 89
　　一、目标的概念及特征 89
　　二、目标管理概述 91
　　三、目标管理的过程 95
本章小结 97

了解大师 97
　　思考与讨论 98
　　实训题 98
　　综合案例 99
　　看图说事 100

第四章　组织 101

第一节　组织与组织工作 102
　　一、组织的含义 102
　　二、正式组织与非正式组织 102
　　三、组织工作的含义 105

第二节　组织结构 107
　　一、组织结构概述 107
　　二、管理幅度与组织层次 108
　　三、组织结构类型 111

第三节　人员配备 121
　　一、人员配备的任务、程序和原则 121
　　二、管理人员的选聘 122
　　三、管理人员的考评 127
　　四、管理人员的培训 131

　　本章小结 135
　　了解大师 135
　　思考与讨论 136
　　实训题 136
　　综合案例 137
　　看图说事 140

第五章　企业文化 141

第一节　企业文化的含义、特征和功能 142
　　一、文化 142
　　二、企业文化的含义 144
　　三、企业文化的特征 146
　　四、企业文化的功能 148

第二节　企业文化的结构、内容和类型 150
　　　　一、企业文化的结构 150
　　　　二、企业文化的内容 152
　　　　三、企业文化的类型 156
　　第三节　企业文化的建设 162
　　　　一、企业文化建设的原则 162
　　　　二、企业文化建设的途径 165
　本章小结 169
　了解大师 170
　思考与讨论 170
　实训题 171
　综合案例 171
　看图说事 174

第六章　领导 175
　　第一节　领导的概念 176
　　　　一、领导的含义与本质 176
　　　　二、领导与管理的关系 177
　　　　三、领导的权力基础 179
　　第二节　领导者与领导集体 182
　　　　一、领导者素质 182
　　　　二、领导集体的构成 185
　　　　三、领导的艺术 186
　　第三节　领导理论 192
　　　　一、特质理论 192
　　　　二、行为理论 194
　　　　三、权变理论 198
　本章小结 202
　了解大师 203
　思考与讨论 204
　实训题 204
　综合案例 207
　看图说事 208

第七章　激励与沟通 209

第一节　激励概述 210
一、激励的含义 210
二、激励的过程 211
三、激励的原则 212

第二节　激励理论与激励方法 213
一、激励理论 213
二、激励方法 222

第三节　沟通概述 226
一、沟通及其过程 226
二、沟通的类别 229

第四节　有效沟通的实现 236
一、沟通障碍 236
二、有效沟通的技术和方法 240

本章小结 246
了解大师 246
思考与讨论 247
实训题 248
综合案例 248
看图说事 250

第八章　控制 251

第一节　控制概述 252
一、控制的概念 252
二、控制的目的与作用 253
三、控制与计划 254
四、控制与组织 254

第二节　控制的类型 255
一、纠正执行偏差与调整控制标准 255
二、事前控制、事中控制、事后控制 256
三、反馈控制和前馈控制 257
四、集中控制、分层控制和分散控制 259
五、正式组织控制、群体控制和自我控制 260

六、任务控制、绩效控制和战略控制 260
第三节　有效控制 261
　　一、控制的原则 261
　　二、控制的过程 264
　　三、有效的管理控制 269
第四节　控制的方法 272
　　一、行为控制法 272
　　二、预算控制法 273
　　三、非预算控制法 277
本章小结 280
了解大师 280
思考与讨论 281
实训题 282
综合案例 282
看图说事 284

参考文献 285

第一章 管理概述

管理就是设计和保持一种良好环境,使人在群体里高效率地完成既定目标。

——哈罗德·孔茨

【学习目标】

① 熟悉管理的含义、特征、目标和职能。
② 了解管理的人性假设、管理的社会责任与道德及环境影响。
③ 了解管理者的类型,把握成为有效管理者的技能。
④ 了解管理学的特点、研究内容与学习方法。
⑤ 认识自我和有意识培养自己的管理素质。

【技能目标】

能分析管理中人的重要性;能分析企业行为中的道德意识和社会责任意识;能判断管理者属于何种类型,指出其具备或者欠缺何种技能。

 导言

某日早上,某中型文具生产企业的行政部陈经理急匆匆地跑进总经理办公室,向总经理汇报说厕所冲不干净,希望可以装配水箱加压装置。

总经理听后大怒:"厕所冲不干净都来找我?!"陈经理赶忙解释说:"我已经多次和集团工程总监反映水压不够的问题,但工程总监坚持认为是使用厕所的人没有冲水,而不是新办公楼的水压问题,反而埋怨我们行政部没有做好卫生宣传工作。"

听后,总经理立刻委派助理到厕所进行实地"考察",并以"实战"测试厕所的水压。下午,总经理助理向总经理汇报,8个厕所共32个坑位有8个存在水压问题,主要集中在办公楼第4层。于是,总经理立刻责成行政部经理进行协调。

翌日,陈经理将书面报告呈交给了总经理,根据集团工程总监的意见,由于加压泵将耗费10万元投资,所以他建议增加两名后勤人员专门负责厕所卫生。总经理考虑到人员成本的问题,没有批准报告,于是该问题被暂时搁置。

一个月后,由于董事长办公室的厕所进行维修,董事长在光临4楼厕所的时候不幸目睹了"惨状"。董事长大怒并立刻找到陈经理当面怒斥。陈经理听后委屈地解释说:"一个月前,我已经将解决该问题的书面报告呈交总经理,但由于人员成本问题总经理没有批准。"

董事长困惑了:一个月的时间加三个部门共同努力,为什么厕所的冲水问题还没得到解决?责任应该由谁来承担?如果连厕所冲水都解决不了,那公司的务实、求真、高效的管理方略何时才可以实现?

第一节 管 理

一、管理的含义

管理即管辖、治理。大到国家,小到企业或学校,几乎任何组织都离不开管理。可以说,管理的范围与人类活动的范围同样宽广。现实生活中的每一个人实际上都在不同领域、不同层次上担负着一定的管理工作,如行政管理、企业管理、科学文化管理,甚至家庭管理等。然而,要给管理下一个简洁确切的定义却并非易事。

随着管理学的产生与发展,在不同时期,不同学者对管理作出了不同的描述,有代表性的主要有以下几种。

一是从工作任务的角度出发定义。如"科学管理之父"泰罗说:管理就是要"确切地知道让别人干什么,并注意他们用最好最经济的方法去干"。"管理的主要目的应该是使雇主实现最大限度的富裕,也联系着使每个雇员实现最大限度的富裕",他强调的是寻求最经济的方法完成工作任务。

二是从职能和过程的角度出发定义。如法国管理学家法约尔认为:"管理,就是实行计划、组织、指挥、协调和控制","是一种分配于领导人与整个组织成员之间的职能"。美国管理学家约瑟夫·梅西等基本上同意这一观点,把管理视为"一个合作的群体将各种行动引向共同目标的过程"。

三是从管理所产生的组织效果的角度出发定义。如苏联管理学家波波夫认为,管理同土地、劳力和资本一样,都是一种生产资源。一个公司的管理,将在很大程度上决定其生产率和盈利能力。因此,管理是"生产的第四要素"。

四是从文化的角度出发定义。如美国管理学家德鲁克认为,"管理不只是一门学问,还应是一种'文化',它有自己的价值观、信仰和语言"。管理"根植于一种文化、价值传统、习惯和信念之中,根植于政府制度和政治制度之中"。

五是从决策在管理中所占重要地位的角度出发定义,把管理与决策等同起来。如诺贝尔经济学奖获得者西蒙就提出:"管理过程是决策的过程。"

可见,上述这些不同的定义均强调或突出了管理活动某一方面的特性,各有道理,也各执一端。所以综合地看,我们认为:<u>**管理**就是在特定的环境下,对组织所拥有的资源进行有效的计划、组织、领导、控制,以便完成组织的既定目标的过程。</u>

这个定义包含以下四层含义。

(1)管理是为实现组织目标服务的,是一个有意识、有目的进行的过程。对任何一个组织而言,管理都是不可或缺的,但又不是独立存在的。管理不具有自己的目标,不能为管理而管理,而只能使管理服务于组织目标的实现。

(2)管理要通过组织中各种资源的综合运用来实现组织的目标。

(3)管理过程由一系列相互关联、连续进行的活动所构成。这些活动包括计划、组织、领导、控制等,它们是管理的基本职能。

(4)管理是在一定环境下进行的,有效的管理必须充分考虑组织内外部环境的影响。

通常来说,管理并不是独立存在的,它只是一个组织"器官",是为服务组织而来的。那么,什么是组织?组织是指对负有特殊使命的人的系统性安排。即由两个或两个以上的个人为了实现共同的目标组合而成的有机整体。如学校、学校中的学生会、政府机关、各类企业、慈善机构等都是组织。

组织具有以下三个基本特征。

第一,有明确的目标。

第二,由人组成。

第三,有自己的系统性结构。

另外,在了解管理与组织的时候,还要关注效率与效果的关系。效率是管理极其重要的组成部分,反映了输入与输出之间的关系,即用尽可能少的投入,获得尽可能多的产出。例如,设备利用率、工时利用率、资金周转率、劳动生产率等,都是组织效率性的具体衡量依据。通常情况下,资源总是有限的,这种有限性对组织目标的确定与实现有很大的影响。组织的有限资源与组织可调动的资源不一定是相等的。可调动资源可能大于组织自己拥有的资源,也可能小于组织自己拥有的资源。组织资源的有限性决定了组织应该充分有效地利用这些资源,使之发挥最大的效用。

然而,管理者仅仅关心组织活动的效率还是不够的,管理工作的完整任务必须是使组织在高效率基础上实现正确的活动目标,也就是要达成组织活动的目的。当管理者实现了组织目标,我们就说他们是有效果的。那么,什么是效果?效果就是组织活动的结果。效果的具体衡量指标有销售收入、利润额、销售利润率、产值利润率、成本利润率、资金利润率等。

效率和效果是互相联系而又有所不同的两个概念。效率涉及的是活动的方式，它与资源的利用相关，因而只有高低之分而无好坏之别。效果则涉及活动的目标和结果，不仅具有高低之分，而且可以在好和坏两个方面表现出明显的差距。如果说高效率是追求"正确地做事"，好效果则是保证"做正确的事"。在效果好的情况下，高效率无疑会使组织的有效性增大，但从本质上说，效率性和有效性之间并没有必然的联系。有时一个企业的效率可能比较高，但如果所生产的产品没有销路，或者说不能满足顾客的需要，这样效率越高反而会导致有效性越差，因为此时产品生产得越多，库存积压也就越多，从而企业赔钱也越多。所以，一个有效的管理者，应该一方面既能指出应当怎么做才能使组织保持高的效率，另一方面又能指出应当做什么才能取得好的效果，这样才能使组织具有最大的有效性。

二、管理的特征

（一）动态性

管理的动态性特征主要表现在这类活动需要在变动的环境与组织本身中进行，需要消除资源配置使用过程中的各种不确定性。因此，管理不是停留在书本上的东西，它是实践中的操作。书本上的东西最多是管理实践的总结或理论的推演，它是一种静态的东西，我们说，学习管理需要学书本上的东西，但更重要的是学会在特定的状况下实施具体的管理，这是一种学以致用的智慧。哈佛大学注重案例教学，表明了哈佛的教授们对管理真谛的一种认识。事实上，由于各个组织所处的客观环境与具体的工作环境不同，各个组织的目标与从事的行业不同，从而导致了每个组织中资源配置的不同，这种不同就是动态性特征的一种派生，因此，管理无定式，不存在一个标准的、处处成功的管理模式。

（二）科学性

管理的动态性特征并不意味着管理没有科学规律可循。尽管管理活动是动态的，但还是可将其分成程序性活动和非程序性活动。所谓程序性活动就是指有章可循、照章运作便可取得预期效果的管理活动。所谓非程序性活动就是指无章可循、需要边运作边探讨的管理活动。这两类活动虽然不同，但却是可以转化的，实际上现实的程序性活动就是从以前非程序性活动转化而来的，这种转化的过程事实上是人们对这类活动与管理对象规律性的科学总结，管理的科学性在这里得到了很好的体现。对新的管理对象所采取的非程序性活动只能依据过去的科学结论进行，否则对这些对象的管理便失去了可靠性，而这本身也体现了管理的科学性。

（三）艺术性

艺术性是指在掌握一定理论和方法的基础上，灵活运用这些知识和技能的技巧和诀窍。管理的艺术性强调管理人员必须在管理实践中发挥积极性、主动性和创造性，因地制宜地将管理知识与具体管理活动相结合，才能进行有效的管理。管理之所以具有艺术性，主要是因为影响管理的因素，不仅有确定的因素，还有不确定的因素；不仅具有相对稳定的因素，还有突发性、偶然性的因素。这就决定了管理不仅要制定具有普遍意义的科学原则，运用能解决规律性问题的科学方法，而且还要有随机应变的能力和灵活发挥的艺术。这就像阅读有关游泳的书籍，并不意味着你就一定会游泳一样，掌握了大量的管理理论、原理或知识，并不能表明你就是一个出色的管理人员，并不能保证你的管理活动就是有效的、成功的。如果只凭书本知识来开展管理，无视实践经验的积累，无视对理论知识的灵活运用，那么管理工作则注定要失败。需要注意的是，我们强调管理的艺术性，并不否认管理的科学性。管理活动不但需要利用经过整理的基本知识，而且需要根据实际情况加以创造性地、灵活性地运用，才能取得预期的成效。因此，管理工作是科学性与艺术性的有机统一，是结合实际进行的一种创造性活动。

（四）创造性

管理的艺术性特征实际上已经与管理的另一个特征相关，这就是创造性。管理既然是一种动态活动，又没有统一的模式可以参照，那么要实现既定的组织目标，就需要有一定的创造性。试想如果现实中只要按照程序便可做好管理的话，那么岂不是人人都可以成功，都可以成为有效的管理者？这显然是不可能的。所以管理的创造性根植于动态性之中，与科学性和艺术性相关，正是由于这一特性的存在，才使得管理创新成为必需和必然。

（五）经济性

资源的配置使用是需要成本的，因此管理具有经济性特征。首先，管理的经济性反映在资源配置的机会成本上，管理者选择一种资源配置方式是以放弃另一种资源配置方式为代价的，这里有一个筹划选择的过程。其次，管理的经济性反映在管理方式方法的选择上，因为在众多进行资源配置的方式方法中，不同方法所花费的成本是不一样的，所以如何选择也就有个经济性的问题。最后，管理是对资源有效整合的过程，因此选择不同的资源供给和配比，也有成本大小的问题，这是经济性的另一种表现。

管理的上述五个特征是相互关联的，是管理性质的五个不同方面的反映。

【案例 1-1】　　　　　如何进行管理

在一个管理经验交流会上,有两个厂的厂长分别论述了他们对如何进行有效管理的看法。A 厂长认为,企业首要的资产是员工,只有员工们都把企业当成自己的家,都把个人的命运与企业的命运紧密联系在一起,才能充分发挥他们的智慧和力量为企业服务。因此,管理者有什么问题,都应该与员工们商量解决;平时要十分注重对员工需求的分析,有针对性地给员工提供学习、娱乐的机会和条件;每月的黑板报上应公布出当月过生日的员工的姓名,并祝他们生日快乐;员工结婚或生儿育女,厂里应派车接送,厂长应亲自送上贺礼表示祝贺。在 A 厂长的厂里,员工们都普遍地把企业当作自己的家,全心全意地为企业服务,工厂日益兴旺。

B 厂长则认为,只有实行严格的管理才能确保实现企业目标所必须开展的各项活动的顺利进行。因此,企业要制定严格的规章制度和岗位责任制,建立严密的控制体系;注重上岗培训;实行计件工资制等。在 B 厂长的厂里,员工们都非常注意遵守规章制度,努力工作以完成任务,工厂发展迅速。

想一想：这两个厂长的观点谁的正确,为什么?

三、管理的目标

管理的目标是与组织的目标相关联的。管理最基本的目标是提高效率,以达成资源利用的最优化,从而实现组织目标。管理促进组织目标实现的情况可以从下面三个角度来衡量：一是组织的产出目标。一个组织要开展活动,必须拥有一定的人、财、物和信息等资源,这些构成了组织的投入,通过对投入的运用,就可以产生组织的成果。这些成果被称为"产出"。具体表现形式可以是学校培养出的人才,也可以是生产企业制造的产品、服务企业提供的各项服务等。不同类型的组织,其成果的具体表现形式可能各不相同。二是组织的绩效目标。组织的绩效目标是对组织所取得的成果与所运用的资源之间转化关系的衡量。组织的绩效高低,表现在效率和效果两方面。三是组织的终极目标。根据组织的性质不同,组织的终极目标可以有不同的表现形式。有一些组织以追求利润和资本保值增值为主要终极目标,这样的组织被称为营利性组织;有一些组织则以满足社会利益和履行社会责任为主要终极目标,这样的组织被称为非营利性组织。营利性组织终极目标的实现程度可以通过经市场检验的较为客观的绩效指标来衡量,非营利性组织终极目标的实现情况须依赖一些定性的和相对主观的指标加以衡量。但无论组织的终极目标有何差别,管理工作的使命基本上是一样的,即都要使组织以尽量少的资源,完成尽可能多的合乎要求的目标。只有这样，才能称得上是有效的管理。

四、管理的职能

（一）计划

计划的任务主要是制定目标及目标实施途径（即计划方案）。具体来说，计划工作主要包括：（1）描述组织未来的发展目标，如利润增长目标、市场份额目标和社会责任目标等；（2）有效利用组织的资源实现组织的发展目标；（3）决定为实现目标所要采取的行动。计划是管理的首要职能，管理活动从计划工作开始。

（二）组织

再好的计划方案也只有落实到行动中才有意义。要把计划落实到行动中，就必须有组织工作。组织工作包括分工、构建部门、确定层次等级和协调等活动，其任务是构建一种工作关系网络，使组织成员在这样的网络下更有效地开展工作。通过有效的组织工作，管理人员可以更好地协调组织的人力和物力资源，更顺利地实现组织的目标。

（三）领导

有了计划，构建了合适的组织结构，聘用到了合适的人员之后，就需要开展领导工作了。有人把领导称为指导，但不管怎么叫，都是指对组织成员施加影响，使他们为组织的目标作出贡献。其工作内容包括激励、采用合适的领导方式、沟通等。

（四）控制

控制工作包括衡量组织成员的工作绩效，发现偏差，采取矫正措施，进而保证实际工作开展情况符合计划要求。

计划、组织、领导和控制是最基本的管理职能，它们分别回答了一个组织要做什么和怎么做、靠什么做、如何做得更好，以及做得怎么样等基本问题。

五、管理的人性假设

人究竟是为了什么利益而采取行动呢？为了对人进行有效的管理，管理学家们通过对人性的研究，提出了以下几种人性假设。

（一）经济人假设

这种假设主要把人看作是经济人，认为人的一切行为都是为了最大限度地满足自己的利益，工作就是为了获得经济报酬。人在企业中处于受控的、被动的地位。

（二）社会人假设

这种假设认为，人们在工作中得到的物质利益对于调动生产积极性只有次要意义，人们最重视的是在工作中与人友好相处，良好的人际关系是调动人的生产积极性的决定性因素。

（三）自我实现人假设

自我实现是指个人的才能得到充分发挥。这种假设认为，人是自我激励、自我指导和自我控制的，要求提高和发展自己的能力并充分发挥个人的潜能。在现实中这种人是少数，由于受社会环境的限制，多数人不能达到自我实现的水平。但是，却可以处于自我实现的过程中。

（四）复杂人假设

这是对待人性的一种权变思想。认为现实组织中存在着各种各样的人，不能把所有的人都简单化、一般化地归类为前述某一种假设之下，而应该看到不同的人以及同一个人在不同场合会有不同的动机和需要。

（五）理性生态人假设

随着环境恶化和生态危机的出现，人类开始从人与自然界和谐共生的角度探索与重建新的经济模式、管理模式和科技文化模式。理性生态人假设认为，一个理性生态人应具备双重素质。作为生态人，他具有充分的生态论理学素养；同时他又是理性的，具备与其职业活动及生活方式相应的生态环境知识。这样，他既能对一切与环境有关的事物作出符合生态学的评价，也会有充分的道德、智慧和知识制定符合生态学的策略。

六、管理的社会责任与道德

21世纪的管理要求组织合乎道德伦理地从事管理活动。道德伦理和社会责任成为组织管理不可或缺的因素。

（一）社会责任

20世纪60年代之前，企业的社会责任问题几乎无人问津。时至今日，它已引起人们的普遍关注。主要原因是管理者在管理实践中经常会遇到需要考虑社会责任的决策，如是否为慈善事业出一份力、如何确定产品的价格、怎样处理好与员工的关系、是否以及怎样保护自然环境、如何保证产品的质量和安全等。

社会责任是指企业追求一种有利于社会长远目标的义务，而不是法律和经济所要求的义务。注意，这一定义是假设企业不仅承担法律义务（即要遵守有关法律），而且要承担经济上的义务（即要追求经济利益）。法律义务和经济义务之和，构成了企业的社会义务，但社会责任的内涵较之于社会义务要大。

因此，这里有必要对社会责任与另外两个概念作一比较，这两个概念是社会义务和社会反应（或社会响应）。如图1-1所示，社会义务是企业遵守并履行社会经济和法律责任的义务，是企业参与社会活动的基础。如果一个企业履行了经济上和法律上的义务，我们就说该企业履行了它的社会义务。社会响应是指一个企业适应变化的社会环境的能力。企业自觉承担社会责任，产生良好的社会响应，对企业塑造自己形象，获得战略性发展是必需的。

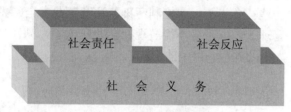

图1-1 参与社会的程度

与社会义务相比，社会责任和社会响应不仅局限于符合基本的经济和法律标准，而是超出了基本的经济和法律标准。社会责任加入了一种道德规则，要求企业去做对社会有利的事而不去做那些有损于社会的事情。两者的区别如表1-1所示。

表1-1 社会责任与社会响应

对比项目	社会责任	社会响应
主要考虑	道德的	实际的
焦点	结果	手段
强调	义务	响应
决策框架	长期	中、短期

从表1-1可见，社会响应是由社会准则引导的社会准则的价值，它们能为管理者作决策提供一个更有意义的指南；社会责任则要求企业决定什么是对的、什么是错的，从而找出基本的道德真理。企业对社会应负的责任包括经济责任、法律责任、道德责任及自我约束责任。

在社会责任上，有两种截然相反的观点。一种是古典的（或纯经济的）观点，认为管理唯一的社会责任就是使利润最大化；另一种是社会经济观，它是站在社会经济的立场上，认为管理的责任不仅是使利润最大化，而且还要保护和增加社会财富。

这里，有必要探讨一下社会责任与经营业绩之间的关系。因为社会上有一些人担心企业承担社会责任会损害其经营业绩。这种担心乍看起来似乎有点道理，因为在大多数情况下，社会责任活动确实不能补偿成本，这意味着有关企业要额外支付成本，从而损害了其短期利益。但在我们看来，企业在力所能及的范围内进行一些社会责任活动相当于投资。虽然短期内这种投资或许牺牲了企业的经营业绩，但从长远来看，这种投资由于改善了企业在公众心目中的形象、吸引了大量人才等，可以增加收益，并且所增加的收益足以抵补企业当初所额外支付的成本。从这种意义上讲，企业在利他的同时也在利己。这种观点已基本上为实证研究所证实。一项调查显示，大部分企业的管理人员（特别是年轻的一代），都赞同企业的社会责任不局限于追求利润。他们认为，应扩大企业的社会责任，协助解决一些社会问题，如控制污染、注意工业安全、关注消费者权益等。依照这个趋势来看，管理人员似乎再不能漠视社会的问题了。况且，承担社会责任能改善或提升企业在社会人士及顾客心目中的形象。

小看板

新华网北京 2009 年 9 月 19 日电（记者李志昂）由中国企业社会责任研究中心等机构主办的"六十华诞、责任中国——2009 中国企业社会责任研讨会"19 日在京举行，会议发布了"2009 中国企业社会责任榜""100 强"榜单，同时分别发布了 15 个"履行社会责任优秀案例"和 15 个"社会责任缺失案例"。

根据"100 强"榜单，国家电网公司、中国远洋运输集团、海尔集团、华能集团、中国航天科工集团、中国工商银行、中国电信、复星集团、宝钢集团、神华集团、百度公司、民生银行、远东控股集团、玉柴集团、用友集团、中钢集团、日照港集团、江铃汽车、长江证券、中海油服等国内知名企业名列前 20 名。

海尔集团公司"用金牌托起希望"、国家电网公司"灾区紧急供电工程"、中国远洋运输集团"绿色节油项目"、中国航天科工集团公司八大责任铸"神剑"等 15 个案例被主办机构评为"2009 中国企业履行社会责任优秀案例"。

本次研讨会还揭晓了 15 个"社会责任缺失案例"。三鹿集团"三聚氰胺重大食品安全事故"、完达山药业"刺五加注射液事件"等影响重大的产品安全事件，以及上海农药厂、玖龙纸业、太阳纸业等一批国内企业所发生的"社会责任缺失"事件出现在榜单中。

中国企业联合会、中国企业家协会执行副会长冯并认为，社会责任品牌的较量，将是未来公司竞争的一个主战场,最终决定公司的生死存亡。来自国家发展和改革委员会、国务院研究室、国务院国资委、国务院发展研究中心、中国消费者协会等机构相关负责人、专家和学者,以及上榜企业的相关负责人就企业如何更好地履行社会责任等话题进行了探讨。

根据中国企业社会责任(CSR)研究中心的分析报告,中国企业目前仍存在"履行社会责任不足"、"重要性认识不到位"、"制度欠缺、主观随意性大"、"重捐赠、轻实施"等问题。目前中国逾1 000万家企业中,履行慈善义务、有过捐赠记录的,尚未达到10万家,即不足1%。

 小看板

企业社会责任十大议题

中国社科院企业社会责任研究中心2010年2月9日发布了由公众评选出的未来三年企业应当承担的十大社会责任。这十大议题是:

1. 水资源危机,淡水资源不足,污染严重。
2. 污染问题,空气污染,城市噪声和垃圾污染,农药和化肥污染。
3. 食品安全问题,消费者健康受到影响。
4. 土地退化,可耕种面积不足,粮食安全存在隐患。
5. 房价过高,影响市场秩序和人民生活。
6. 能源危机,石油、煤炭、天然气等能源日趋枯竭,价格高涨。
7. 农民工权益保障问题。
8. 气候变化危机,温室气体排放增加,全球气候异常。
9. 物种灭绝,植被破坏,森林面积减少。
10. 加强安全生产,防范安全事故。

资料来源:中国社科院企业社会责任研究中心. 京华时报, 2010-02-10

(二)管理道德

实际生活中,经常会碰到一些问题,诸如:推销员在推销商品过程中贿赂客户,这是道德的行为吗?公车私用是道德的行为吗?用单位的电话打私人长途是道德的行为吗?对这些问题的回答本身就是一个道德判断的过程。为了能正确地回答这些问题,需要对道德下一个较准确的定义。

道德通常是指规定行为是非的惯例或原则。根据这一定义,道德在本质上是规则或原则,这些规则或原则旨在帮助人判断某种行为是正确的或错误的,或这种行为是否为组织所接受。不同组织的道德标准可能不一样，即使是同一组织，也可能在不同的时期有不同的道德标准。此外，组织的道德标准要与社会的道德标准兼容，否则这个组织很难为社会所容纳。

管理道德所关注的是两个层面的问题：管理者个人的职业道德和管理者的组织身份所要求的管理道德。

影响管理道德的因素有：（1）个人标准。人们会将各自的道德判断标准应用到各自的工作中来，每个人都必须为自己所做的道德决策承担相应的责任，并得到相应的赞誉或责备。人们所做的每一项决定以及采取的每一个行动，不管是好是坏，都是个人的道德标准在该问题上的应用。（2）组织结构设计。良好的组织结构设计有助于形成管理者的道德行为。（3）组织文化。组织文化的内容和强度也会影响道德行为。对于组织而言，尽管道德危机有时是由无道德原则的员工引起的，但多数情况下并不是这样的。员工的个人缺点很少会导致组织的不道德行为。所以，实际上企业的不道德行为是一种公然的或者心照不宣的行为，它反映了该企业的企业文化，反映了构成该文化的价值观、态度、信念、行为以及语言方式。（4）高级管理层的影响。高层领导的行为是影响企业道德行为的重要因素。如领导知道了员工的不道德行为却一言不发，那么其下属也许就会认为，这些不道德行为是可以接受的。（5）道德政策与规范。企业制定道德方面的政策和规范很重要。政策及规范的制定表明了高层管理者对待道德问题的严肃态度，会产生对员工的约束作用。（6）问题强度。影响管理者道德行为的最后一个因素是道德问题本身的强度。一般而言，受伤害的人越多，越多的人认为一种行为是邪恶的，行为发生并造成实际伤害的可能性越高，行为的后果出现越早，观测者感到行为的受害者与自己距离越近，问题强度就越大。反之则越小。道德问题越重要，管理者越有可能采取道德行为。例如某个地方出现假奶粉现象后，当地的主管部门积极地处理，就是一个例子。

【案例 1-2】　　　　　　　Motorola 行为准则

"坚持高尚操守"和"对人保持不变的尊重"是摩托罗拉一贯的信念，也将是永恒的信念。以 Motorola 的报账程序为例。

员工把自己发生的票据填好，封好，放到箱子里（专门的箱子），不用主管签字，财务审核确定是真的票据，下个月自动把钱划到你的账上。你是不是觉得很奇怪，不需要主管或者别的领导审核吗？其实这就是对人保持不变的尊重。摩托罗拉公司这样做，没有人会投机取巧？这就需要高尚的操守来约束。你今天偷报 100 元，明天偷报 200 元，后天偷报 1 000 元，你可以这么做，但是在摩托罗拉一年有两次审计，一旦你被发现道德存在问题，只有两个字：走人，哪怕是一分钱，因为你不是多拿了一分钱的问题，而是你损害了企业的道德,这就叫做坚持高尚的职业操守。

资料来源:中国营销传播网,2011-04-29

想一想:结合案例,说一说你的管理道德观。

七、管理的环境

管理环境是指存在于社会组织内部与外部的影响管理实施和管理效果的各种力量、条件和因素的总和。

管理环境按存在于社会组织的内外范围划分,可分为内部环境和外部环境。

(一)内部环境

内部环境主要指社会组织履行基本职能所需的各种内部的资源与条件,还包括人员的社会心理因素、组织文化等因素。任何组织都是独特的资源和能力的结合体,这一结合体形成了管理工作的基础。由于各个组织的资源和能力各不相同,在同一外部环境中经营并采取类似管理措施的组织,也不一定会取得相同的绩效。可以概括地说,组织的内部条件、外部环境和管理工作这三者共同决定了一个组织的总体绩效水平,决定了这个组织的生存发展能力。

(二)外部环境

外部环境是指组织外部的各种自然和社会条件与因素。组织的外部环境还可以进一步划分为一般环境和具体环境。一般环境也称宏观环境,指对某一特定社会中所有企业或其他组织都发生影响的环境因素,包括经济和技术的、政治和法律的、社会和文化的、自然环境等各方面要素。一般环境的影响常常是广泛的,可能影响到处于其中的所有组织,而不一定仅影响某个特定的组织。在大多数情况下,一般环境是特定组织的管理者所无法影响和控制的,因此,适应和利用是更常用的应对策略。具体环境亦称微观环境或任务环境,是指某个社会组织在完成特定任务过程中所面临的特殊环境因素。例如,一家工商企业可能同一所学校面临相同的一般环境,但它所面临的具体环境不但与学校的具体环境不同,而且与其他企业的具体环境也可能不同。对工商企业来说,具体环境主要包括资源供应、合作者、竞争者、顾客、政府主管部门以及社区等。与一般环境相比,具体环境对特定组织的影响更为明显,也更容易为组织管理者所识别、影响和控制。当然,不同的组织所面临的具体环境是不同的,而且会随着组织所提供产品或服务的范围及其所选择的细分市场的变化而发生改变。例如,私立学校和公立学校都从事教学活动,但私立学校要比公立学校更卖力地招收新生、维持校友关系及提供就业服务,而公立学校的管理者则要花更多的时间去游说政府部门以取得更多的拨款。同样,瑞士劳力士公司和日本西铁城公司都制造手表,但它们的具体环境却因其经营不同的细分市场而不同。

环境对组织的生存发展及内部管理起决定与制约作用,因此要求管理者必须抓好环境管理,了解与认识环境、分析与评估环境、能动地适应环境,从而谋求内部管理与外部环境的动态平衡。

第二节 管 理 者

一、管理者的类型

管理者是指在组织中从事管理活动的全体人员,即在组织中担负计划、组织、领导、控制和协调等工作,以期实现组织目标的人,是组织中最为重要的一个因素。

管理者在组织中工作,但并非组织中的每一个人都是管理者。一个组织成员可以分为两类:操作者和管理者。

在组织中,操作者是指直接从事具体实施和操作工作的人。例如,汽车装配线上的装配工人、饭店里的厨师、商场里的营业员、医院里的医生、学校里的教师等,这些人处于组织中的最底层,不具有监督他人工作的职责。

组织中有不同类型的管理者。例如,在学校里有校长、副校长、系主任以及其他各类管理人员,如果你参加了工作,在工作的地方你可能看到主管人员、财会审计人员、销售管理人员、车间主任以及总裁、副总裁。这些人都是管理者,他们都在为了实现组织的目标,对人或事进行计划、组织、领导和控制。

管理者有许多分类方法。最常见的是根据在组织中的级别、职位和职能头衔区分为高层管理者、中层管理者和基层管理者三个层次(如表1-2所示,以企业为例)。不同层次的管理者工作的重点不同。高层管理者是一个组织的高级执行者并负责全面的管理,他们的主要任务是制定组织的总目标、总战略,把握组织的发展方向,如"在未来两年中销售额翻一番"。不过,现在的高层管理者更多地被叫做组织的领导者,他们必须创造和阐述一个为人们所认知和积极认同的公司目的。中层管理者位于组织高层管理者和基层管理者之间,有时被叫做战术管理者,他们的主要职责是贯彻执行高层管理人员所制定的重大决策和管理意图,监督和协调基层管理人员的工作活动,或对某一方面的工作进行具体的规划和参谋,如"招聘两名销售员"、"推出三种新产品"等。中层管理者角色的变化需要他们不仅是管理的控制者,而且还是其下属的成长教练。他们必须支持下属并训导他们,使其更具创新精神。基层管理者即最直接的一线管理人员,这个角色在组织内是非常关键的,因为基层管理者是管理者与非管理性员工之间的纽带,他们的主要职责是直接给下属作业人员分派具体工作任务,直接指挥和监督现场作业活动。基层管理者传统上受上层的指导和控制,以确保其成功地实施支持公司的战略行动。但在一些优秀的企业内,其作用扩大了。在优秀的公司中,基层管理者执行的作用变弱了,而对其创新和创造性的需要在增加,以实现成长和新业务的开发。

表1-2 管理者的类型

组织级别	职位	职能头衔
高层管理者 (下属是管理者)	执行官	总裁 生产副总裁 销售副总裁 人力资源副总裁 首席财务官
中层管理者 (下属是管理者)	经理或总监	生产总监 销售总监 人力资源部经理 财务部经理
基层管理者 (下属是操作者)	主管	生产监督员 地区销售经理 人力资源助理经理 主管会计师

二、管理者的技能

每位管理者都在自己的组织中从事某一方面的管理工作,都要力争使自己主管的工作达到一定的标准和要求。管理是否有效,在很大程度上取决于管理者是否真正具备了作为一个管理者应该具备的管理技能。通常而言,一名管理人员应该具备的管理技能包括技术技能、人际技能和概念技能三大方面。那些处于较低层次的基层管理人员,主要需要的是技术技能,其次是人际技能;处于较高层次的中层管理人员,更多地需要人际技能,其次才是技术技能与概念技能;而处于最高层次的管理人员,则尤其需要具备较强的概念技能,其次是人际技能以及技术技能。

(一)技术技能

技术技能是指完成涉及一定方法和流程的具体任务的能力。例如,车间主任要熟悉各种机械的性能、使用方法、操作程序，以及各种材料的用途、加工工序等，办公室管理人员要熟悉组织中有关的规章、制度以及相关法规，熟悉公文收发程序、公文种类及写作要求等。对于管理者来说，虽然没有必要使自己成为精通某一领域技能的专家（因为他可以依靠有关专业技术人员来解决专门的技术问题），但也必须了解相当的专门知识，掌握最基本的专业技能。否则就将很难与他所主管的组织内的专业技术人员进行有效的沟通，从而也就无法对他所管辖的业务范围内的各项管理工作进行具体的指导。毋庸置疑，医院的院长不应该是对医疗过程一窍不通的人，学校的校长也不应该是对教学科研工作一无所知的人，军事首长更不能对军事指挥一无所知。当然，不同层次的管理者，对于专业技能要求的程度是不相同的。相对而言，基层管理者需要的专业技能的程度较深，而高层管理者则只需要有些粗浅了解即可。

另外，从学生学习的角度看，技术技能的获取也十分必要。当你离开学校时，如果你拥有了一套技术技能就会比较轻松地获得一个入职的机会。如会计专业要有一些关于做账和审计方面的基本技能，营销专业的人则要知道定价、市场调查和销售技术等，在某些时候这些技术技能可能会帮助你成为管理者。例如，你所掌握的基本的会计和财务课程，可以帮助你拥有管理和理解组织财务资源所需的技术技能，你就可以进入一个可能的管理岗位。

（二）人际技能

人际技能是指处理与人事关系有关的技能，即理解、激励他人并与他人沟通和共事的能力。这种能力当然首先包括领导能力，因为领导者必须学会同下属沟通并影响下属的行为。但人际技能的内涵远比领导技能广泛，因为管理者除了领导下属外，还得与上级领导和同级同事打交道，还得学会说服上级领导，领会领导意图，学会同其他部门同事的紧密合作，还要与相关的外界人员和组织发生相关的联系与交往。可以说，人事关系这项技能，对于高、中、低层管理者有效地开展管理工作都是非常重要的。通常情况下，管理者大多数时间都在与人打交道，他们必须开发领导、激励和与周围人有效沟通的能力。要想成为一个成功的管理者，与不同类型的人愉快相处并交换信息的能力是不可缺少的。所以认识到这个技能的重要性，对找工作、保留工作岗位并提高绩效十分有用。

（三）概念技能

概念技能是指对事物的洞察、分析、判断、抽象和概括的能力，包括理解事物的相互关系从而找出关键影响因素的能力、确定和协调各方面关系的能力，以及权衡不同方案优劣和内在风险的能力等。管理者不但应看到组织的全貌和整体，了解组织与外部环境是怎样互动的,了解组织内部各部分是怎样相互作用的,能预见组织在社区中所起的社会的、政治的、经济的作用,知道自己所管部门在组织中的地位和作用,而且还要能够快速、敏捷地从混乱复杂的情况中辨别出各种因素的相互作用,抓住问题的起因和实质,预测问题发展下去会产生什么影响,需要采取什么措施解决问题,这种措施实施以后会出现什么后果。显然,在组织的动态活动中任何管理者都会面临一些混乱而复杂的环境,需要认清各种因素之间的相互联系,以便抓住问题的实质,根据形势和问题果断地作出正确的决策。因此,管理者所处的层次越高,其面临的问题就越复杂、越无先例可循,越具有多变性,就越需要概念技能。

 小看板

如何成为一名成功的管理者

在未来竞争激烈的社会里,对成功的管理者的素质要求愈来愈高。未来的成功的管理者既不是单纯的技术专家,也不只是精通领导艺术的专家。他们不仅要胜任卓有成效的管理工作,还要有力地领导自己的团队在同心协力完成既定目标的同时,时刻准备迎接新的挑战。未来成功的管理者应具备的十种关键素质如下。

1. 战地指挥家。越来越多的实践表明:企业需要的是能控制局面的领军人物——能够像装甲坦克一般用低沉的语调镇住整个会议室、不论有多大困难和障碍都能达到目的的人。做生意就像是打仗,而作为职业经理,最好是战地指挥家。

2. 胸怀坦荡。不斤斤计较个人得失,能谅人之短,补人之过。善于倾听不同的意见,集思广益。善用一种对员工包容和关怀的管理方式。对集体取得的业绩看得比个人的荣誉和地位更重要。

3. 团队组建、信念的传播能力。未来的企业更需要团队组建者和信念的传播者——能够与雇员建立良好关系、向员工灌输企业忠诚理念的人。

4. 感染力和凝聚力。能用言传身教或已有的业绩,在领导层和员工中不断增加感染力、凝聚力的人。这种人在组织决策中,并不是把信任建立在地位所带来的权威之上,而是靠自身的感染力来影响大家,坚定人们的信念。

5. "做大梦"的能力。能够对领导班子成员提出的众多议题,提出自己新颖的思想、建设性的意见或建议,把握好前进的方向,不断培养自己带领大家超越现实、想得更远。

6. 同情心。在组织工作中,不能只靠行政命令去强制人们的意志,而要努力去了解别人,并学会尊重别人的感情。选择人们普遍接受和认可的方式,用一颗博大的仁爱之心赢得众人的支持。

7. 预知能力。技术和全球化要求人们在工作中拥有新技巧、新能力和新的做事方式，以应对市场的瞬息万变。这就需要成功的管理者有创新精神和战略预知能力。

8. 医治能力。对于一个成功的管理者来说，当企业出现经济变革和重大变故时，能像一位成熟的外科手术主治医师那样，及时医治自己的企业是非常了不起的。

9. 致力于培养员工的成长。致力于培养员工的成长，不只是让员工感受到上司的器重，而更重要的是无形中提升了企业的内在价值，实现了个人、集体同升共荣的价值观。

10. 建立网络能力。只有建立"上挂、横连、下辐射"的公关营销网络，沟通协调好社会各界关系，才能不断拓展企业的生存发展空间。

资料来源：百度文库

【案例 1-3】　　美国福特汽车公司的兴起、衰落和复兴

福特公司的创始人亨利·福特有着精明强干的头脑和丰富的技术经验。自从 1889 年《科学美国》作了有关德国奔驰汽车的结构和制造的报道，许多美国人从事汽车制造后，他于 1896 年制造出第一辆福特汽车。1903 年福特汽车公司成立，开始生产"A"型到"R"和"S"型汽车参与几十家汽车公司的竞争。当时还没有什么优势。但 1908 年开始生产福特"T"型车标志着福特公司垄断局面的开始，"T"型车的特点是结构紧凑、设计简单、坚固、驾驶容易、价格较低。1913 年福特公司采用了汽车装配的流水生产法并实行汽车零件的标准化，形成了大量生产的体制，当年产量增加到 13 万辆，1914 年增加到 26 万辆，1923 年增加到 204 万辆，在美国汽车生产中形成垄断的局面。福特从而建立起一个世界上最大和盈利最多的制造业企业，从利润中积累了 10 亿美元现金储备。可是，福特坚信企业所需要的只是企业家和他们的一些"助手"，企业只需"助手们"的汇报而由企业家发号施令即可运行。他认为公司组织只是一种"形式"，企业不需要管理人员和管理。随着环境变化和竞争的激烈，汽车有着不同档次的需要，科技、产供销、财务、人事等管理日趋复杂，个人管理难以适应这种要求。到了 1927 年，福特公司已丧失了市场领先的地位，以后的 20 年，逐年亏本，直到第二次世界大战期间都无法进行有力的竞争。当时它的强劲对手——通用汽车公司，从 20 世纪 20 年代开始走上一条与福特经验相反的路子。"通用"原是由一些竞争不过福特的小公司拼凑起来的，在建立之初，这些小公司作为"通用"的一部分各自为政，通用公司组织机构不健全，公司许多工作集中在少数几个人身上，不仅使这些领导人忙于事务，无暇考虑公司的发展方针政策，而且限制了各级人员的积极性。1920 年后，新任通用汽车公司总裁小艾尔弗雷德·斯隆在大整顿、大改组过程中建立起一套组织结构和处理问题的方法，根据市场不同层次顾客的需要，确定产品方向，加强专业化协作，谋取大规模生产，按照分散经营和协调控制的原则建

立管理体制,组织坚强的领导班子,加强科研和发展工作,使技术、产品保持先进,加强产供销管理,做好工资福利和人事管理,建立起财务管理等规章制度。这一系列措施大大提高了通用公司的组织管理水平,从而于1926—1927年使"通用"的市场占有率从10%一跃而达到43%,此后多年均占50%以上,而"福特"则每况愈下,到1944年,福特的孙子——福特二世接管该公司时公司已濒于破产。当时26岁的福特二世向他的对手"通用"学习,着手进行斯隆在"通用"所做的事,创建了一套管理组织和领导班子,5年后就在国内外重新获得了发展和获利的力量,成为通用汽车公司的主要竞争者。

想一想:

    1. 福特汽车公司在 20 世纪 20 年代初期为何能获得成功,而后又为何濒于破产?结合环境变化来分析。

    2. 从福特汽车公司的复兴和通用汽车公司的兴起来看,管理人员和管理是如何发挥作用的?分析在哪些方面必须有专业管理。

第三节 管 理 学

一、管理学的研究内容

    由于人类社会存在多种多样的社会组织,如电视台、报社等各类媒体,政治党派、学术团体、宗教组织等,博物馆、公园、图书馆等公共设施单位,企业、军队、各类学校、医院、国家各级政府机关等。而每种社会组织又由于自身的目的与行业特点不同,其管理的内容与方法也存在差别。研究解决不同行业各自特殊性的管理原理和方法,就形成了各种不同门类的管理学,如企业管理学、军队管理学、学校管理学、医院管理学以及行政管理学等。但是不同门类的专业管理学中又都包含着一些共同的管理原理、管理规律、管理技能和方法。作为一般意义上的管理学来讲,不可能将各个行业管理的内容都纳入进去,而只能是研究各种行业管理中共同的、带有规律性的原理与方法。

    管理过程是一切有组织活动的一个不可缺少的特征,尽管各种组织的目的各异,但是基本管理过程总是不变的。一般而言,管理过程从确立组织目标和提出行为规范开始,进而包括交互式的物资和信息的传递与反馈,直到任务完成为止的全部活动。与行政机关、商业或工业组织中的管理工作相比,管理过程具有更广泛的含义,它包括任何一种组织中发生的管理活动。管理过程的共同性使得不同行业的管理人员的高度互换性成为可能,也正是因为如此,管理过程这一概念的形成把管理学向专业化大大推进了一步,从而促使它迅速成长为一门一般性科学。

如上所述，管理学以一般组织的管理为研究对象，研究包括管理的基本概念、原理、方法和程序，探讨人、财、物、信息、技术、方法、时间的计划和控制问题，组织的结构设计问题，对组织中人的领导与激励问题等。管理学对管理活动的这些具体形态的研究，构成了管理学的实际研究内容，主要包括以下几方面。

（一）对管理中人的研究

管理的主体和客体都是由人构成的，就此而言，管理主要是人与人之间的关系和活动。因此，对管理中的人，包括管理者和被管理者特性的把握，是管理学研究的第一课题。

（二）对管理资源的研究

对管理资源的研究包括对人力、物力、财力、信息、机会、时间、组织、制度等管理资源的研究，研究这些资源的实际状况及其对管理的影响和意义，有效进行资源开发和管理的制度和机制，研究管理资源的发展变化等。

（三）管理的行为和职能

对管理的行为和职能的研究是指管理行为的性质和基础，管理行为的凭借和制约因素，具体的管理行为和职能，如管理的计划和决策、实施和执行、组织和人事、领导和指挥、控制和监督、评价和调整等；同时，研究管理行为的基本模式、行为过程、行为途径、行为规则以及管理行为的影响因素和发展变化等。

（四）管理的组织和制度

研究管理的组织和制度是指研究组织的产生和性质、组织的环境、组织的基本特性、组织的原则、组织的行为、组织的设计、组织的结构、组织的基本功能、组织的文化、正式组织与非正式组织、组织的制度、组织的变革发展等方面的内容。

（五）管理中的若干关系

研究管理中的若干关系是指研究管理中关系的形成原因、性质和功能；研究这些管理关系的具体形态，如权威与服从、分权与集权、激励与处罚、个人与组织、自由与纪律、冲突与合作、协调与强制、稳定与变革等；同时，研究管理中组织与组织之间、不同管理层级之间、不同部门之间的关系。

（六）管理的文化和价值

对管理的文化和价值的研究包括对管理的文化环境、管理的价值取向及具体价值含义，如公共管理中的安全、秩序、效率、公平等的研究，还包括对管理中的价值的实现途径、管理的道德和伦理规范及其在管理中的功能等的研究。

（七）对管理的评价

对管理的评价研究包括对管理评价的标准、评价参数和原则、评估指标体系、评估程序、步骤和方法的研究，还包括对评价的基本规则的研究等。

二、管理学的特点

在管理实践的推动下，管理学在不断深入研究和理论方法创新的基础上，已经成为一门独立的学科，并形成了自己的学科特征，它作为一门学科具有如下特性。

（一）实践性

管理学的理论与方法是人们通过对各种管理实践活动的深入分析、概括、总结、升华而得到的，反过来它又被用来指导人们的管理实践活动。管理学是应用性学科，是实践性科学，它一刻都不能脱离管理实践。要真正掌握管理学，必须通过大量的管理实践活动去体会，理论联系实际。

（二）发展性

随着社会进步和全球科学技术的发展，特别是计算机和网络技术的广泛应用，对各级各类组织的组织形式、运行方式和管理手段产生了巨大的影响。由此产生了许多新的管理问题，需要人们去研究、去解决，为此所产生的新的管理理论和方法将会大大推动管理学理论体系的更新和扩展。因此，管理学是一门每时每刻都在实践中发展的学科。

（三）不精确性

管理学与数学、物理学等学科不一样。数学、物理学是精确的科学，根据规律（一般都可以用数学公式表示）和所给定的初始条件就可以得出问题的解。管理工作中有许多因素是不能用数来表示的，呈现一种错综复杂的关系，有的甚至是演绎推理也无法表达清楚的。例如某种激励政策在这个单位非常见效，到了别的单位就不怎么见效；或是对同一组织内的这部分成员起作用，对另一部分成员不太起作用。这种激励政策和所达到的效果之间就很难用精确的数据来反映。

（四）软科学性

若将组织中的人力、财力、物力、技术等看成客观的实实在在的硬件，而管理则可看成软件。我们知道，管理的主要任务是充分调动人的积极性，发挥人员的内在潜力，有效地利用财力、物力和技术，用最少的消耗实现组织目标，这是将管理学看作软科学的第一层含义。此外，管理者必须借助于被管理者及其他各种要素来创造社会价值，在这种价值中很难区分出有多少是由管理而得到的，这是将管理学看作软科学的第二层含义。某些管理措施是否有效往往需要较长时间的实践才能看出，很难在事前准确地评价，这是将管理学看作软科学的第三层含义。

（五）科学性与艺术性

管理学发展到今天，已经形成了比较系统的理论体系。它揭示了一系列具有普遍应用价值的管理规律，总结出许多科学的管理原则，这是人类管理活动的高度概括，是理论与实践结合的产物，是科学，是不会因地域、文化、社会制度的差异而改变的，这是管理的科学性。同时，管理又是一门艺术。面对着管理工作中所遇到的问题，往往因为个人对复杂的环境的认识程度不同、对管理学基本原理理解的深度不同，以及个人的社会经历和经验的不同，而提出不同的解决方法。这种不同或多或少体现出一种艺术性。没有一成不变的僵硬模式，应变、适应、灵活、具体运用，是管理艺术的真谛。

（六）一般性与特殊性

随着人类的进步和经济的发展，人们越来越意识到管理的重要性，正如孔茨等人所称："管理适合于任何一个组织机构。管理适用于各级组织的管理人员。管理关系到生产率……"因此，我们说任何组织都需要管理，有效管理能够提高组织效率。

三、管理学的学习方法

管理学的学习，必须以马列主义、毛泽东思想为指导，必须以辩证唯物主义和历史唯物主义作为方法论基础，并科学地运用一些具体方法。

（一）历史研究法

这是运用文献史料进行管理研究的方法，它通过分析研究人类过去丰富的管理实践和理论，认识管理思想、理论、制度和方法的演变发展规律，继承前人的经验和成就，以古为今用。

（二）比较研究法

管理学研究不仅要做纵向的历史考察，还要进行横向的比较研究。通过对世界各国的管理思想、管理理论、管理模式、管理方法和技术的全面比较和分析，寻其异同，权衡优劣，取长补短。比较研究法还可鉴别出哪些管理思想和方法是根植于一国文化之中、不可移植的，哪些是具有共性的、可以移植的，以洋为中用。

（三）调查研究法

调查研究法即在现实的管理过程中，通过观察、调查、试验、实践，掌握第一手材料，进行归纳、分析、综合，从中找出规律性的东西来。这种方法既适用于从事实际管理的人，也适用于进行理论研究的人，他们可以以调查者、观察者的身份进行实地参观、访问，也可以用问卷等方式进行调查，其研究结论可靠性大。

（四）案例研究法

这种方法的前提是要编写出现成的管理案例，这种案例应是现实中的具体事件，有一定的代表性和复杂性。通过案例研究，可以生动、形象、深刻地揭示出管理先要确保做对的事，而且要尽可能做好。好的管理就是要做好正确的事。

管理适合于任何类型的组织，如企业（跨国公司、国有企业、集体企业、个体企业、中外合资企业等）、行政机构、军队、医院、学校等都需要有效的管理。当然，由于组织所在行业、性质和目标的不同，管理方式、方法和手段会有所差异，但其中有许多共性的东西。一些未来学家断言：在21世纪，人类社会的发展依赖于两个方面，那就是科学技术的进步和管理水平的提高。总之，人类的管理活动已经从自在的阶段进入自觉的阶段，学习、研究管理学已经成为管理活动的必要条件和进入管理领域的必要准备。

本章小结

本章首先介绍了管理的含义、特征、目标和职能。认为管理就是在特定的环境下，对组织所拥有的资源进行有效的计划、组织、领导和控制，以便完成组织的既定目标的过程。管理具有动态性、科学性、艺术性、创造性和经济性的特征，具有计划、组织、领导和控制四项职能。对管理进行了五种人性假设，即经济人假设、社会人假设、自我实现人假设、复杂人假设和理性生态人假设。强调了管理的社会责任、道德及环境对管理的影响。其次介绍了管理者的三种类型（基层管理者、中层管理者、高层管理者）及其应具备的技能（技术技能、人际技能和概念技能）。最后介绍了管理学作为一门学科所具有的特点及其研究内容与学习方法。

了解大师

哈罗德·孔茨

哈罗德·孔茨（1908—1984）是当代著名的管理学家，是西方管理思想发展史上过程学派最重要的代表人物。

　　1931年开始在美国西北大学攻读企业管理硕士学位，1935年获得耶鲁大学哲学博士学位，1950年以后担任加利福尼亚大学管理研究院管理学教授，名誉教授，同时还兼任休斯车床公司、荷兰皇家航空公司、西方石油公司和通用电话公司的顾问。他是美国和国际管理学会会员，1963年曾任美国管理学会主席，1962年起，担任该校米德·约翰逊讲座管理学教授，曾获米德·约翰逊奖。1978—1982年，担任国际管理研究院院长。1974年，获得美国管理促进协会的最高奖——"泰罗金钥匙"。由其本人撰写或与人合作的学术著作共19部，学术论文90篇，他的《管理学原理》已经被译成16种文字，产生了广泛的社会知名度，他的《董事会和有效管理》于1968年获得"管理学院学术书籍奖"，并被录入《美国名人录》、《世界名人录》、《金融和实业界名人录》。

　　哈罗德·孔茨和海因茨·韦里克合著的《管理学——全球化视角》已被翻译成16种文字在全球发行，是美国管理院校工商管理专业的必修课教材，多年来该书一直是畅销书，目前在中国更是如此。《管理学——全球化视角》中文版准确表达了原版管理理论精要，韦里克教授亲自邀请他当年的学生，现中国著名的管理学家，对外经济贸易大学国际工商管理学院的马春光教授作为译者，马春光教授在管理学方面深厚的造诣为该书增色不少。

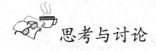思考与讨论

　　1. 管理的主要目的是什么？请你给出一个管理的定义，看看和书上的有什么不同？
　　2. 学院的老师是管理者吗？为什么？管理者应具备哪些基本技能？不同层次的管理者所需技能的侧重点有何不同？
　　3. 现代管理学的研究内容有哪些？
　　4. 某公司刘总经理在听完有关管理课程之后，产生了两个困惑：
　　（1）"管理有艺术性？我在工作中怎么没发现？"
　　（2）"既然管理学是不精确的，那它对实践还有指导意义吗？"
　　你能帮他解决这两个困惑吗？

实训题

　　1. 分3组在近期的新闻中找出非法、不道德、不讲社会责任的企业行为并加以讨论。

2. 组织参观某一企业，围绕管理的基本内容访问相关管理人员，并做好记录。

综合案例

沃尔玛走在"低碳超市"的大路上

"到5月份前的几个月可能是我们最忙的时候。"春节刚过，沃尔玛和中国21世纪议程管理中心就开始忙碌起来，"这段时间刚好是我们回收'沃尔玛杯青年科技创新竞赛'提案的时候。"沃尔玛中国公共事务高级总监李玲笑着告诉记者，"这次活动的主题都是围绕'加强科技创新，促进节能减排'展开的，到时候我们会提供资金支持，把获胜的环保、创新的方案进行成果转化再荐给我们的供应商或自己来使用，这对完善沃尔玛的绿色供应链有着很好的推动作用，也符合我们一直倡导的可持续发展的原则。"

作为全球最大的零售商，可持续发展一直都是沃尔玛长期坚持的发展战略，做公益也不例外。"做高效、盈利的企业与做负有社会责任的企业公民是相辅相成的，这种理念已经融入到沃尔玛运营的各个环节中，包括降低商场自身能耗，建设环保节能的卖场，与供应商共同打造可持续发展的绿色供应链等，沃尔玛希望打造一个彼此共赢的公益模式，而不是简单的捐钱、捐物。"李玲表示。而其中对于绿色供应链的打造，沃尔玛着实下了不少工夫。

如果说绿色供应链是"因"，那么"低碳超市"就是"果"。不久前，沃尔玛中国区总裁陈耀昌将绿色供应链具象化，对外喊出了"低碳超市"的概念。在陈耀昌看来，沃尔玛在供应链中持续不断地倡导和推动可持续发展，这不只是沃尔玛与供应商的需求，更是社会可持续发展的要求。陈耀昌为沃尔玛制定了三大可持续发展的目标：100%使用可再生能源；零浪费；出售对环境有利的商品。

"其实，仅仅通过'沃尔玛杯青年科技创新竞赛'这一个项目是远远不够的，沃尔玛希望通过与不同专家的合作，在中国企业中间进一步提升环境保护的技术创新和能源效率的水平，带动更多的本土企业参与到这项事业中来。"陈耀昌在谈到此次活动时表示。

如果沃尔玛想将"低碳超市"真正落实到实处，那么绿色供应链的打造绝对不可或缺。而绿色供应链的实施也将使消费者、供应商与沃尔玛实现共赢。沃尔玛提出的"碳揭露计划"将公布6.8万家供货商的温室气体排放量。目前，沃尔玛已与30家供货商试行该计划，包括DVD、牙膏、香皂、牛奶、啤酒、吸尘器、汽水等项目。而未来，沃尔玛有望在中国实施碳足迹标识。

绿色供应链——低碳超市的"大动脉"

其实,说起沃尔玛的绿色供应链可以追溯到5年前,那时,沃尔玛就已经将环保和社会责任融入到全球采购系统,建立起一条使公司自身、供应商及消费者都能受益的可持续发展的供应链。2009年底刚刚结束的"企业创新与可持续发展能力建设项目",也是沃尔玛打造绿色供应链效果最为显著的项目之一。

该项目的主要目标是加强包括沃尔玛中国供应商在内的生产制造型企业在技术创新和可持续发展方面的能力建设,提高企业资源和能源利用效率,减少废物排放,降低环境污染,提高产品质量。沃尔玛全球采购首席运营官葛仪文表示:"中国是沃尔玛全球非常重要的采购市场。这个活动在实践企业社会责任的同时也加强了自身的可持续发展能力。一直以来,我们都致力于与供应商互惠共赢,并与供应商一起努力,通过技术培训、立项改进等各种行动来共同推进可持续发展的进程。"

当初在该项目启动时,沃尔玛并没有要求供应商必须将所有设备完全换掉,而是将绿色供应链的概念与供应商分享,得到认可之后再共同努力进行节能创新。"我们要先了解供应商面临的影响可持续发展的主要问题是什么,再去对症下药。"李玲说。沃尔玛用了两个月给供应商做了调查问卷。通过调查分析,沃尔玛发现供应商面临的主要问题是降低成本,期望通过加强企业内部绩效改进和控制产品成本;同时供应商有明确的创新需求,希望能参加创新、可持续商业发展方面的外部培训。

于是,沃尔玛"对症下药",出资联系科技部下属的21世纪议程管理中心,根据供应商培训需求分析,举办CEO培训和多项技术培训,最终筛选出和路雪等4家企业作为清洁生产的审核试点,希望可以用效果向其他供应商证明绿色供应链的"魅力"在哪里。

当时,还是有不少供应商对这种做法不太理解。"其实,沃尔玛并不要求所有的供应商都将生产链的设备全部更换一遍。我们提倡将生产过程中没有必要的能量节省下来,甚至零投入也能产生经济效益。如此一来,供应商们在履行企业社会责任的同时也获取了经济利益,提高了自身在同行业中的竞争力,又与沃尔玛一起回馈了社会。"

李玲跟记者一起分享了和路雪的案例。"沃尔玛请来了国内顶尖的专家到和路雪进行考察,提出包括管理、设备、原材料辅料、能源、过程控制、废弃物等6大项25小项的改造方案。其中22个为无低费方案,已经全部实施。另外3个方案计划在2010年申报实施。所实施的22个方案不过投资1.55万元,却获得了直接经济效益127万元/年,而这些方案都是一些很简单的创新就可以完成的。初算下来,和路雪每年可以节省33.6万元,还可以减少二氧化碳排放量,一举两得。"

半年之后,沃尔玛将4家试点企业回收的数据发给供应商看,很多供应商都感到很惊讶。这次试点活动共产生了65个方案,目前已经实施了56个,共投资约179万元,实现经济效益约512万元。

供应商做到清洁生产也只是沃尔玛绿色供应链中的一小步，没有企业社会责任的生产注定会在未来的竞争中"遭遇"失败。为了节省运力，减少包装，水果供应商会在运往沃尔玛超市的菠萝上动"手脚"，将其冠斩掉；日用品供应商会将洗发水华丽的包装去掉，代之以可降解的塑料外包装；食品供应商将可乐瓶子变矮，容量却不变……对此，沃尔玛百货公司总裁兼首席执行官李斯阁表示："作为零售商，可持续发展是未来成功的关键，也是满足顾客更高需要的基础。无论是现在还是未来，保持并巩固顾客对我们的信任与不断改进供应商工厂的生产水平、提高产品质量是密不可分的。"

农超对接——"满盘"皆受益

小天（化名）以前是沃尔玛一名蔬菜供应商，最初给沃尔玛供货时只是骑着一辆单车。自从沃尔玛2007年实施农超对接后，小天成为了对接项目中的一员。"他们现在再也不用骑着单车来送货了，不仅如此，我们还会组织专家对农户进行培训，教他们种出合格、绿色的蔬菜。"沃尔玛中国公关经理牟明明告诉记者。

3年的时间，沃尔玛的农超对接已经在贵州、辽宁、江西、广东等14个省市建立了28个直接采购基地，面积有30万亩，直接受惠农民28.3万人。"农超对接可以帮助农民提高市场适应能力，鼓励和引导他们进行标准化、规模化生产，指导他们在生产中推进环境保护，不仅促进了产业链优化，提高了食品安全水平，而且还为农民增加了收入，最终实现环境、顾客、农民及地方经济的多赢局面。"李玲表示，这才是沃尔玛要做的公益事业。作为国家关心的"三农"问题，沃尔玛的农超对接吸引了国家的注意力。2009年10月29日，沃尔玛中国与商务部和农业部分别签署了《共促农超对接的合作备忘录》。

2009年12月19日，"沃尔玛直接采购基地"的牌子被竖立在重庆市潼南太安赐康蔬菜基地，这也是沃尔玛在川渝两地第一个农超对接项目。沃尔玛中国新鲜食品高级采购总监黄志平介绍，通过农超对接，沃尔玛直接从基地采购成本下降20%左右，销售价格也将下降20%左右。

据潼南太安赐康蔬菜基地相关负责人介绍，要想成为世界500强老大的合作蔬菜基地并不容易。必须通过沃尔玛质监部门及第三方检测公司的严格审查，基地必须取得无公害、绿色或者是有机产品基地认证，空气、水质、土壤等都需要符合检验标准，周围没有污染企业，面积在1 000亩以上。另外，基地内从种植的菜品种类到种子、播种、技术、检测、采收、冷藏、包装、配送等各个环节，都必须在第三方机构的指导下进行。

"我们就是要把沃尔玛全球在可持续农产品方面的经验带入中国的供应链，推动科学种植，环境保护，加强食品安全监控，最终给中国的顾客提供质优价廉的商品。而与供应商在实现共赢的同时一起回馈社会，这样可持续发展才能越做越好。"沃尔玛百货有限公司国际部总裁兼首席执行官董明伦表示。

而在实行农超对接的过程中,人才是必需的,但只靠沃尔玛请专家明显人力不足。"为了保障农超对接的可持续性,我们计划在今明两年培训 200 名农超对接的培训师。他们一般都是农民合作社和农产品生产企业代表,通过我们聘请的商业流通专家、农业生产专家、食品安全专家对他们进行培训,然后再让他们培训更多的农民,不断提高整个农超对接项目的水平。"李玲介绍,目前,沃尔玛已经在全国开展了超过 15 场的培训,到 2011 年底,将有 100 万农民参与并受益于沃尔玛农超对接项目,超市内 1/3 的蔬果类产品将来自定点直接农场。

资料来源:孟岩峰. 数字商业时代,2010-03-18

案例分析题:

1. 分析沃尔玛走在"低碳超市"大路上的原因及意义。
2. 对沃尔玛实施"低碳超市"的具体方法进行评价。

 看图说事

管理的根本

● 管理的根本:德先生和法先生

要求:结合上述漫画内容,谈谈你的感悟。

第二章 管理理论的演进

管理只有恒久的问题,没有终结的答案。

——斯图尔特·克雷纳

【学习目标】

① 了解管理理论演进的历史背景,把握各历史阶段的主要思想观点。

② 熟练掌握泰罗的科学管理理论,法约尔的一般管理理论,韦伯的行政组织理论,梅奥的人际关系理论等一系列管理理论。

③ 了解当代管理理论的发展及其具有代表性的管理理论,熟悉现代管理理论丛林中各主要学派的观点。

【技能目标】

能够运用管理理论解决实际问题,并能对运用的效果进行分析和评价。

导言

> 刘邦打败了项羽,统一了天下,建立了大汉江山。一天,他大宴群臣。在宴会上,他乘着酒兴问群臣:"你们谁知道为什么我能够夺取天下,而项羽有那么多的军队却失去天下?"众大臣七嘴八舌,有的说:"您治军严格,甚至苛刻;而项羽太讲仁义。"有的说:"您最大的特点是有功者赏,有罪者罚;而项羽则是嫉妒贤能,有功者害之,贤者怀疑之。"
>
> 刘邦笑了,说:"你们只知其一,不知其二。要说运筹帷幄之中,决胜千里之外,我不如张良;管理国家,安抚百姓,做好军队的后勤供应工作,我不如萧何;统率百万之众,战必胜,攻必取,我不如韩信。这三个人是人中之杰,我能大胆地使用他们,而项羽有一个范增却不用,这才是我能夺取天下,而项羽失去天下的主要原因。"

管理的历史,由来已久。自从有了人类的社会活动,就有了人类的管理活动。人类进行有效管理的历史可能已经超过六千年。素以世界奇迹著称的埃及金字塔、巴比伦古城、中国的万里长城,是古人杰出的管理和组织能力的有力证明。

管理理论的发展历经古典管理理论、行为科学理论和现当代管理理论三个阶段。当然，三个阶段并不是截然分开的，更不是前一阶段结束后，下一阶段才开始。事实上，各种管理理论的产生虽然有先有后，但在产生之后，却是并存发展，且相互影响，也存在着继续、借鉴的关系。

第一节 古典管理理论

古典管理理论主要是指以泰罗为代表的科学管理理论，以法约尔为代表的一般管理理论和以韦伯为代表的行政组织理论。

一、科学管理理论

随着生产的发展和科学技术的进步，自由竞争的资本主义也逐步走向垄断的资本主义。特别是资本主义公司的兴起，使企业的管理工作日益复杂，对管理的要求越来越高，单凭经验进行生产和管理已经不能适应这种激烈竞争的局面。基于这些客观要求，西方国家的一些企业管理人员和工程技术人员，开始致力于各种试验、研究，总结经验，以期提高劳动生产率。科学管理理论由此于19世纪末20世纪初在美国形成，其产生是管理发展史中的重大事件，也是管理从经验走向科学的第一步，它的创始人是美国人泰罗。

泰罗出生在美国一个富裕的律师家庭，18岁时，他考入大学，第二年因视力与健康原因而中止学业，到一家小机械厂当学徒工。22岁时，他进入费城米德维尔钢铁公司做技工，后来迅速提升为工长、总技师。28岁时，他担任钢铁公司总工程师。泰罗对工人的处境和劳动状况有着丰富的实践体验，并由此引发了他对通过提高低效率工作工人的劳动效率来改变企业工作状况的思考。同时，他进行了一系列的试验。1901年以后，他用大部分时间从事写作、演讲，宣传他的管理理论。1911年，他出版了《科学管理原理》一书，科学管理理论最终形成。其主要思想如下。

1. 科学管理的核心问题是提高劳动生产率

泰罗认为，最高的工作效率是工厂主和工人共同达到繁荣的基础。它能使较高的工资和较低的劳动成本结合起来，从而使工厂主得到最大的利润，工人得到最高的工资，进一步提高他们对扩大再生产的积极性，从而促进生产的继续发展和工厂主、工人的共同富裕。因此，提高劳动生产率是泰罗科学管理理论的基本出发点，是确定各种科学管理原理、方法的基础。

2. 实现最高工作效率的手段，是用科学的管理代替传统的管理

泰罗认为管理是一门科学，必须采用科学的方法来对待。在管理实践中，建立各种明确

的规定、条例、标准，使管理科学化、制度化，是提高工作效能、达到最高效率的关键。

3. 要求管理人员和工人双方实行重大的精神变革

泰罗认为科学管理的精华不在于具体的制度和方法，而在于一种重大的精神变革。它要求工厂方面进行彻底的精神变革，改变对工作、对同事、对雇主的责任的观念。同时，也要求管理人员、领工、监工、企业所有者、董事会也进行完全的精神变革，改变对同事、对工人以及对一切日常问题的态度，增强责任观念。通过这种重大的精神变革，可使管理人员和工人双方都把注意力从赢利的分配转到增加赢利上来。当他们用友好合作和互相帮助来代替对抗和斗争时，他们就能够生产出比过去大得多的赢利，从而使工人的工资大大增加，企业主的利润也大大增加。

根据上述思想，泰罗提出了以下管理原理。

1. 制定科学的作业方法

这样做的目的在于为工人寻找科学、合理、最有效的操作工具、程序和动作，使工人在不增加劳动强度的情况下，大幅度地提高生产效率。泰罗并非简单地对一个工人完成一项规定任务作出时间上的统计，而是把一项工作分解为各种基础的组成部分，然后根据其合理性重新进行安排，以确定最佳的工作方法。

首先，实行作业方法的标准化。泰罗从执行同一种工作的工人中，挑选出身体最强壮、技术最熟练的一个人，把他的工作过程分解为许多个动作，用秒表测量并记录完成每一个动作所消耗的时间。接着，除去动作中多余的和不合理的部分，把最经济的、效率最高的动作集中起来，最终确定标准的作业方法。其次，实行作业所需的各种工具和作业环境的标准化。例如，经过铲铁试验，确定每把铲子的重量为 21 磅时效果最好，过重或过轻都不利于提高工作效率。最后，实行工作量的标准化。泰罗根据标准的操作方法和每个动作的标准时间，确定工人一天必须完成的标准的工作量。

2. 科学地选择和培训工人

每个工人都有自身的特点，管理者应为工人找到最适合他们的工作，并对其进行培训，使之成为一流的工人。所谓一流工人包括两个方面：一是该工人的能力最适合他所从事的工作；二是该工人从内心愿意从事这项工作。因为每个人的天赋与才能不同，他们所适宜做的工作也各异，身强力壮的人干体力活可能是一流的，心灵手巧的人干精细活可能是一流的。所以要根据人的不同能力和天赋把他们分配到相适应的工作岗位，使之成为一流的工人。对那些不适合从事工作的工人，应加以培训，使之适合工作需要，或把他们重新安排到其他适宜的工作岗位上去。泰罗曾经对经过科学选择的工人用科学作业方法进行培训，让他们按照作业标准进行工作，取得了显著的效果。例如，在搬运生铁的试验中，经过选择和培训的工人每日的搬运量从 12.5 英吨提高到 47.5 英吨；在铲铁试验中，每人每天的平均搬运量从 16 英吨提高到 50 英吨,劳动生产率有了成倍增长。

3. 实行差别计件工资制

泰罗认为,过去实行的计时工资制和利润分享制都不能从根本上克服工人"磨洋工"的现象,必须实行差别计件工资制。差别计件工资制,是在"工资支付对象是工人而不是职位"的思想指导下,按照工人是否完成其定额而采取高低不同的工资率。对完成工作定额的工人,以较高的工资率支付计件工资,通常是正常工资的125%,以表示鼓励;对没有完成定额的工人,则按较低的工资率支付计件工资,通常是正常工资的 80%,并发给一张黄色的工票以示警告,如不改进就将被解雇。这样可以极大地调动工人完成任务的积极性,消除工人"磨洋工"的现象。

4. 将计划职能与执行职能分开

为了提高劳动生产率,泰罗主张把计划职能与执行职能分开。在旧的管理制度下,所有的计划都是由工人凭个人经验来制订的。因此,必须把计划职能交给专业的计划部门负责,专门进行标准化的研究,制定标准,下达任务。工人则从事执行职能,即按照计划部门制定的操作方法和指令,使用标准化的工具,从事作业生产。

5. 实行职能工长制

即将整个管理工作划分为许多较小的管理职能,使所有的管理人员(如工长)尽量分担较少的管理职能,如有可能,一个工长只承担一项管理职能。这种原理为以后职能部门的建立和管理专业化提供了基础。

6. 在管理上实行例外原则

泰罗指出,规模较大的企业不能只依据职能原则来组织管理,还需要运用例外原则,即企业的高级管理人员把处理一般事务的权限下放给下级管理人员,自己只保留对例外事项的决策权和监督权,如企业基本政策的制定和重要人事的任免等。

尽管科学管理理论产生于工业化的初期,一个世纪以来社会的各个方面都发生了很大的变化,但其中的很多观点和方法对今天的企业还有很多值得借鉴的地方。科学管理理论揭开了几千年来罩在管理上的神秘面纱,谱写了管理理论和实践史上新的一页,成为人类管理思想史上的一个里程碑。人们把泰罗所处的时代称为"泰罗时代",把他的管理理论称为"泰罗制"。

 小看板

汽车行业对科学管理的贡献

在制造业的众多领域中,还没有哪一个比得上汽车行业对科学管理的发展有如此重

第二章 管理理论的演进

大的贡献。汽车行业以其管理实践中的复杂性，为现代管理的发展贡献了一个又一个具有里程碑意义的管理方法与理论——从20世纪初"福特的流水线生产"、"通用的组织架构"，到20世纪后半叶"沃尔沃的团队工作法"以及"丰田的精益管理模式"，汽车行业一直处在管理创新的前沿。

福特造就了摩登时代

有人把泰罗的《科学管理原理》（1911年）当作科学管理的开端，几乎与此同时，亨利·福特成为与泰罗在管理思想与实践上不可分割的一对人物，生产线成为那个时代企业的主导形象。

福特公司在1910年1月建成了海兰公园工厂，从那时起到1927年，该厂共生产了1 500万辆T型车。它是那个时代工业成功的标志。亨利·福特被后人称为大规模生产和生产线的创造者。

很显然，装配线的概念和科学管理有着十分密切的联系。福特和泰罗的观点极为相似——他们是在两条平行的跑道上奔跑的大师。亨利·福特谈及"降低部分工人思考的必要性和将工人的移动次数减至最低，因为工人移动一次只可能做一件事"时，也得到了泰罗明确的回应。这一思想应用到T型车的生产上时，整个生产过程就被分解为84个步骤。

福特本人将工作组织的基本原则列成以下三个简单的步骤。

（1）将工人和工具按生产的顺序排列，以保证每一个生产部件在安装好前通过最短的距离。

（2）使用工作滑梯或其他形式的传递工具，以保证工人在完成了工作后总是能把部件放在同一位置上——这个位置必须是他的双手最便于取放部件之处——如果可能，就让部件在重力的作用下到达下一个工人的工作地点。

（3）使用让部件以最方便的距离进行传送的有滑梯的装配线。

在福特和他的工程师做了大量完善的工作后，装配线开始运行了。福特创造出一个复杂的系列生产系统，确保了零件、分组合作和组合件能在适当的时间运送到装配线上。福特早就实践了及时生产技术，时间远比这项技术流行的20世纪80年代要早很多。

通用发现了组织

斯隆在执掌通用汽车的时候，建立了高度职业化的职业经理层以及可靠、有效的组织系统。《经济学家》杂志这样评论："亨利·福特为管理奠定了基础，而斯隆为此建立了向上发展的阶梯——他将管理变成可靠的、有效的像机器一样的过程。"

紧跟在泰罗和福特后面的是小阿尔弗雷德·普雷查德·斯隆。他重新塑造了通用汽车，改变了该公司的管理模式。20世纪20年代早期，斯隆将公司划分为8个事业部——

5个汽车生产事业部，3个配件生产事业部，这是其组织研究的一个成果。在50年后的学术术语中，这些事业部就是战略事业单位。

以前，通用汽车公司的轿车在同一市场相互竞争，为了避免这种情况发生，斯隆让每一个事业部定自己的价格和风格档次。他还引进了每年更改一次的模式，使每一种轿车都有自己的市场。每一个轿车事业部都成为一个独立的品牌。

斯隆的多个事业部的组织形式意味着，总经理有了更多的时间集中考虑战略问题，具体的经营决策则由一线人员制定，而不是由身处遥远的总部的人员来制定。尽管这需要持续的协调工作，但它还是有效的。

沃尔沃让团队劳动

大工业时代的结束让传统意义上的管理方法不再有效，在公司新总裁佩尔·格伦马哈的领导下，沃尔沃开始了新的劳动实践试验，工人可以以团队的形式进行劳动。

20世纪70年代，与大多数竞争者相比，沃尔沃已经有更高程度的工业民主——员工在公司董事会中有自己的代表。它设在卡尔马的新汽车厂采用了创新的生产过程，包括运送汽车车体的自动运输工具。沃尔沃在伦德比卡车生产厂进行的试验激发了他们对团队合作的更大兴趣。1974年伦德比卡车生产厂满负荷运转仍无法满足市场需求。每年必须多生产400辆卡车才行。为此，它在哥德堡的阿伦达尔建立了一家临时工厂。沃尔沃不愿意对这家很可能是临时设施的工厂进行大量投资。于是，沃尔沃决定试验一种新的生产方式，即为一个12人组成的团队分配每天生产两辆卡车的任务。这个团队的主要工作就是负责装配、材料处理、质量控制和修正缺陷。团队很轻松地完成了每天生产两辆卡车的任务。在4个月内，卡车装配时间得到大幅下降。团队每天还能利用空余时间检查已完成的工作，并为第二天制订计划。沃尔沃的经验引起了包括通用汽车在内的许多企业的效法，同时也标志着后工业时代的来临。

丰田倡导精益管理模式

过去的40年里，西方汽车生产商都在四伏的危机中蹒跚前行。它们总是落后一步，它们追赶的公司是日本巨人——丰田。

精益生产管理是使公司达到低成本经营状态的一系列技巧与手段（如适时管理法和全面质量管理法等），最先由丰田汽车公司推出。

1984年，为了获得美国市场的利益，丰田与通用汽车公司在加利福尼亚建立了合资企业。正是这家合资企业使西方提高了对丰田公司和它的管理方法的兴趣。

丰田的精益生产管理模式主要包括了三点内容：一是重新设计每一个生产步骤，使每一个步骤成为一个持续的流程中的一部分；二是在企业中设立兼有多项职能的工作团队；三是持续不断地对生产流程进行改进，改进的内容既包括提高产品质量，也包括降低产品成本。

精益生产建立在三个简单原则的基础之上。第一,及时生产。在盲目预期顾客需求的情况下,生产汽车或其他任何产品都是没有用的。浪费很不好。生产必须与市场需求紧密联系。第二,每个人都对质量负责,一旦发现任何质量缺陷都应尽快纠正。第三,"价值流"。强调不要把企业看作是一系列互不相关的产品和过程,而应将其看作是一个连续的统一整体,一个包括了供应商和顾客的流程。

丰田的精益生产管理模式给许多制造行业的管理者树立了学习的榜样。

资料来源:傅强,和讯网,2005-08-08

【案例2-1】　　　　联合邮包服务公司

> 联合邮包服务公司（UPS）雇用了15万名员工,平均每天将900万个包裹发送到美国各地和世界180多个国家和地区。他们的宗旨是:在邮运业中办理最快捷的运送。UPS的管理者系统地培训他们的员工,使他们以尽可能高的效率从事工作。
>
> UPS的工业工程师们对每一位司机的行驶路线进行了时间研究,对每种送货、取货和暂停活动设立了工作标准。他们记录了红灯、通行、按门铃、穿过院子、上楼梯、中间休息喝咖啡的时间,甚至上厕所的时间,并将这些数据输入计算机中,从而给出每一位司机每天工作中的详细时间标准。
>
> 为了完成每天取送130件包裹的目标,司机们必须严格遵守工程师们设定的程序。当他们接近发送站时,他们松开安全带、按喇叭、关发动机、拉起紧急制动、把变速器推到一档上,为送货完毕后的启动离开做好准备,这一系列动作极为严格。
>
> 然后司机从驾驶室出来到地面上,右臂夹着文件夹,左手拿着包裹,右手拿着车钥匙。他们看一眼包裹上的地址,把它记在脑子里,然后以每秒钟3英尺的速度快步走到顾客的门前,先敲一下门以免浪费时间找门铃。送货完毕,他们在回到卡车上的路途中完成登录工作。
>
> UPS是世界上效率最高的公司之一。联邦捷运公司每人每天取运80件包裹,而UPS公司则是130件。高效率为UPS公司带来了丰厚的利润。

想一想:科学管理理论产生至今已有百余年,你认为在今天的企业中它仍然有效吗?

二、一般管理理论

亨利·法约尔是西方古典管理理论在法国的杰出代表。他所提出的一般管理理论对西方管理理论的发展有重大的影响，成为后来管理过程学派的理论基础。1916年，法约尔出版了他的代表作《工业管理和一般管理》一书，由此被誉为"经营管理理论之父"，与"科学管理之父"泰罗齐名。

法约尔曾在较长时间内在法国的一家大型煤矿公司担任高层领导职务，对大企业的管理积累了丰富的经验。法约尔认为，要经营好一个企业，不仅要改进生产现场的管理，而且要注意改善有关企业经营的六个方面的活动：技术活动、经营活动、财务活动、安全活动、会计活动、管理活动。一般管理理论把经营和管理分为两个不同的概念，认为管理就是执行计划、组织、指挥、协调、控制职能，管理的五大要素是计划、组织、指挥、协调和控制，并在此基础上提出了企业管理中组织管理的以下十四项原则。

1. 劳动分工
实行劳动分工和专业化可以提高雇员的工作效率，从而增加产出。

2. 权力与责任
权力是指挥和要求别人服从的力量，责任是权力的必然结果和必要补充。管理者必须拥有命令下级的权力，但这种权力又必须与责任相匹配，不能权大于责或责大于权。

3. 纪律严明
雇员必须服从和尊重组织的规定，领导者以身作则，使管理者和员工都对组织规章有明确的理解并实行公平的奖惩。

4. 统一领导
具有同一目的的集体活动，只能在一个领导和一个计划下进行。

5. 统一指挥
组织中的每一个人都应该只接受一个上级的指挥，并向上级汇报自己的工作。

6. 个人利益服从整体利益
任何雇员或雇员群体的利益，不能超越组织整体的利益。

7. 人员的报酬
报酬必须公平合理，尽可能使雇员和公司双方满意。

8. 集权
集权反映下级参与决策的程度。决策制定权是集中于管理当局还是分散给下属，这只是一个适度的问题，管理当局的任务是找到在每一种情况下最适合的集权程度。

9. 等级链
这是由最高权力机构到最低层管理人员所组成的链条结构，是自上而下和自下而上传递信息的必经途径。如果顺着这条等级链沟通会造成信息的延误，则应允许越级报告和横向沟通，以保证重要信息的畅通无阻。

10．秩序

无论是物品还是人员，都应该在适当的时候处在适当的位置上。职位要适合于人，人也要适合于职位。

11．公平

管理者应当用亲切、友好和公正的态度对待下属，以鼓励下属忠诚地履行职责。

12．人员的稳定

每个人适应自己的工作都需要一定的时间，任何雇员不要轻易流动，以免影响工作的连续性和稳定性。

13．首创精神

这是事业壮大的巨大源泉，应尽可能地加以鼓励和发展。

14．集体精神

强调集体精神将会促进组织内部的和谐与统一。

法约尔的一般管理理论是西方古典管理思想的重要代表，第一次从一般的角度阐述了管理理论，构建了管理理论的基本框架，对以后管理理论的发展产生了巨大影响，在企业经营乃至社会生活的各方面发挥着重要作用。管理学之所以能够走进大学讲堂，离不开法约尔的卓越贡献。一般管理思想的系统性和理论性较强；对管理五大职能的分析为管理科学提供了一套科学的理论构架；来源于长期实践经验的管理原则给实际管理人员带来了巨大的帮助，其中某些原则甚至以"公理"的形式为人们所接受和使用。因此，继科学管理理论之后，一般管理理论被誉为管理史上的第二座丰碑。时至今日，一般管理理论仍然闪耀着光芒，其管理原则仍然可以作为管理实践的指南。

三、行政组织理论

德国人马克斯·韦伯被誉为"行政组织理论之父"，他曾担任过教授、政府顾问、编辑，对社会学、宗教学、经济学与政治学都有相当的造诣。韦伯的主要著作有《新教伦理与资本主义精神》、《一般经济史》、《社会和经济组织的理论》等，他的行政组织理论对后世产生了深远的影响。韦伯对行政组织理论的伟大贡献在于，明确而系统地指出理想的组织应以合理合法权力为基础，没有某种形式的权力，任何组织都不能实现自己的目标。韦伯的"理想的行政组织体系"具有以下八个特点。

（1）有明确的分工。

（2）自上而下的等级系统。

（3）根据职务要求选拔任用人员。

（4）选举任命产生公职人员。

（5）行政管理人员是专职的管理人员。

（6）管理人员不是他所管辖的那个企业的所有者，只是其中的工作人员。

（7）管理人员必须严格遵守规则、纪律和办事程序。

（8）组织中成员之间的关系以理性准则为指导，不受个人感情的影响。

韦伯认为，这种高度结构化的、正式的、非人格化的、理想的行政组织体系是强制控制的合理手段，是达到目的、提高效率的最有效的形式。这种组织形式在精确性、稳定性、纪律性和可靠性等方面都优于其他形式，能适用于各种行政管理工作及当时日益增多的大型组织，如教会、国家机构、军队、政党、经济组织和社会团体。韦伯的这一理论是对泰罗、法约尔理论的一种补充，对后来的管理学家，特别是组织理论学者的理论研究产生了很大的影响。

第二节　行为科学理论

古典管理理论虽然受到广泛的推广和应用，但也有一定的局限性。它较多地强调科学性、精密性、纪律性，而对人的因素注意较少。只将人当成"经济人"，或是像机器设备和工具一样简单的生产要素，任凭管理者调配使用，只要给予一定的物质刺激就可使人像牛马一样地干活。不是人在使用机器，而是机器在使用人。

20世纪20年代前后，一些管理学家和心理学家开始注意到了"人"具有不同于"物"的许多特殊的方面，需要管理者采取一种不同的方式来加以管理。于是，他们开始从生理学、心理学、社会学等方面出发研究企业中有关人的一些问题。如人的需要、动机、情绪、行为与工作的关系等。他们还研究如何按照人的心理发展规律去激发其积极性和创造性，于是行为科学理论便应运而生。行为科学的管理学家们将管理学的人性研究由"经济人"转向"社会人"，这是继古典管理理论之后管理学发展的一个重要阶段。行为科学理论作为一种管理理论，开始于20世纪20年代末、30年代初的霍桑试验，而真正发展却在20世纪50年代。

一、人际关系理论

（一）霍桑试验

在心理学研究的历史上，霍桑试验第一次把工业中的人际关系问题提到首要地位，并且提醒人们在处理管理问题时要注意人的因素，这对管理心理学的形成具有很大的促进作用。对"人"的因素的重视,首先应该归功于美国哈佛大学教授梅奥。1924—1932年,梅奥应美国西方电器公司的邀请,在该公司设在芝加哥附近霍桑地区的工厂进行了著名的霍桑试验,试验分以下四个阶段。

1. 照明试验

这项试验在霍桑工厂共进行了两年半时间,试验是在被挑选出来的两组绕线工人中间进行的,一组是"试验组",一组是"参照组"。在试验过程中,"试验组"不断地增加照明的强度,从24、46、76 烛光逐渐递增,而"参照组"的照明度始终保持不变。研究者起初打算考察照明和产量之间的关系,找出一种理想的照明度,以使工人的生产效率达到最高标准。但出乎研究者的意料之外,试验的结果是两组的产量都在不断提高。后来他们又采取了相反的措施,逐渐降低"试验组"的照明强度,还把两名试验组的女工安排在单独的房间里劳动,使照明度一再降低,从10 烛光、3 烛光一直降到0.06 烛光,几乎和月光差不多的程度,也只有在这时候,产量才开始下降。

于是研究者得出结论:工作条件只是影响生产的一种因素,而且是一种不太重要的因素,除此之外一定还有其他什么因素影响产量。

2. 继电器装配试验

为了能够更好地控制影响工作绩效的因素,梅奥选出了6 名女工,在单独的房间里从事装配继电器的工作,他们告诉女工可以保持平常的工作节奏,因为试验的目的不是为了提高产量,而是要研究各种工作条件,以找出最适宜的工作环境。在此期间,研究者在试验场所指定了一名观察者,任务是做一些管理工作,每天与女工们非正式地交谈,创造与工人的友好气氛,以确保她们合作。在试验过程中,研究者还不断地增加福利措施,如缩短工作日、延长休息时间、免费供应茶点等。随着生产效率的提高,研究者起初以为是这些福利措施刺激了工人生产的积极性。随后他们又取消了这些措施,生产不但没有下降,反而继续上升。这更加证明了物质条件的改变并不是提高产量的唯一原因。

经过对这些结果的可能原因的分析,研究者认定,管理方法的改变可能是改变工人态度和提高产量的主要原因。

3. 大规模的访谈试验

在两年多的时间里,梅奥等人组织了大规模的态度调查,在员工中谈话人数达两万次以上。在访问过程中,访问者起初提出的问题大都是一些"直接问题",如工厂的工作环境等,虽然访问者事先声明,将严格保守秘密,请工人放心,可是受访者在回答问题时仍遮遮掩掩,存有戒心,怕厂方知道而使自己受到报复。所以,谈话总是陈腔客套,无关痛痒。后来改用了"非直接问题",让受访者自行选择适当的话题,这时员工在谈话中反而无所顾忌了。这次谈话试验以后,工厂的产量出现了大幅度的提高。研究者分析认为,这是由于工人长期以来对工厂的各项管理制度和管理方法有许多不满,无处发泄,而这次试验,使工人无话不谈,发泄了心中的怨气,由此而感到高兴,从而产量大幅度上升。

经过研究分析,了解到工人的工作绩效、职位和地位既取决于个人,又取决于群体成员。人际关系是影响绩效的一个主要因素。

4. 继电器绕线机组的工作室试验

这项试验又称群体试验。试验者为了系统观察在群体中人们之间的相互影响,在车间里挑选了 14 名男工,其中包括 9 名绕线工,3 名焊接工和 2 名检验员,在一个专门的房间里工作。

试验开始,研究者向工人说明:他们可以尽量卖力工作,报酬实行个人计件工资制。研究者原以为,这套奖励办法会使工人努力工作,提高产量。但最终产量只保持在中等水平,而且每个工人的日产量都差不多。根据"时间—动作"分析的理论,公司向他们提出的标准定额是每天完成 7 312 个焊接点,但工人每天只完成 6 000~6 600 个焊接点就不干了,即使离下班还有一段时间,他们也自行停工。研究者经过深入观察,了解到工人自动限制产量的理由是:如果他们过分地努力,就可能造成其他同伴的失业,或者公司会接着制定出更高的生产定额。

与此同时,研究者为了了解他们之间的能力差别,还对试验组的每个人作了灵敏测验和智力测验。发现 3 名生产最慢的绕线工在灵敏测验上的得分都高于 3 名最快的绕线工,其中 1 名生产最慢的工人在智力测验上得分排行第一,灵敏测验排行第三。测验的结果和实际产量之间的这种关系使研究者联想到群体对这些工人的重要性。1 名工人可以因为提高他的产量而得到小组"工资基金"总额的较大份额,而且也减少了失业的可能性。然而,这些物质上的报酬却会招来群体的非难和惩罚,因此每天只要完成群体认可的工作量大家就可以相安无事。

研究者通过观察还发现,工人们之间有时会相互交换自己的工作,彼此间相互帮忙。虽然这有违公司规定,但却大大增进了他们的友谊,有时也促成了他们彼此间的怨恨。诸如此类的事情,使研究人员发现他们中间有着两个派系,即小群体,一个称为 A 派,一个称为 B 派。研究者在对他们的观察中获得了以下几点结论。

(1)他们之间的派系并不是因工作不同而形成的,例如 A 派包括 3 名绕线工,同时还有 1 名焊接工和 1 名检验员。

(2)派系的形成多少受到工作位置的影响,例如 A 派的几位工人均在工作室的前端,而 B 派的几位工人均在工作室的后端。

(3)试验组的成员中也有人不属于任何派系。例如其中 1 名检验员总是受到其他成员的排斥。原因是他曾向检验科抱怨,说工作室的工人们都在偷懒,这件事后来被大家知道了,大家都与他保持一定距离。还有 1 名绕线工,老喜欢在 B 派中出风头,他虽然想加入 B 派,B 派却因此没有完全接纳他。

(4) 每个派系都认为自己比别派好,并有一套他们自己的行为规范。

这些规范主要是通过挖苦、嘲笑以及排斥于社会活动之外等一些社会制裁方法实施的。如果有谁违反这些规范,就会受到群体的制裁。小组中最受欢迎的人就是那些严格遵守群体规范的人;而受厌恶的人,则是违背群体规范,私下向工长告密的人。

研究者认为,这种自然形成的非正式群体,其职能对内在于控制其成员的行为,对外则为保护其成员,使之不受来自管理阶层的干预。这种非正式群体,一般都存在着自然形成的领袖人物。

通过四个阶段历时近 8 年的霍桑试验,梅奥等人认识到,人们的生产效率不仅要受到生理方面、物理方面等因素的影响,更重要的是受到社会环境、社会心理等方面的影响。这个结论的获得是相当有意义的,它对科学管理理论只重视物质条件,忽视社会环境、社会心理对工人的影响来说,是一个重大的修正。

(二)人际关系理论的主要观点

霍桑试验的结果,后经梅奥整理于 1933 年正式发表,其书名为《工业文明中人的问题》。在此书中,梅奥首次提出了人际关系理论,对管理学的发展产生了重大影响,其观点主要归纳为以下几个方面。

1. 工人是"社会人",而不是单纯追求金钱收入的"经济人"

作为复杂社会系统成员,金钱并非刺激工人积极性的唯一动力,他们还有社会、心理方面的需求,因此社会和心理因素等方面所形成的动力,对效率有更大的影响。

2 企业存在着"非正式组织"

企业的经营结构是由"技术组织"和"人的组织"所构成的,而"人的组织"又可分为"正式组织"和"非正式组织"两种。"正式组织"就是指为了实现企业目标而担当有明确职能的机构。这种组织对于个人具有强制性。梅奥认为,在共同的工作过程中,人们必然发生相互之间的联系,产生共同的感情,自然形成一种行为准则或惯例,要求个人服从,这就构成了"非正式组织"。"非正式组织"与"正式组织"有重大的区别,在"正式组织"中以效率的逻辑为重要标准,而在"非正式组织"中则以感情的逻辑为重要标准。"非正式组织"与"正式组织"相互依存,对生产效率的提高有很大的影响。

3. 企业领导可以通过增加员工的"满足度"来提高工人的士气,从而达到提高效率的目的

生产率的升降主要取决于工人的士气,即工作的积极性、主动性与协作精神,而士气的高低则取决于社会因素特别是人群关系对工人的满足程度,即他的工作是否被上级、同伴和社会所承认。满足程度越高,士气和生产效率也就越高。所以,领导的职责在于

提高士气，善于倾听和沟通下属员工的意见，使正式组织的经济需求和工人的非正式组织的社会需求之间保持平衡。这样就可以解决劳资之间乃至整个工业文明社会的矛盾和冲突，提高效率。

梅奥的人际关系理论克服了古典管理理论的不足，奠定了行为科学理论的基础，为管理理论的发展开辟了新的领域。他的管理措施大致可以归纳为以下六点。

（1）强调对管理者和监督者进行教育和训练，以改变他们对工人的态度和监督方式。

（2）提倡下级参与企业的各种决策。

（3）加强意见沟通，允许工人对作业目标、作业标准和作业方法提出意见，鼓励上下级之间的意见交流。

（4）建立面谈和调节制度，以消除不满和争端。

（5）改变干部的标准。

（6）重视、利用和倡导各种非正式组织。

【案例 2-2】　　　　　　　　爱通公司里的员工关系

明娟不再和阿苏说话了。自从明娟第一天到爱通公司上班，她就注意到了阿苏，阿苏总是表现得冷漠疏远。开始，她认为阿苏是嫉妒她的工商管理硕士学位，她在公司的快速提升，或者是她的雄心壮志。但是，明娟决心同办公室里的每一位同事都处好关系，因此她邀请他出去吃午饭，一有可能就表扬他的工作，甚至还同他的儿子保持联络。但随着中西部地区营销主管的任命，所有这一切都结束了。明娟一直盯着这个职位，并认为自己有很大的可能得到这个职位。她同与她同一级别的另三位管理人员竞争这个职位。阿苏不在竞争者之列，因为他没有研究生文凭，但是阿苏的意见被认为在高层有很大的影响力。明娟的资历比其他的竞争者要浅，但是她的部门现在已成为公司的核心部门，而且高层管理多次对她进行褒奖。她相信，若阿苏好好推荐的话，她能得到这个职位。但马德最后得到了提升，去了陕西，明娟十分失望。她未能得到提升就够糟的了，使她无法忍受的是中选的竟然是马德。她和阿苏曾戏称马德为："讨厌先生"，因为他们都受不了马德的狂妄自大。明娟觉得马德的中选对自己来说是一个侮辱，这使她对自己的整个职业生涯进行了反思。当传言证实了她的猜测——阿苏对决策的作出施加了重大影响——之后，她决定把她同阿苏的接触降到最低限度。

办公室里的关系冷了下来，持续了一个多月，阿苏也很快就放弃了试图同明娟修复关系的行动，他们之间开始互不交流，仅用不署名的小便条进行交流。最后，他们的顶头上司威恩无法再忍受这种冷战气氛，把他们两人召集到一起开了一个会，"我们要待在这，直到你们重新成为朋友为止。"威恩说道，"至少我要知道你们究竟有什么别扭。"

明娟开始不承认，她否认她同阿苏之间的关系有任何变化。后来她看到威恩是严肃认真、誓不罢休的，只得说道："阿苏似乎更喜欢和马德打交道。"阿苏惊讶地张大了嘴，吭哧了半天，却什么也说不出来。威恩告诉明娟："部分是由于阿苏的功劳，马德被安全地踢走了，而且以后你们谁也不用再想法对付他了。但如果你是对那个提升感到不满的话，你应该知道阿苏说了许多你的好话，并指出如果我们把你埋没到中西部去，这个部门会变得有多糟。加上分红的话，你的收入仍然与马德一样多。如果你在这儿的工作继续很出色的话，你就可以去负责一个比中西部地区好得多的地方。"

明娟感到十分尴尬，她抬头向阿苏看去，阿苏耸了耸肩，说道："你想不想来点咖啡"？在喝咖啡的时候，明娟向阿苏诉说了在过去这个月里她是怎么想的，并为自己的不公正态度向阿苏道歉。阿苏向明娟解释了她所认为的疏远冷漠实际上是某种敬畏：他看到她的优秀和效率，结果他非常小心翼翼，唯恐哪儿阻碍到她。

第二天，办公室又恢复了正常。但是一项新的惯例建立起来了：明娟和阿苏每天早上十点钟都会一起去喝杯咖啡休息一下。他们的友好状态使在他们周围工作的同事们从高度紧张中松弛了下来。

想一想：

1. 明娟和阿苏之间产生矛盾的原因是什么？
2. 威恩作为公司领导解决矛盾的方法是否可行？
3. 本案例对如何处理人际关系有何启发？

二、需求层次理论

美国威斯康星大学的心理学家马斯洛在 1943 年出版的《人类激励理论》一书中，首次提出了需求层次理论，主要包括以下几个观点。

（1）人类有一系列复杂的需求，按其优先次序可以分为：生理的需求、安全的需求、社交的需求、尊重的需求和自我实现的需求，如图 2-1 所示。

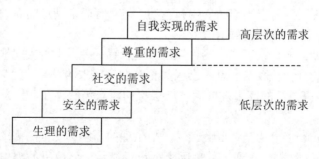

图 2-1　需求的层次结构

① 生理的需求。这是人类维持自身生存的最基本要求，包括衣、食、住、行等方面的需求。如果这些需求得不到满足，人类的生存就成了问题。从这个意义上说，生理的需求是推动人们行动的最强大的动力。马斯洛认为，只有这些最基本的需求满足到维持生存所必需的程度后，其他的需求才能成为新的激励因素。如果员工还在为生理的需求而忙碌时，管理人员应当利用增加工资、改善劳动条件、给予更多的业余时间和工间休息、提高福利待遇等措施来激励员工。

② 安全的需求。安全的需求包括对人身安全、生活稳定以及免遭痛苦、威胁或疾病等的需求。和生理需求一样，在安全需求没有得到满足之前，人们唯一关心的就是这种需求。对许多员工而言，安全需求表现为安全而稳定以及有医疗保险、失业保险和退休福利等。

③ 社交的需求。社交的需求包括对友谊、爱情以及隶属关系的需求。当生理的需求和安全的需求得到满足后，社交的需求就会变得突出，进而产生激励作用。在马斯洛的需求层次中，这一层次是与前两个层次截然不同的另一层次。这一层次的需求如果得不到满足，就会影响员工的情绪，导致高缺勤率、低生产率、对工作不满及情绪低落等结果。

④ 尊重的需求。人人都希望自己有稳定的社会地位，要求个人的能力和成就得到社会的承认，尊重的需求这一层次又可分为内部尊重和外部尊重。内部尊重是指一个人希望在各种不同情境中有实力、能胜任、充满信心、能独立自主，简言之就是人的自尊。外部尊重是指一个人希望有地位、有威信，受到别人的尊重、信赖和高度评价。马斯洛认为，尊重的需求得到满足，能使人对自己充满信心，对社会满腔热情，体验到自己活着的用处和价值。

⑤ 自我实现的需求。这是最高层次的需求，它是指实现个人理想、抱负，最大程度地发挥个人的能力，完成与自己的能力相称的一切事情的需求。马斯洛提出，为满足自我实现的需求所采取的途径是因人而异的。自我实现的需求是在努力实现自己的潜力，使自己越来越成为自己所期望的人物。

（2）人的各种需求由于重要程度和发展顺序不同，可以形成一定的层次性。马斯洛将人的 5 种需求按照由低到高的顺序排列为梯形的层次结构，并指出只有当低层次的需求得到满足后，才会产生更高层次的需求。

（3）人的行为受到需求欲望的影响和驱动，但只有尚未满足的需求才能够影响人的行为，已经满足的需求不能起激励作用。

（4）同一时期，一个人可能有几种需求，但总有一种需求占支配地位，起主导性作用，如图 2-2 所示。任何一种需求都不会因为更高层次需求的发展而消失，各层次的需求相互依赖和重叠。高层次的需求发展后，低层次的需求仍然存在，只是对行为影响的程度大大减小。

（5）五种需求可以分为高、低两级，其中生理的需求、安全的需求和社交的需求都属于低层次的需求，这些需求通过外部因素就可以满足。而尊重的需求和自我实现的需求是高层次的需求，这些需求通过内部因素才可以满足。一个人对尊重的需求和自我实现的需求是无止境的，满足较高层次需求的途径多于满足较低层次需求的途径。

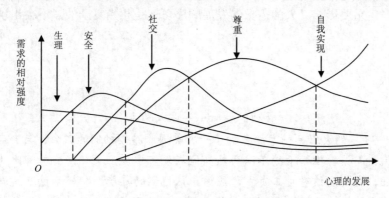

图 2-2　不同时期的主导性需求

（6）一个国家中多数人的需求层次结构，是同这个国家的经济发展水平、科技发展水平、文化和人民受教育的程度直接相关的。在不发达国家，生理需求和安全需求占主导的人数比例较大，而高级需求占主导的人数比例较小。而在发达国家，则刚好相反。在同一国家的不同时期，人们的需求层次也会随着生产力发展水平的变化而变化。

马斯洛的需求层次理论，在一定程度上反映了人类行为和心理活动的共同规律。马斯洛从人的需求出发探索人的激励和研究人的行为，抓住了问题的关键，指出了人的需求是由低级向高级不断发展的，这一趋势基本上符合需求发展规律。因此，需求层次理论对企业管理者如何有效地调动人的积极性有启发作用，需求层次与相关管理措施的关系如表 2-1 所示。

表2-1　需求层次与相关管理措施

需求层次	诱因（追求的目标）	管理制度与措施
生理的需求	薪水、健康的工作环境	身体保健（医疗设备）、工作时间（休息）、福利设施设备（食堂、幼儿园、车队）
安全的需求	职位的保障、意外的防止	雇佣保证、退休金制度、健康保险制度、意外保险制度
社交的需求	友谊（良好的人际关系）、团体的接纳、与组织的一致	协商谈话制度、利润分配制度、团体活动制度、互助金制度、娱乐制度、教育训练制度
尊重的需求	地位、名分、权力、责任、薪水的公平性	人事考核制度、晋升制度、表彰制度、奖金制度、选拔进修制度、委员会参与制度
自我实现的需求	能发展个人特长的组织环境，具有挑战性的工作	决策参与制度、提案制度、研究发展计划、劳资会议

但是，也有人对需求层次理论提出批评意见。例如，有人指出人的需求并不一定像需求层次理论描述的那样规范，诸如职业、家庭背景、成长经历等都会对人的需求类型及发展进程产生重要影响。人的需求的发展顺序可能是相当复杂的，不会出现如此明显的层次阶梯。

 小看板

管理的核心——以人为本

1949年，37岁的大卫·帕卡德参加了一次美国商界领袖们的聚会。与会者就如何追逐公司利润侃侃而谈，但帕卡德不以为然，他在发言中说："一家公司有比为股东挣钱更崇高的责任，我们应该对员工负责，应该承认他们的尊严。"帕卡德在造就硅谷精神方面的贡献，恐怕超过了任何CEO。就像希腊的民主遗产一样，他的以人为本的理念，影响至深至远。正是创始人帕卡德这种以人为本的核心价值思想和精神，缔造出了惠普（HP）这个产业帝国。惠普中国公司总裁陈翼良对媒体说："我不敢不尊重我的员工。"惠普人性文化的第一条就是相信人、尊重人，在这样的一个环境下，每个人都能得到充分的尊重，往往使人情愿一辈子都为它做事。

IBM创始人老托马斯·沃森一生中有一半时间在旅行，一天工作16小时，几乎每个晚上都参加他数不清的员工俱乐部举办的仪式和庆典。他乐于同员工交谈，当然不是以一个好奇的上司自居，而是以一位老朋友的身份出现——这是他那个时代人写下的记录。但实际上今天我们还可以听到关于沃森的故事，而且这些故事已经成为这个卓越企业的文化组成部分。如"不关门"制度、俱乐部、简单化、布道、狂欢以及培训等。

他的继任者小托马斯·沃森在《商业及其信念》一书中讲道："IBM经营哲学的大部分都集中在其三个简单的信条当中，我要从我认为最重要的那一条说起，那就是，我们对每个人都要尊重。尽管这只是一个很简单的理念，但IBM为了实现这条理念，确实耗费了大部分的管理时间。我们在此投入了比做其他任何事情都要多的精力。实际上，这一信条在我父亲的脑子里就已经根深蒂固了。"小托马斯·沃森又说："我们几乎每一种鼓励措施都是用来激发人们的热情的，我们早先强调人际关系并非受利他主义的影响，而是出于一条简单的信条——如果我们尊重员工，而且帮助他们自尊，这将会使公司的利润实现最大化。"

企业尊重工人的自尊虽不是出于利他的考虑，但这不影响管理上以人为本的基础。企业与员工本来就是一种互相满足的关系。一个赚钱，一个得到发展自己的机会、受到尊重，完全无可厚非。商人以赚钱、花钱为乐，企业家以创造更大价值为乐，商人一直处于马斯洛需求的最底层，沉迷于生理需求；而企业家则处于马斯洛需求的金字塔顶尖，实现人世间自我价值的最大化。商人与企业家的差别，就在价值观，以及价值观背后对于原始需求的提升。你愿意做哪种人呢？

资料来源：百度百科

【案例2-3】　　　　　　　王华的出走

助理工程师王华，一个名牌大学高材生，毕业后工作已8年，于4年前应聘调到一家大厂工程部负责技术工作。王华工作诚恳负责，技术能力强，很快就成为厂里有口皆碑的"四大金刚"之一，名字仅排在厂技术部主管陈工之后。然而，王华的工资却同仓管人员相差无几，一家三口尚住在来时住的那间平房。对此，他心中时常有些不平。

李厂长，一个有名的识才的老厂长，"人能尽其才，物能尽其用，货能畅其流"的名言，在各种公开场合不知被他引述了多少遍，实际上他也是这样做的。4年前，王华调来报到时，门口用红纸写的"热烈欢迎王华工程师到我厂工作"几个不凡的颜体大字，是李厂长亲自吩咐人事处处长落实的，并且交代要把"助理工程师"的"助理"两字去掉。当时，这确实使王华很感动。

两年前，厂里有指标申报工程师，王华属于有条件申报之列，但名额却让给一个没有文凭、工作平平的老同志。他想问一下厂长，谁知，他未去找厂长，厂长却先来找他了："王工，你年轻，机会有的是。"去年，他想反映一下工资问题，这问题确实重要，来这里的一个目的不就是想提高工资，提高生活质量吗？但是王华几次想开口，都没有勇气讲出来。因为厂长不仅在生产会上大夸他的成绩，而且，有几次外地人来取经，李厂长当着客人的面赞扬他："王工是我们厂的技术骨干，是一个有创新的……"哪怕厂长再忙，路上相见时，总会拍拍王工的肩膀说两句，诸如"王工，干得不错"，"王工，你很有前途。"这的确让王华兴奋，"李厂长确实是一个伯乐"。此言不假，前段时间，他还把一项开发新产品的重任交给他呢，大胆起用年轻人，然而……

最近，厂里新建好了一批职工宿舍，听说数量比较多，王华决心要反映一下住房问题，谁知这次李厂长又先找他，还是像以前一样，笑着拍拍他的肩膀："王工，厂里有意培养你入党，我当你的介绍人。"他又不好开口了，结果家没有搬成。

深夜，王华对着一张报纸的招聘栏出神。第二天一早，李厂长办公桌上放着一张小纸条，上面写道：

李厂长：

您是一个懂得使用人才的好领导，我十分敬佩您，但我决定走了。

王华于深夜

想一想：王华为什么出走？

三、双因素理论

双因素理论是美国行为科学家赫兹伯格于1959年提出的，又称"激励保健理论"。赫兹伯格曾经在美国和其他三十多个国家从事管理教育和管理咨询工作，通过在匹兹堡地区11个工商业机构对200多位工程师、会计师的调查发现，人在工作中的满意感是激励人的工作行为的重要力量，员工感到不满意的因素大多与工作环境或工作关系有关。这些因素的改善可以预防或消除员工的不满，但不能直接起到激励的作用，赫兹伯格称之为保健因素。与此相反，使员工感到满意的因素主要与工作内容或工作成果有关，这些因素的改善可以使员工获得满足感，产生强大而持久的激励作用，赫兹伯格称之为激励因素。

传统理论认为，满意的对立面是不满意，而双因素理论则认为，满意的对立面是没有满意，不满意的对立面是没有不满意，如图2-3所示。

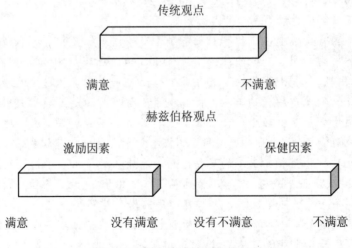

图2-3 满意－不满意观点的对比

保健因素就是那些造成员工不满的因素，它们的改善能够解除员工的不满，但不能使员工感到满意并激发起员工的积极性。属于保健因素的有公司政策与管理、监督、工作条件、人际关系、薪金、地位、工作安定等。这些因素处理得不好会引发人们产生对工作的不满情绪，但处理得好也只不过预防或消除了这种不满，并不能起到真正的激励作用。

激励因素就是那些使员工感到满意的因素，唯有它们的改善才能让员工感到满意，给员工以较高的激励，从而调动其积极性，提高劳动生产效率。这些因素并不是与工作的环境条件相关联的，而是与工作本身所具有的内在激励感联系在一起的，主要包括：工作表现机会和工作带来的愉悦，工作上的成就感，由于良好的工作成绩而得到的奖励，职务上的责任感，以及成长和发展的机会。

赫兹伯格的双因素理论同马斯洛的需求层次理论有相似之处。他提出的保健因素相当于马斯洛提出的生理的需求、安全的需求、社交的需求等低层次的需求；激励因素则相当于尊重的需求、自我实现的需求等高层次的需求。当然，他们的具体分析和解释是不同的。

双因素理论促使企业管理者注意到工作内容方面因素的重要性，特别是它们同工作丰富化和工作满足的关系，因此是有积极意义的。赫兹伯格认为，满足各种需要所引起的激励深度和效果是不一样的。物质需求的满足是必要的，没有它会导致不满，但是即使获得满足，它的作用往往是很有限的、不能持久的。要调动人的积极性，不仅要注意物质利益和工作条件等外部因素，更重要的是要注意工作的安排，量才录用，各得其所，注意对人进行精神鼓励，给予表扬和认可，注意给人以成长、发展、晋升的机会。随着温饱问题的解决，这种内在激励的重要性越来越明显。

赫兹伯格对保健和激励两类因素在功能作用方面所做的区分，对于指导实际管理工作具有重要意义。但是，他从"白领"阶层需求动机分析中得出的有关保健因素和激励因素的分类标准明显地有失偏颇。例如，他将马斯洛需求层次理论的生理的需求、安全的需求、社交的需求等低层次的需求都看作是不具有激励作用的保健因素，这对于处于较低阶段的"蓝领"工人以及经济不发达地区的员工来说就显得适用性不足。因此，双因素理论中有关保健因素和激励因素分类的标准，还需要在实际应用中根据具体情况进行调整。

【案例2-4】　　　　　　　工人们为何不满

高明最近被大冶某总公司委派到下属的油漆厂担任油漆厂厂长助理，以协助厂长搞好管理工作。高明毕业于某名牌大学，主修企业管理，来油漆厂之前在公司企业管理处负责人力资源管理工作。这次来油漆厂工作，他信心十足。

到油漆厂上班的第一周，高明深入车间体察"民情"。一周后，他不仅对工厂的生产流程已了如指掌，同时也发现生产效率低下，工人们怨声载道，他们认为在车间工作又脏又吵。工厂对他们工作的环境压根就没有改善性措施，冬去夏来，他们常常要忍受气温从冬天的零下10度到夏天的40多度的剧烈变化，而且报酬也少得可怜。

在第一周里，高明还看到了工厂工人们的有关记录，从中他获悉以下信息：

工厂以男性工人为主，约占92%。50%的工人年龄处于25～35岁，36%的工人在25岁以下，14%的工人在35岁以上。工人的文化程度低下，66%的工人小学毕业，初高中毕业占32%，具有中专、技校学历的占2%。任职时间较短，50%的人在油漆厂工作仅1年或更短，30%的人工作不到5年，工作5年以上的仅占20%左右。

高明将他一周来所了解的情况向钱厂长做了汇报，同时向他提出自己的一些想法："钱厂长，与车间工人们在一起，我发现他们的某些需要没有得到满足，我们厂要想真正把生产效率搞上去，必须首先想办法去满足他们的需要。"没想到钱厂长却振振有词地说："要满足工人们的需要？你知道，他们是被金钱驱动着，而我们是被成就激励着。他们所关心的仅仅是通过工作获得外在的报酬，如能拿到多少工资。他们根本不关心内在的报酬。"钱厂长稍稍停顿了一下，语气更加激愤："小高，你在车间一周也看到了吧？工人们很懒，他们逃避责任，不全力以赴。问题在于，他们对工作本身根本不关心。"

钱厂长的一席话使高明颇为吃惊。他认为钱厂长对工人们的评价不太正确。通过与工人们一周以来的接触，他觉得他了解工人，也相信工人。

于是，高明准备第二周向所有的工人发出调查问卷，以便确定出工人们有哪些需要，并找到哪些需要已被满足，哪些未被满足。他希望通过问卷调查结果来说服厂长，重塑油漆厂工人的士气。在问卷中，他根据对工人工作的重要程度排列了15个因素，每个因素都涉及他们的特定工作。

调查问卷的结果显示，工人们并不认为他们懒惰，只要工作合适，他们并不在乎多做额外工作。工人们还要求工作具有挑战性，能运用创造性，并激发他们的潜力。例如他们希望工作复杂多样，能让他们多动脑筋，并提供良好的回报。此外，工人们表达了工作中需要友情的愿望。他们乐于在良好的合作关系中工作并互相帮助，分享快乐和分担忧愁，并且能了解到怎样才能把工作做得更好。

由此，高明得出了一个简单的结论，即导致工人愤恨情绪和低的生产效率的最主要的原因来自：报酬低、工作单调和人情冷漠。

想一想：请你设计出高明调查问卷的主要项目。注意分别列出保健因素和激励因素可能包括的项目。

四、X、Y理论

人的本性问题，历来就是伦理学家们争论的核心问题，也是管理学研究的一个中心课题。早在科学管理时期，就有人探讨这个问题。后期的行为科学理论对此进行了比较深入的研究。在人性理论研究方面，美国麻省理工学院的教授麦格雷戈的 X、Y 理论有着很高的地位。

（一）X 理论

麦格雷戈认为，传统的管理理论有很多缺陷，根本在于对人的看法不正确，对人性作了错误的假设。他把传统的管理理论称为 X 理论。

X 理论对人的本性作如下假设。

（1）人生来就是懒惰的，只要可能就会逃避工作。

（2）人生来就缺乏进取心，不愿负责任，宁愿听从指挥。

（3）人生来就以自我为中心，漠视组织的需要。

（4）人习惯于守旧，反对变革，把个人安全看得高于一切。

（5）只有极少数人，才具有解决组织问题所需要的想象力与创造力。

（6）人缺乏理性，容易受外界或他人的影响，作出一些不适宜的举动。

从上述假设出发，以 X 理论为指导思想的传统管理理论的观点如下。

（1）企业管理者以获得利润为出发点来考虑运用人、财、物等生产要素。

（2）企业里人的行为管理的任务在于如何指导人的工作，激发人的工作热情，并严格控制人的种种行动，纠正不适宜的行为，使人的表现尽可能符合组织的需要。

（3）管理者把人看作物件，忽视人的自身特征和精神需要，只注重人的生理需要和安全需要的满足，把金钱作为促使人们工作的最主要的激励手段，把惩罚作为协调人员行为的最主要的管制手段。

（4）管理者制订各种严格的管理制度和法规，运用领导的权威和严密的控制体系来保证组织目标的实现。

（5）采用软硬兼施的管理方法。管理人员在执行任务时，或者用强硬的管理办法，依靠强迫和威胁、严密的监督以及对行为的严厉控制；或者用松弛的管理办法，对人采取随和态度，满足人的各种要求，甚至保持一团和气。

麦格雷戈是以批评的态度对待 X 理论的，他认为，传统的管理理论脱离现代化的政治、社会与经济来看人，是极为片面的。这种软硬兼施的管理办法，其后果是导致员工的敌视与反抗。他针对 X 理论的错误假设，提出了相反的 Y 理论。

（二）Y 理论

麦格雷戈把 Y 理论称为"人员管理工作的新理论"，Y 理论对人的本性作如下假设。

（1）人并非生来就是懒惰的，要求工作是人的本能，人们从事体力和脑力工作如同游戏和休息一样自然。

（2）在适当条件下，人们不但愿意而且能够主动承担责任。逃避责任、缺乏抱负以及只关心个人安全是经验的结果，不是人的本性。

（3）人追求满足欲望的需要，与组织需要没有矛盾。只要管理适当，人们会把个人目标与组织目标统一起来。

（4）人并非必然会对组织目标产生抵触和消极态度，形成这种状况的原因，是由于组织的压力造成的。

（5）人对于自己所参与的工作目标，能实行自我指挥与自我控制。对企业目标的参与程度，同获得成就的报酬直接相关。自我实现需要的满足是最重要的报酬，它对促进人们努力工作起着显著的作用。

（6）大多数人都具有解决组织问题的丰富想象力和创造力。在现代工业社会里，人的智力还没有充分利用。

从上述假设出发，以 Y 理论为指导思想的管理理论的观点如下。

（1）企业管理要通过有效地综合运用人、财、物等生产要素来实现企业的经营目标。

（2）人的行为管理，其任务在于给人安排具有吸引力和富有意义的工作，使个人需要和组织目标尽可能结合在一起，以便把个人的智慧和能力充分发挥出来。

（3）重视人的自身特征和基本需求，鼓励人们在实现组织目标的过程中获得自尊和自我实现需要的最大满足。

（4）鼓励人们参与自身目标与组织目标的制定，把责任最大限度地交付给工作者，相信他们能自觉地完成任务。

（5）外部控制、操纵、说服、奖惩，绝不是促使人们努力工作的唯一方法。应该用"启发与诱导"代替"命令与服从"，用信任代替监督。麦格雷戈认为，当时出现的"分权与授权"、"扩大工作范围"、"参与制与协商式的管理"和"鼓励员工进行自我工作成绩评价"等观点，就体现出与 Y 理论相近似的新管理思想。

麦格雷戈认为，X 理论的基本研究方法建立在错误的因果观念基础上，它经历了长时间的实践，已经越来越不适应人类科学文明水平不断提高的需要。Y 理论建立在正确认识人的本性与人类行为关系的基础上，因此能适应工业化社会经济发展的需要。

有些行为科学专家认为，Y 理论也有很大的局限性，麦格雷戈只看到了问题的一面。固然不能说所有的人天生就是懒惰而不愿负责任的，但在现实生活中有些人确实是这样的，而且坚决不愿改变。对于这些人，应用 Y 理论进行管理，难免会失败。而且要发展和实现人的智慧潜能，就必须有合适的工作环境，但这种合适的工作环境并不是经常有的，要创造出这样一种环境来，成本也往往太高。所以，Y 理论也并不是普遍适用的。

现实生活中，确实也有采用 X 理论而卓有成效的管理者案例。例如，丰田公司美国市场运营部副总裁鲍勃·麦格克雷就是 X 理论的追随着,他激励员工拼命工作,并实施"鞭策"式体制,在竞争激烈的市场中,这种做法使丰田产品的市场占有份额得到了大幅度的提高。

所以,X 理论并非一无是处,Y 理论也并不一定普遍适用,应该针对不同的实际情况,选择或综合运用 X 理论和 Y 理论,这被称为超 Y 理论,由美国的洛尔施和莫尔斯进行研究后发现。其主要观点是:不同的人对管理方式的要求不同。有人希望有正规化的组织与规章条例来要求自己,而不愿参与问题的决策去承担责任,这种人喜欢以 X 理论为指导的管理方式。有人却需要更多的自治责任和发挥个人创造性的机会,这种人则喜欢以 Y 理论为指导的管理方式。

五、Z 理论

美国加州大学管理学院日裔美籍教授威廉·大内于 1981 年在《Z 理论》一书中提出了 Z 理论。研究内容为人与企业、人与工作的关系,认为企业管理者与员工的利益是一致的,两者的积极性可融为一体。

20 世纪 70 年代末、80 年代初,日本的管理经验在美国备受推崇。大内把日本企业和美国旧式企业进行了比较研究,认为日本企业管理的特点是:实行终身雇佣制、缓慢的评价和晋升、非专门的经历、含蓄的控制、集体决策、集体负责、全面关切。美国旧式企业管理的特点是:实行非终身短期雇佣制、快速的晋升、专门的经历、清晰的控制、个人决策、个人负责、部分关切。大内认为日本管理模式是基于 Y 理论的,而美国多数企业的管理模式仍保留 X 理论。但大内对美国一些成功的大公司、大企业进行调查后发现,这些企业既不按 X 理论也不按 Y 理论进行管理,而是根据美国具体情况,因地制宜地把日本管理模式运用于美国企业。大内把兼具美、日企业管理特点的管理理论称为 Z 理论。

按照 Z 理论,管理的主要内容如下。

(1) 企业对员工的雇佣应是长期的而不是短期的。企业在经济恐慌及经营不佳的状况下,一般也不采取解雇员工的办法,而是动员大家"节衣缩食"共渡难关。这样,就可使员工感到职业有保障而积极地关心企业的利益和前途。

(2) 上下结合制定决策,鼓励员工参与企业的管理工作。从调查研究、反映情况,到参与企业重大问题的决策,都启发、支持员工进行参与。

(3) 实行个人负责制。要求基层管理者不是机械地执行上级命令,而是要敏感地体会上级命令的实质,创造性地去执行。强调中层管理人员对各方面的建议要进行协调统一,统一的过程就是反复协商的过程。这样做虽然费些时间,但便于贯彻执行。

(4) 上下级之间关系要融洽。企业管理者要处处显示对员工的全面关心,使员工心情舒畅、愉快。

（5）对员工要进行全面的培训，使员工有多方面工作的经验。如果要提拔一位计划科长担任经营副经理，就要使他在具有担任财务科长、生产科长的能力之后，再选拔到经营副经理的位置上。

（6）相对缓慢的评价与稳步提拔。强调对员工进行长期而全面的考察，不以"一时一事"为根据对员工表现下结论。

Z 理论的特点是对组织成员采取富有人情味的管理方法，但又不一味屈从人情，给他们以长期雇佣的保障，但又不提供终身雇佣。在一定意义上说，Z 理论是 X 理论和 Y 理论的综合体。

第三节　现当代管理理论

一、现代管理理论的丛林

第二次世界大战以后，随着现代科学技术日新月异的发展，生产力迅速提高，企业的规模越来越大，生产的社会化程度日益提高，生产的国际化进程加速，这一切都给管理工作提出了许多新问题，引起了人们对管理工作的普遍重视。应用什么样的管理理论来管理特大型企业？如何进行跨国界、跨地区、跨文化的管理？管理应如何适应环境变化的需要？除管理工作者和管理学家外，其他领域的一些专家，如社会学家、经济学家、生物学家、数学家等都纷纷加入了研究管理的队伍，他们从不同的角度，用不同的方法来进行研究。这一切为管理理论的发展创造了极其有利的条件，从而出现了研究管理理论的各种学派。各个学派之间相互影响，相互渗透，又各自有自己的研究特色，呈现了"百家争鸣、百花齐放"的繁荣景象。美国管理学家孔茨形象地称之为"现代管理理论的丛林"。

现代管理理论的各个学派，虽各有所长，各有不同，但不难寻求其共性。现代管理理论的共性实质上也就是现代管理学的特点，可概括如下。

（1）强调系统化。系统化就要求人们要认识到一个组织就是一个系统，同时也是另一个更大系统中的子系统。现代管理理论运用系统思想和系统分析方法来指导管理的实践活动。

（2）重视人的因素。人是生活在客观环境中的，管理的主要内容就是管人。重视人的因素，就是要注意人的社会性，对人的需要予以研究和探索，在一定的环境条件下，尽最大可能满足人们的需要，从而保证组织目标的实现。

（3）重视"非正式组织"的作用。在不违背组织原则的前提下，发挥非正式群体在组织中的积极作用。这主要是因为非正式组织是人们以感情为基础而结成的集体，这个集体有约定俗成的信念。

（4）广泛地运用先进的管理理论和方法。

（5）加强信息工作。现代管理理论强调通信设备和控制系统在管理中的作用，所以如何采集信息、分析信息以及有效、及时、准确地传递信息和使用信息，以促进管理的现代化，成为现代管理理论的重要研究课题。

（6）把"效率"和"效果"结合起来。

（7）重视理论联系实际。现代管理理论来自诸多实践，把实践进行归纳总结，找出规律性的东西，并将其不断发展。

（8）强调"预测"能力。社会是迅速发展的，客观环境在不断变化，现代管理理论强调运用科学的方法进行预测，以保证管理活动的顺利进行。

（9）强调不断创新。管理就是创新。现代管理理论认为管理者应该利用一切可能的机会进行变革，从而使组织更加适应社会环境的变化。

（10）强调权力集中。为了进行有效的管理，现代管理理论认为组织中的权力应趋向于集中。管理者通过有效的集权，把组织管理统一化，以达到统一指挥、统一管理的目的。

现代管理理论各主要学派的介绍及观点如下。

（一）管理过程学派

管理过程学派的代表人物是法约尔、厄威克、古利克、孔茨、奥唐奈里奇等，其理论是历史悠久并有巨大影响力的一种管理理论。其主要观点是将管理理论同管理人员所执行的管理职能，也就是管理人员所从事的工作联系起来。

管理过程学派认为，无论组织的性质多么不同（如经济组织、政府组织、宗教组织和军事组织等），组织所处的环境多么不同，但管理人员所从事的管理职能却是相同的，管理活动的过程就是管理的职能逐步展开和实现的过程。因此，管理过程学派把管理的职能作为研究的对象。他们先把管理的工作划分为若干职能，然后对这些职能进行研究，阐明每项职能的性质、特点和重要性，论述实现这些职能的原则和方法。应用这种方法就可以把管理工作的主要方面加以概括并建立起系统的管理理论，用以指导管理的实践。

（二）社会系统学派

社会系统学派的代表人物是美国著名的管理学家巴纳德。在其著作《经理的职能》（1938年）中，他对组织和管理理论的一系列基本问题都提出了与传统组织和管理理论完全不同的观点。

社会系统学派认为，人与人的相互关系就是一个社会系统，它是人们在意见、力量、愿望以及思想等方面的一种合作关系。管理人员的作用就是要围绕着物质的、生物的和社会的因素去适应总的合作系统。其特点是将组织看作是一种社会系统，是一种人的相互关系的协作体系，它是社会大系统中的一部分，受到社会环境各方面因素的影响。管理人员的职责在于使各种冲突的力量、各种不同的需要和目的得以维持成一种恰当的平衡。

（三）决策理论学派

决策理论学派的代表人物是曾获诺贝尔经济学奖的赫伯特·西蒙。

决策理论学派认为，管理就是决策，管理活动全部过程都是决策的过程，管理是以决策为特征的。决策是管理人员的主要任务，管理人员应该集中研究决策问题。

在决策过程中，决策理论学派特别强调信息联系的作用。信息联系是一种双向过程，信息传递的途径又可分为两种：正式渠道和非正式渠道。决策理论学派对非正式渠道更加重视，把权力机构放到次要的地位。

关于决策的准则问题是决策理论学派对管理学的重要贡献之一。决策理论学派认为，要得到最优的结果，应具备以下三个条件。

（1）决策者对可供选择的方案及其未来的后果要无所不知。

（2）决策者要具有无限的估量能力。

（3）决策者的脑中对各种可能的后果有一个完全而一贯的优先顺序。

由于决策者不可能掌握所有有关的信息，也有可能掌握的信息中有些并不能真实地反映实际，在这种情况下无法使决策达到最优。所以决策理论学派提出，以"令人满意"的较优准则代替"最优化"准则。

（四）系统管理学派

系统管理学派的主要代表人物是卡斯特和洛森茨。系统管理学派盛行于20世纪60年代前后，由于当时系统科学和理论比较盛行，倡导系统管理的人士十分广泛，因此对管理学派影响很大。系统管理学派对管理的定义是：用系统论的观点对组织或企业进行系统分析、系统管理的过程。

系统管理学派认为，企业是一个由相互联系而共同合作的各个要素（子系统）所组成的以便达到一定目标（既有组织的目标，又有其成员的个人目标）的系统。同时企业是一个开放的系统，它与周围环境（顾客、竞争者、工会、供货者、政府等）之间存在着动态的相互作用，并具有内部和外部的信息反馈网络，能够不断地自动调节，以适应环境和自身的需要。

系统管理学派突破了以往各个学派仅从局部出发研究管理的局限性，而是从组织的整体出发来阐明管理的本质，对管理学的发展作出了贡献。

（五）权变理论学派

权变理论学派的主要代表人物有伯恩斯、斯托克、劳伦斯、洛希、卢桑斯、伍德沃德等人。

"权变"是指偶然事件或偶然性，权变理论的主要含义是：权宜应变。因此，权变理论学派也称为因地制宜理论、情景管理理论、形势管理理论以及情况决定论等。它是20世纪70年代在美国形成的一种管理理论。

权变理论学派认为，在现实中不存在一成不变、普遍适用的理想化的管理理论和方法，管理应随机应变，即采用什么样的管理理论、方法及技术应取决于组织的环境。权变理论认为，组织和组织成员的行为是复杂的，加上环境的复杂性和变化性，普遍适用的管理方法实际上可能行不通。因此，应该根据具体情况来选用合适的管理方法。这就需要进行大量的调查研究，将组织的情况进行分类，建立不同的模式，根据不同的模式选用适宜的管理方式。

权变理论使管理者把精力转移到对现实情况的研究上来，并根据对具体情况的具体分析，提出相应的管理对策，从而有可能使其管理活动更加符合实际情况，更加有效。同时，权变理论首先提出管理的动态性，人们开始意识到管理的职能并不是一成不变的。

（六）经验主义学派

经验主义学派的代表人物是德鲁克和戴尔。该学派主张通过分析经验（即案例）来研究管理学问题。

经验主义学派认为，有关企业管理的理论应该从企业管理的实际出发。特别是以大企业管理经验为主要研究对象，加以理论和概括化，然后传授给管理人员或向经理提出实际的建议，也就是说，他们认为管理学就是研究管理的经验，通过研究管理中的成败，就能了解管理中存在的问题，从而对企业进行有效的管理。尽管经验主义学派是一个庞杂的学派，但他们都把实践放在第一位，以适用为主要目的。对实践经验的高度总结是经验管理学派的主要特点。

二、当代管理理论的发展

（一）企业再造

1. 企业再造理论的产生

20世纪80年代以后，世界政治和经济环境发生了重大变化。20世纪30年代至40年代形成的企业组织越来越不能适应新的、竞争日益激烈的环境。此时，管理学界提出要在企业的管理制度、流程、组织文化等方面进行创新。美国企业从20世纪80年代起开始了大规模的"企业重组革命"，日本企业也于20世纪90年代开始进行了所谓的"第二次管理革命"。

企业再造理论的代表人物是迈克尔·哈默和詹姆斯·钱皮，他们在1993年出版了《企业再造——工商管理革命宣言》一书，在全世界引起了巨大反响。企业再造理论认为，现代企业普遍存在着"大企业病"，应变能力低。企业再造的首要任务是BRP——业务流程重组，这是企业重新获得竞争优势与生存活力的有效途径。

2．企业再造理论的含义

企业再造是指为了在衡量绩效的关键指标上取得显著改善，从根本上重新思考、彻底改造业务流程。其中，衡量绩效的关键指标包括产品和服务质量、顾客满意度、成本、员工工作效率等。

可以从以下四个方面来把握企业再造理论的含义。

（1）企业再造需要从根本上重新思考业已形成的基本信念，如分工思想、等级制度、规模经营、标准化生产和官僚体制等。这就需要打破原来的思维定势，进行创造性思维。

（2）企业再造不是对组织进行肤浅的调整修补，而是要进行脱胎换骨式的彻底改造，抛弃现有的业务流程和组织结构以及陈规陋习，另起炉灶。

（3）企业再造从重新设计业务流程着手。业务流程是企业以输入各种原料和顾客需求为起点，到企业创造出对顾客有价值的产品或服务为终点的一系列活动。在一个企业中，业务流程决定着组织的运行效率，是企业的生命线。

3．企业再造理论的适用对象

企业再造理论适用于以下三类企业。

（1）问题丛生的企业。这类企业问题丛生，除了进行再造之外，别无选择。

（2）目前业绩虽然很好，但却潜伏着危机的企业。这类企业就当前的财务状况看，还算令人满意，但却有"山雨欲来"之势。

（3）正处于事业发展高峰的企业。这类企业虽然事业处于发展高峰，但是雄心勃勃的管理阶层并不安于现状，决心大幅度超越竞争对手。这类企业将再造企业看成是大幅度超越竞争对手的重要途径，他们追求卓越，不断提高竞争标准，构筑竞争壁垒。

台湾宏碁集团的企业再造

台湾宏碁集团（以下简称宏碁）于1976年成立，主要从事计算机硬件产品的制造与

第二章 管理理论的演进

营销,发展至今,已成长为国际化的高科技企业集团,是台湾地区最大的自创品牌厂商、全球第七大个人计算机公司。美国《商业周刊》将宏碁评为"能够持续企业开创精神的亚洲新巨人";《时代》与《亚洲商业》等杂志分别将其评为"台湾最具国际知名度的企业"、"最受赞赏的亚洲高科技公司"。宏碁所拥有的"Acer"品牌也多次蝉联"国际知名度最高的台湾品牌"。回顾宏碁国际化的历程,可以发现"企业再造"对其所取得的巨大成就功不可没。《世界经理人文摘》称宏碁在国际化进程中的再造策略为"第四种国际化模式"。哈佛大学也将宏碁列入"企业国际化的杰出个案"。

一、宏碁集团再造的背景

任何企业的国际化进程都不会是一帆风顺的,宏碁更是如此。1986年,宏碁开始积极进入国际化经营阶段,实行了"龙腾国际"计划。该计划期望达到的目标是以过去的经验为基础,实现往年的成长幅度。例如,人力资源增长20%,生产能力增长15%。但是,该计划刚实施就遭遇了产业变革。当时,生产能力每年提高15%已无法生存,必须提高2~3倍才能和同行业企业竞争。因此,按照旧结构所规划出来的扩张计划,方向是对的,但目标和模式是错误的,计划的执行造成人员过剩、效率递减、决策与新产品推出速度缓慢,导致成本偏高,公司运作开始进入非良性循环,竞争力也开始衰退。就在问题逐渐酝酿,尚未出现明显征兆的时候,1990年,宏碁以9400万美元并购了美国高图斯公司。后来的结果表明,这桩并购案是宏碁最为失败的投资案之一。当初并购高图斯的目的,在于获取其所掌握的迷你计算机技术能力,以及利用其在欧美的较为完善的国际化经营网络,从而提高产品的附加价值,增强企业的国际竞争能力。但是,当并购发生之后,整个计算机产业的主流已经从原来的大型计算机、迷你计算机,转向个人计算机。因此,并购高图斯的主要目的并未实现。而且因为采取百分之百的并购方式,导致了严重的"消化不良"。高图斯公司原有的员工难以及时融入宏碁的企业文化,双方沟通起来非常困难。而且由于支付这些员工的费用极为高昂,于是,1991年,宏碁在美国与欧洲的公司同时出现大量亏损,使原本已有组织膨胀问题的台湾总部,更加重了经营的困难,背上了快速成长所带来的沉重包袱。严峻的局面使宏碁产生了进行再造工程的迫切要求。

此外,由于IBM(国际商用机器公司)在20世纪80年代末开放了个人计算机环境,导致了计算机产业的一场无声革命。全球许多计算机厂商联手组成相容计算机的组装联盟,计算机的制造和销售从统合模式走向分工整合模式。产业变革的趋势也进一步推动了宏碁企业再造工程的实施。

二、宏碁集团再造的策略

宏碁实施再造工程采取了三项具有创造性的策略:一是以速食店(快餐店)模式进

行流程和经营方式再造；二是采用"主从架构"进行组织结构再造；三是以"全球品牌，结合地缘"为新的经营哲学，进行经营理念再造。

所谓"速食店模式"，就是将原来在台湾生产计算机整机，转变为台湾生产主机板、外壳装置、监视器等组件，卖给其海外事业单位（即海外子公司），在市场当地组装，向市场提供最新的计算机，加快新产品推出与库存周转速度。

所谓"主从架构"，就是将散置于各处的个人计算机与不同功能的伺服机联结成一个完整的网络，每一台个人计算机都是独立运作的"主"，网络上随时提供最佳资源给工作站的伺服机是"从"，"主"和"从"密切而弹性地结合在一起。"主从架构"充分发挥了个人计算机的功能，又能适应复杂的工作，成本低，效率高，弹性大。宏碁认为，从发展背景来看，企业组织的演进与计算机正好不谋而合。对企业而言，面对市场的快速变化和激烈竞争，如果任何决策都要从事业单位反映到总部，再从总部下指令到事业单位去执行，在命令层层传达之间，商机瞬间即逝。因此，类似大型主机架构的金字塔形阶层组织，在速度与弹性方面势必要居于劣势。

所谓"全球品牌"，是指创造属于宏碁自己的、具有全球知名度的品牌，建立全球性的制造和营销网络，塑造全球性跨国公司的优良形象。与大多数台湾企业不同，宏碁在创业早期即将自创品牌作为自己的一项追求。所谓"结合地缘"，是指宏碁与国外当地合伙人共同创办其海外事业单位，并且实行当地股权过半的政策。

三、宏碁集团再造的经验

宏碁认为，企业再造是一个永无止境的过程。以下几条经验对其今后的再造是极为重要的，并且对其他企业的再造也可起到借鉴作用。

首先，企业在进行再造过程中，运用反向思考有助于突破瓶颈。与欧美企业不同，宏碁再造的特点之一，是仍以原来的决策与管理者为主导来作调整，运用反向思考发展出新的模式，并且以渐进的方式推动，任何措施都有缓冲时间，视具体情况进行调整，以不伤及企业元气为主。

其次，新的经营模式必须通过沟通来达成共识，企业转型难免会有冲突，如果决策者从悲观的角度去看待冲突，就会唯恐企业产生混乱局面，宁愿息事宁人。事实上，从积极的角度来看，冲突就是共识达成的过程，只要沟通得宜，通过时间消弭歧见、达成一致，冲突就会自然消除。

再次，要有贯彻执行的信念，并适时宣传战果。在再造过程中，因为结果的不确定性，员工必然会产生反弹与茫然，所以，决策者必须有坚持与贯彻的毅力。而且必须订立阶段性目标，一旦实现阶段性目标，要适时地宣传战果，鼓舞士气，让大家感受到努力的成果。如果等到完全实现目标才宣布，恐怕旷日费时，士气早已涣散。

最后，在企业再造过程中，领导人的任务是提出创新思考，并将原本概念模糊的新策略具体化，通过积极沟通达成共识，然后明确宣示行动。其他同仁则扮演将策略传承、执行与放大的角色。环环相扣，都非常重要。

资料来源：经盛国际，2003-08-05

（二）学习型组织

1. 学习型组织理论的产生

20世纪90年代以来，信息化和全球化的浪潮迅速席卷世界，跨国公司力量逐日上升，跨国投资不断增加。知识经济的到来使信息与知识成为重要的战略资源，而信息技术的发展又为获取这些资源提供了可能。顾客的个性化、消费的多元化决定了企业只有能够合理组织全球资源，在全球市场上赢得顾客，才有生存和发展的可能。这一阶段的管理理论研究主要针对学习型组织和虚拟组织问题展开。

学习型组织理论的代表人物是彼德·圣吉，他于1990年出版了《第五项修炼》一书。在该书中，圣吉认为企业组织持续发展的精神基础是持续学习，并详细论述了建立学习型组织的五项修炼。他还分析了学习型组织的一些重要特征，如组织成员拥有一个共同愿景，组织由多个创造型团体组成，组织具有"以地方为主"的扁平式结构。

2. 学习型组织的含义

学习型组织是指通过弥漫于整个组织的学习气氛而建立起来的一种符合人性的、有机的、扁平化的组织。这种组织具有持续发展的能力，是可持续发展的组织。

3. 学习型组织的五项修炼

圣吉提出任何一个组织要成为学习型组织，都必须进行以下五项修炼。

（1）自我超越。自我超越是学习型组织的精神基础。这项修炼是不断理清并加深个人的真正愿望，集中精力，培养耐心，并客观地观察现实。这项修炼对于组织中整体价值观的形成，对于组织成员对组织目标的认同，对于提高组织的学习能力都具有重要作用。

（2）改善心智模式。心智模式是根深蒂固于人们心中，影响人们如何了解世界，以及如何采取行动的许多假设、成见，或者是图像、印象等。心智模式决定了人们对世界的看法。

（3）建立共同愿景。共同愿景就是要回答想要创造什么的问题。建立共同愿景包含四项要素：愿景——我们想要的未来图像；价值观——我们如何到达我们的目的地；目的和使命——组织存在的理由；目标——我们期待在短期内达到的里程碑。

（4）团队学习。在现代组织中，不仅每个成员需要学习，整个组织也需要共同的学习。学习型组织的根本手段就在于学习，而团队学习是其最基本的形式。学习型组织的修炼必须通过团队学习的形式，才能加以组织起来并具体实施。

（5）系统思考。系统思考是五项修炼的核心。圣吉认为，系统思考就是思考及形容、了解行为系统之间相互关系的方式。系统思考应遵循以下原则。

① 要防止分割思考，注意整体思考的原则。
② 要防止静止思考，注意动态思考的原则。
③ 要防止表面思考，注意本质思考的原则。

圣吉认为，在五项修炼中第五项修炼即系统思考是核心，改善心智模式和团队学习是基础；自我超越和建立共同愿景这两项修炼形成向上的张力。

（三）核心竞争力理论

1. 核心竞争力理论的产生

1990年，美国著名管理学者普拉哈德和哈默尔提出了核心竞争力的概念，他们认为，随着世界的发展变化、竞争的加剧、产品生命周期的缩短以及全球经济一体化的加强，企业的成功不再归功于短暂的、偶然的产品开发或灵机一动的市场战略，而是企业核心竞争力的外在表现。

2. 核心竞争力理论的含义

企业核心竞争力是指企业独具的、支撑企业可持续性竞争优势的核心能力。它可更详细地表达为，企业核心竞争力是企业长时期形成的，蕴含于企业内质中的，企业独具的，支撑企业过去、现在和未来竞争优势，并使企业长时间内在竞争环境中能取得主动的核心能力。核心竞争力具有以下几个特点。

（1）价值性。核心竞争力能很好地实现顾客所看重的价值，如能显著地降低成本，提高产品质量，提高服务效率，增加顾客的效用，从而给企业带来竞争优势。索尼公司的核心能力是"迷你化"，它带给顾客的核心利益是好携带；联邦快递的核心能力是极高水准的后勤管理，它带给顾客的核心利益是即时运送。

（2）独特性。核心竞争力还必须是企业所特有的，并且是竞争对手难以模仿的，也就是说它不像材料、机器设备那样能在市场上购买到，而是难以转移或复制。这种难以模仿的能力能为企业带来超过平均水平的利润。

（3）延展性。核心竞争力还具有延展性，能够同时应用于多个不同的任务，使企业能在较大范围内满足顾客的需要。如佳能公司利用其光学镜片成像技术和微处理技术方面的核心竞争力，成功地进入了复印机、激光打印机、照相机、扫描仪以及传真机等二十多个产品领域；本田公司的核心专长是引擎设计和制造，这支撑了小汽车、摩托车、割草机和方程式赛车的制造。

核心竞争力还可以表现在生产经营、营销和财务上。如苹果电脑的产品设计创新能力,它首开使用鼠标操作电脑的先河,它的麦金塔电脑可看可感的设计,极大地促进了个人和家庭电脑市场的发展;宝洁、百事可乐等优秀的品牌管理及促销能力;丰田的精益生产能力等。正是由于具有这种独特的核心竞争力,这些公司取得了成功。

本章小结

本章全面论述了管理理论的演进历史,有三条主线:第一条是时间线,以时间为轴充分体现其历史性;第二条是理论线,以管理理论的演进历史过程为轴,充分反映其发展性;第三条是人性线,以管理理论发展进程中的人性理论的深化为轴,蕴含着对管理最优境界的追求,充分反映其突破性。本章首先介绍了古典管理理论中的科学管理理论、一般管理理论和行政组织理论,其次介绍了行为科学理论中的人际关系理论,需求层次理论,双因素理论,X、Y理论和Z理论,最后介绍了现代管理理论的丛林和当代管理理论的发展。

了解大师

法约尔VS泰罗:两位互补的大师

在管理发展史上,法约尔是与泰罗并驾齐驱的古典管理理论创始人之一,两人处于同一时代,且都有工程师背景。所不同的是,泰罗开始是作为普通工人进入工厂的,其后主要从事工程技术工作,把工作的重点放在作业现场上,从工业等级制的底层向上研究。法约尔则从进入企业开始,就参加了企业的管理集团,以后又担任了大公司的最高领导,并在法国的多种机构从事过管理方面的调查和教学工作,他集中注意于经理人员并向下研究。由于个人的经历不同,泰罗对管理的研究是从工业等级的一端——车床旁边的车工开始的,而法约尔则是从另一端——办公桌旁边的总经理开始,因而也就决定了他的管理理论具有与泰罗的科学管理理论明显不同的特色。正如日本学者占部都美所说:"泰罗是以工厂管理合理化这一具体目标为出发点的。因此,他的科学管理法是非常富有实践性的,但缺乏一般科学性。而法约尔是从实施管理教育的目的出发的。因此,他的管理理论是概括性的,也非常富有原则性。"法约尔的管理理论从一开始就是以大企业的整体为研究对象的,而且不仅适用于公私企业,也适用于军政机关和宗教组织。法约尔认为科学管理理论与一般管理理论是相互补充的,其目的是为了改进管理,只不过采取的分析途径不同。

在法约尔与泰罗之间进行比较,可以得出一些有用的结论。第一,法约尔与泰罗都曾长期任职于重工业部门,在集中研究管理理论之前,两人都因技术研究和实验而出名。

第二,两人都被看作对于组织管理采取机械方法的代表,尽管这种看法是对他们理论分析和政策建立的一种简化。第三,法约尔与泰罗的管理思想渊源在许多方面都有明显的差别。虽然他们都出生在相当富裕的家庭,而且都受过工程师教育,但是法约尔是在一个强调以传统为基础的法国文化环境中成长为管理雄才的,他通过遗传和长期、忠诚的服务取得成功。泰罗则是在新教徒的伦理和美国开放式文化环境中,从最底层,通过自己的艰苦努力而取得成功的。第四,法约尔没有遭到有组织的工人的敌视,他把自己的方法介绍给工厂,实施时从未遭到过反对,而且也从未在任何调查委员会上作证。第五,泰罗开始是一名工人,是通过自己不懈努力发迹的,而法约尔一开始就当上了副经理并参与到管理人员行列。泰罗首先在工场实施他的方法,然后从中归纳出一般性的结论,而法约尔是从经理的观点创立他的一般管理体系,然后将其应用于下一级的组织机构。第六,法约尔与泰罗之间的重要区别在于分析层次上。法约尔主要关注上级指令的有效性和指令如何影响整体组织功能,而泰罗主要关注劳动生产率和个人任务。第七,泰罗59岁时因病去世,他的理论也引起了人们颇多的议论和争议。而法约尔在世时间很长,直到75岁才发表他的主要著作,并且没有引起强烈的争论,他的理论比泰罗更有吸引力,因为他的理论更加抽象和更加容易接受。

近来的管理理论学家把法约尔和泰罗概括为同样对管理运用过分理性化、机械化方法的学者,尽管这种观点发扬了继承者对他们观点的精确理解,但就法约尔的著作来说,这种认识是不完全正确的。法约尔把组织看成是一个类似于生物学术里的"团体社会",而不只是一架平稳运作的机器。他所提出来的原则是在不确定性存在下有效限制的指导方针,而非要完全消除这种不确定性的存在。

法约尔与泰罗处于同一时代,但在当时,泰罗所受到的礼遇是法约尔所不及的,这主要是因为:一是泰罗的科学管理理论标志着古典管理理论的诞生,其划时代的意义是巨大的。虽然法约尔在1908年泰罗发表《科学管理原理》(1911年)之前就曾发表演讲了,但是第一次世界大战的爆发影响了其理论的总结。二是泰罗所处的美国在新技术革命中逐步占据上风,并成为新思想、新理论的策源地,这对泰罗制的推广应用和宣传是极为有利的。三是美国对法约尔的理论一开始存在偏见,迟迟没有出版英译本,直到1937年才在厄威克和古利克编纂的《管理科学论文集》中收录法约尔的一篇文章。

法约尔认为,良好的管理不仅是提高产出和加强组织各部门计划的问题,它首先应是组织最高管理层进行更深入研究和更多管理培训的问题。这些论述无疑是泰罗本人所赞同的,而其继承者没能继承和发展的。在历史上,这种从事相同领域研究的两个人,在研究方法和研究细节上存在如此巨大差异的同时,他们的研究又存在如此巨大的互补性的情况是很少见的。

资料来源:孙国强.中国管理传播网

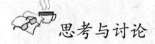 思考与讨论

1. 科学管理理论的主要思想是什么？
2. 如何理解法约尔的管理原则？
3. 人际关系理论的主要观点是什么？
4. 有人说"忘记过去的人应受到谴责并应重温历史"。分析这种说法，并以实例说明研究管理理论的历史能够帮助一个人成为更好的管理者。

 实训题

6～7位同学分成一组，在实际企业中，或网上、报刊杂志中，搜集一个或几个我国国内的管理案例或资料。

（1）应用所学知识，分析其中包含的管理思想。

（2）以组为单位在班级组织一次关于管理理论与管理思想的沙龙。每个成员都可以作介绍，谈体会，放开思路，自由畅想。

（3）每组写出一份1 000字左右的报告。各组学生进行互评。

 综合案例

学习型组织建设比较分析

一、成功的案例——Fasway公司

Fasway公司是一家小型的软件开发公司。该公司在管理中倡导学习型组织管理模式，具体体现如下：

1. 通过各类培训为员工创造不断学习和交流的机会。如内训大会。公司每年定期举行两次全体员工的内训大会，内容包括公司的状况、项目知识、行业、专业知识层面上的分析和共享。内训结束后要做出总结。新员工进入公司时，都会接受包括公司文化、经营理念、规章制度以及专业知识的培训。每次内训的材料均会成为最新版本的公司入职培训的教材。

2. 促进探讨和对话。对公司的一个专题项目组织专题研讨，研讨中没有上下级界限，

所有与会人员都可以畅所欲言。这种"头脑风暴"的结果会产生一个切实可行的"行动计划"。诸如此类的探讨和对话在各部门随处可见。

3. 鼓励共同合作和团队学习、建立学习共享系统。管理团队成员除了定期参加各项会议外，还随时随地进行沟通与交流，团队任何人在任何地点的任何感悟，均在第一时间做到共享。

4. 学习共享系统的沟通形式是无限的。公司鼓励部门内部和部门之间在餐桌上、电话中、各类公司会议上、聚会上交流。当然，最多的是用电子邮件的形式进行沟通，每天工作的第一件事一定是：查收电子邮件。公司定期举行各部门的"新知、问题、方案"会议。只要没有重要任务，所有人均自觉地出席，这是公司员工获取行业知识、传播、分析的定期途径。而外地和出差的员工同样可以在第二天"知识邮件"中进行共享。公司为了鼓励大家进行系统学习，专门在公司的局域网上设立了"知识银行"的站点，每个人随时随地均可以向"银行"支出和存入所需的各类知识。

5. 促使成员迈向共同远景。公司强调员工的发展与企业的发展远景是一致的。员工为了适应公司的发展应和公司的发展远景保持一致，自觉加强自己各方面的学习来不断增强自身的核心竞争力。例如，平时、周末到公司加班、补充养分等都是平常的事情，而自费进修、培训更是蔚然成风。

6. 提倡一专多能，考核学习能力。每位员工都是多项任务的执行者，公司自上而下均强调每位员工在掌握核心技能之外，尽量主动掌握"生存"的其他技能。

二、失败的案例——Night View公司

Night View（NV）公司是一家高新技术企业，创立于1997年，其目标是建立一个集生产、研发和销售为一体的具有行业领导地位的优秀企业。NV公司的内部情况如下。

1. 自主工作。建立初期的骨干人员有全国著名高等学府刚毕业的大学生、研究生，也有具有丰富的技术经验的工程技术人员、研发人员和技工。公司决策层认为，这些人完全可以自主地完成工作任务，通常情况下，公司很少组织内部的技术和管理培训。

2. 新员工进入程序。新员工进入NV的工作程序大致是：社会招聘—考核—公司招聘负责人简单介绍情况的面谈—进入工作。

3. 简单直线式决策过程。公司生产线出现技术问题，由负责生产的副总组织生产部人员进行讨论分析。副总爱面子，大家讨论时提出的一些意见不能太直接或太尖锐。通常情况下，技术问题由生产副总一人说了算，员工往往会放弃自己提出的建议和意见，按副总的意见办理。

4. 团队学习和信息共享。NV公司相信员工的素质较高，未建立程式化的共享途径。一般采取单兵作战的方式，互相交流学习较少。而且公司内部一种双向的恐惧心理普遍存在：担心向别人请教会降低自己的身份和威信；同时，担心将自己知道的告诉别人则

第二章 管理理论的演进

会失去自己的优势。

5. 员工日常业务工作与在职学习的关系。NV 管理层认为，公司应该是一个工作的场所，而不是一个进修学校或者教室，员工们应该把学业完成于进入公司之前。自 NV 成立到 2001 年底，共有 7 名技术人员因为此类原因而离职。

6. 高层决策与员工的沟通。对于 NV 的运转状况和发展方向，公司认为，只能由高层管理者参与决策，普通员工只是完成具体任务的人，他们没必要知道这些，知道了也没有什么用。对经营过程中的一些重大事件，公司总是通过与个别相关人员探讨做出决定，对员工是保密的。因为"让员工了解过多，会引起思想混乱或泄露 NV 的商业机密，导致不必要的麻烦"。如 1999 年，NV 引进了一条美国生产线，由于设备质量有问题，引起了全体员工的关注。但是，高层管理者并没有将近期目标的改变及时让员工了解，使得公司内人心浮动，许多员工担心公司会因此陷入困境。

案例来源：崔淑惠，程远，孟采. 巧顾网，2010-09-28

案例分析题：

1. 请结合学习型组织的评价标准，列表将 Fasway 公司与 NV 公司做一个比较。
2. 请你为 NV 公司做一个可行的学习型组织建设方案。

 看图说事

学习型组织的作用

● 早点建成"学习型组织"，管理者就能轻松许多

要求：结合上述漫画内容，谈谈你的感悟。

第三章 计 划

计划工作是一座桥梁,它把我们所处的这岸和我们要去的彼岸连接起来,以克服这一天堑。

——哈罗德·孔茨

【学习目标】

① 掌握计划的含义、特点以及决策、目标管理的概念和目标管理的过程。
② 熟悉计划的类型、目标的概念及特征和决策的程序。
③ 了解计划的编制过程、决策的类型和决策的方法。

【技能目标】

能够分辨组织计划类型,并能够根据实际情况进行决策,制订相应计划。

 导言

曾经有人做过这样一个实验:组织三组人,让他们沿着公路步行,分别向 10 千米外的三个村子行进。

甲组不知道去的村庄叫什么名字,也不知道它有多远,只告诉他们跟着向导走就是了。这个组刚走了两三千米时就有人叫苦了,走到一半时,有些人几乎愤怒了,他们抱怨为什么要大家走这么远,何时才能走到。有的人甚至坐在路边,不愿再走了。越往后人的情绪越低,七零八落,溃不成军。

乙组知道去哪个村庄,也知道它有多远,但是路边没有里程碑,人们只能凭经验估计要走两小时左右。这个组走到一半时才有人叫苦,大多数人想知道他们已经走了多远了,比较有经验的人说:"大概刚刚走了一半的路程。"于是大家又簇拥着向前走。当走到四分之三的路程时,大家又振作起来,加快了脚步。

丙组最幸运。大家不仅知道所去的是哪个村子,它有多远,而且路边每隔一千米处有一块里程碑。人们一边走一边留心看里程碑。每看到一个里程碑,大家便有一阵小小的快乐。这个组的情绪一直很高涨。走了七八千米以后,大家确实都有些累了,但他们不仅不叫苦,反而开始大声唱歌、说笑,以消除疲劳。最后的两三千米,他们越走情绪越高，速度反而加快了。因为他们知道，要去的村子就在眼前了。

上述实验表明，要想带领大家共同完成某项工作，首先要让大家知道要做什么，即要有明确的目标（走向哪个村庄）；其次要指明行动的路线，这条路线应该是清楚的、快捷的（如路标），也就是说，要提出实现目标的可行途径，即计划方案。这些是有效开展工作的前提。确定目标及计划行动方案是计划职能的核心任务。

第一节　计划的概述

古人云："有备无患，凡事预则立，不预则废。"说的就是计划工作的重要性。管理是对资源进行优化配置的过程，要把资源协调好，需要时间，并且离不开计划，没有计划或计划不周会降低管理的效率，甚至直接影响到组织目标的实现。

许多组织应该说是有明确目标的，但有时总不能实现目标，为什么？很大程度上是因为没有具体的实施计划，使得许多目标成为"口号"、"空头支票"。因此，有效的计划工作是为达成目标而提供的一种合理的实现方向。正如哈罗德·孔茨认为的那样："计划工作是一座桥梁，它把我们所处的这岸与我们要去的彼岸连接起来，以克服这一天堑。"所以，有效的计划能有效地配置资源，而且有效的计划有助于及时预见危险，发现机会，早作准备，防患于未然，有效的计划还能提高效率，调动积极性，同时有效的计划也是控制工作的基础。

计划工作是全部管理职能中最基本的职能，也是管理的首要职能，它是关于未来行动的蓝图。计划是指挥的依据、控制的标准，是减少浪费的有效方法，计划可把不确定因素的影响降到最小。

一、计划的含义

（一）计划的概念

计划有名词和动词两层含义。从名词意义上来讲，计划是对组织未来一段时期内活动的内容、方向以及方式、方法的预测与安排处理。从动词意义上来讲，计划是管理者为了达成既定的目标而制订行动方针的过程。

计划有广义和狭义之分。广义的计划包括制订计划、执行计划和检查计划。狭义的计划实际上就是制订计划。

对计划工作的定义如下：**计划工作**是指制订计划，也就是根据实际情况，通过科学的预测，权衡客观的需要和主观的可能，提出在未来一定的时期内要达到的目标，以及实现目标的途径。

（二）计划工作的任务

计划工作的任务，就是根据社会的需要以及组织的自身能力，确定出组织在一定时期内的奋斗目标；通过计划的编制、执行和检查，协调和合理安排组织中各方面的经营和管理活动，有效地利用组织的人力、物力和财力等资源，取得最佳的经济效益和社会效益。西方管理学家用"5W1H"来概括计划工作的任务，具体内容如下。

1．目标——明确做什么（What）

"做什么"：要明确计划工作的具体任务和要求，明确每一个时期的中心任务和工作重点。例如，企业生产计划的任务主要是确定生产哪些产品，生产多少，合理安排产品投入和产出的数量和进度，在保证按期、按质和按量完成订货合同的前提下，使得生产能力得到尽可能充分的利用。

2．目的——回答为什么（Why）

"为什么做"：要明确计划工作的宗旨、目标和战略，并论证可行性。实践表明，计划工作人员对组织和企业的宗旨、目标和战略了解得越清楚，认识得越深刻，就越有助于他们在计划工作中发挥主动性和创造性。正如通常所说的"要我做"和"我要做"的结果是大不一样的，其道理就在于此。

3．人员——由谁去做更合适（Who）

"谁去做"：计划不仅要明确规定目标、任务、地点和进度，还应规定由哪个主管部门负责。例如，开发一种新产品，要经过产品设计、样机试制、小批试制和正式投产几个阶段。在计划中要明确规定每个阶段由哪些部门负主要责任，哪些部门协助，各阶段交接时，由哪些部门和哪些人员参加鉴定和审核等。

4．地点——确定在哪里做（Where）

"何地做"：规定计划的实施地点或场所，了解计划实施的环境条件和限制，以便合理安排计划实施的空间组织和布局。

5．时间——何时做（When）

"何时做"：规定计划中各项工作的开始和完成的进度，以便进行有效的控制和对能力及资源进行平衡。

6．方式与手段——如何去做（How）

"怎么做"：制订实现计划的措施，以及相应的政策和规则，对资源进行合理分配和集中使用，对人力、生产能力进行平衡，对各种派生计划进行综合平衡等。

二、计划的特性

计划工作的性质可以概括为五个方面,即目的性、首位性、普遍性、效率性和预测性。

(一) 目的性

每一个计划及其派生计划都是旨在促使企业或各类组织的总目标和一定时期目标的实现。计划工作是最明白地显示出管理的基本特征的主要职能活动。计划工作旨在有效地实现某种目标。首先就是确立目标,然后使今后的行动集中于目标,朝着目标的方向迈进。一个企业如果没有生产经营计划,则它的任何组织管理、资产管理、控制管理等都将成为漫无目的的行为,也就称不上管理。

(二) 首位性

计划工作相对于其他管理职能处于首位。把计划工作摆在首位的原因,不仅因为从管理过程的角度来看,计划工作先于其他管理职能,而且因为在某些场合,计划工作是付诸实施的唯一管理职能。计划工作的结果可能得出一个决策,即无须进行随后的组织工作、领导工作及控制工作等。例如,对于一个是否建立新工厂的计划研究工作,如果得出的结论是新工厂在经济上是不合算的,那也就没有筹建、组织、领导和控制一个新厂的问题了。

计划工作具有首位性的原因,还在于计划工作影响和贯穿于组织工作、人员配备、指导和领导工作以及控制工作中。例如,一个企业要开发一种重要的新产品,可能要为此专门成立一个项目小组,并实行一种矩阵式的组织形式和职权关系。

有人把计划工作与控制工作看成一把剪刀的两刃,说明了计划工作和控制工作是密不可分的。未经计划的活动是无法控制的,因为控制就是纠正脱离计划的偏差,以保持活动的既定方向。没有计划指导的控制是毫无意义的,计划是为控制工作提供标准的。

(三) 普遍性

所有管理人员,从最高管理人员到一线的基层管理人员都要制订计划,做计划工作。虽然计划工作的特点和广度由于管理人员所处的部门、层级的不同而有所不同,但是计划工作是全体管理人员的一项职能。

人们常说,管理者的主要任务之一是作决策,而决策本身就是计划工作的核心。如果将主管人员的决策权限制过严,那就会束缚他们的手脚,使他们无法自由地处置那些本应由他们处置的问题。久而久之,他们就会失去计划工作的职能与职责,养成依赖上级的习惯。这样，也就丧失了管理人员的基本特征。

（四）效率性

计划工作的任务，不仅要确保实现组织目标，而且要从众多方案中选择最优的资源配置方案，以求得合理利用资源和提高效率。用通俗的语言来表达，就是既要"做正确的事"又要"正确地做事"。显然，计划工作的任务同经济学所追求的目标是一致的。

实现目标有许多途径，我们必须从中选择尽可能好的方法，以最少的投入取得预期的成果，保持较高的效率，避免不必要的损失。计划工作强调协调、强调节约，其重大安排都经过经济和技术的可行性分析，可以使付出的代价尽可能合算，从而使组织可持续和谐地发展。

（五）预测性

计划的预测性是不言而喻的，因为计划是在尚未开展行动之前的一种预先安排。管理者只对当前环境作出反应是不够的。计划是在将来实施的，因而凡是有能力的管理者都要设法去预测计划在未来实施时所处的环境，这就需要对可能影响既定计划的诸环境因素进行预测。显然，能预见到那些可能对既定计划产生影响的重要变化的管理人员，要比那些不能预见到的管理人员有更多的机会取得成功。

由于计划安排和行动方案的设计与选定，以及组织的资源配置都是假定的，这些假定的任何一个出现不当或失误都会造成严重的后果。因此，计划具有预测的特性，并且由此导致了计划具有一定的不确定性和风险性的特性。

 小看板

计划的故事

年仅19岁的凡内芮在德州的诗词比赛中，不知得过多少奖牌。她的写作总是让我爱不释手，当时我们的确合写了许多很好的作品，一直到今天，我仍然认为这些作品充满了特色与创意。

一个星期六的早上，凡内芮又热情地邀请我到她家的牧场吃烤肉。她的家族是德州有名的石油大亨，拥有庞大的牧场。她的家庭虽然极为富有，但她的穿着、所开的车，与她谦卑诚恳待人的态度，更让我加倍地打从心底佩服她。

凡内芮知道我对音乐的执著。然而，面对那遥远的音乐界及整个美国陌生的唱片市场，我们一点渠道都没有。此时，我们两个人坐在德州的乡下，我们哪知道下一步该如何走。突然间，她冒出了一句话："想象你五年后在做什么？"

第三章 计划

我愣了一下。她转过身来,手指着我说:"嘿!告诉我,你心目中最希望五年后的你在做什么,你那个时候的生活是一个什么样子?"

我还来不及回答,她又抢着说:"别急,你先仔细想想,完全想好,确定后再说出来。"

我沉思了几分钟,开始告诉她:"第一,五年后我希望能有一张很受欢迎的唱片在市场上发行,可以得到许多人的肯定。第二,我要住在一个有很多很多音乐的地方,能天天与一些世界一流的乐师一起工作。"

凡内芮说:"你确定了吗?"我慢慢稳稳地回答,而且拉了一个长音!

凡内芮接着说:"好,既然你确定了,我们就把这个目标倒算回来。如果第五年,你要有一张唱片在市场上发行,那么你的第四年一定是要跟一家唱片公司签上合约。"

"那么你的第三年一定是要有一个完整的作品,可以拿给很多很多的唱片公司听对不对?"

"那么你的第二年,一定要有很棒的作品开始录音了。"

"那么你的第一年,就一定要把你所有要准备录音的作品全部编曲,排练就位准备好。"

"那么你的第六个月,就是要把那些没有完成的作品修饰好,然后让你自己可以逐一筛选。"

"那么你的第一个月就是要把目前这几首曲子完工。"

"那么你的第一个礼拜就是要先列出一整个清单,排出哪些曲子需要修改,哪些需要完工。"

"好了,我们现在不就已经知道你下个星期一要做什么了吗?"凡内芮笑笑地说。

"喔,对了。你还说你五年后,要生活在一个有很多音乐的地方,然后与许多一流乐师一起忙着创作,对吗?"

她急忙地补充说:"如果你的第五年已经在与这些人一起工作,那么你的第四年照道理应该有你自己的一个工作室或录音室。那么你的第三年,可能是先跟这个圈子里的人在一起工作。那么你的第二年,应该不是住在德州,而是已经住在纽约或是洛杉矶了。"

次年,我辞掉了令许多人美慕的太空总署的工作,离开了休斯敦,搬到洛杉矶。

说也奇怪,不敢说是恰好五年,但大约可说是第六年,1983 年,我的唱片在亚洲开始畅销起来,我一天二十四小时几乎全都忙着与一些顶尖的音乐高手,日出日落地一起工作。

资料来源:李恕权. 挑战你的信仰. 杨智文化,1989

三、计划的类型

人们根据不同的需要编制各种各样的计划。按照不同的分类标准,可将计划分为不同种类。常见的计划分类方法如表 3-1 所示。

表3-1 常见的计划分类方法

分 类 标 准	类 型
时间长短	长期计划、中期计划和短期计划
综合性程度 (涉及时间长短和涉及的范围广狭)	战略性计划、战术性计划
明确性	具体性计划、指导性计划
程序化程度	程序性计划、非程序性计划

(一)长期计划、中期计划和短期计划

按计划执行时间的长短可以将计划分为长期计划、中期计划和短期计划。长期计划通常指 5 年以上,短期计划一般指 1 年以内,中期计划则介于两者之间。财务分析人员习惯于将投资回收期分为长期、中期和短期。管理人员也采用长期、中期和短期来描述计划。

1. 长期计划

长期计划主要是方向性和长远性计划,它主要回答的是组织的长远目标与发展方向,以及大政方针的问题。长期计划绘制了组织长期发展的蓝图,在编制长期计划时,就应该采取"近具体,远概略"的方法,对于近期计划的制订尽量具体,以便于计划的实施;对于远期计划只规定出大概的要求,使组织员工明确奋斗的方向。

2. 中期计划

中期计划是根据长期计划提出的长远战略目标和要求,并结合计划期内实际情况制订的计划。它是长期战略目标的具体化,同时又是短期计划目标的依据。

3. 短期计划

短期计划具体地规定了组织的各个部门在目前到未来的各个较短的阶段,特别是最近的时段中,应该从事何种具体详细的活动,从事该种活动应达到何种要求,因而为各组织成员在近期内的行动提供了依据。

(二)战略性计划与战术性计划

1. 战略计划

战略计划也称为战略规划,是由高层管理者制订的,它是组织的其他各种计划的最高指导原则,是关于组织活动长远发展方向、基本目的的计划,其内容不追求具体、明

确，只规定总的发展方向、基本策略和具有指导性的政策、方针。战略性计划是战术性计划的依据，战术性计划是在战略性计划指导下制订的，是战略性计划的落实。从作用和影响上来看，战略性计划的实施是组织活动能力的形成与创造过程，战术性计划的实施则是对已经形成的能力的应用。

战略性计划的基本特点为：包含的时间跨度大，涉及的范围广；内容抽象、概括，不要求直接的可操作性；计划方案的使用往往是一次性的；计划的前提条件大多是不确定的，计划执行结果也带有很大的不确定性。因此，战略计划的制订者必须具有较高的风险意识，能在大量的不确定性因素中选定企业未来行动的目标和经营方向。

2．战术性计划

战术性计划一般由组织的中低层管理者制订，是关于组织活动如何具体运作的计划。对企业来说，主要是指各项业务活动的作业计划。如果说战略性计划侧重于确定企业要做什么事，以及为什么要做这些事，则战术性计划是规定需由何人、在何时、通过何种办法做事，以及使用多少资源来做事。简言之，战略性计划是确保企业"做正确的事"，而战术性计划则是追求"正确地做事"。

战术性计划的主要特点是：涉及的时间跨度较短，覆盖的范围较窄；内容具体、明确，并要求具有可操作性；计划的任务主要是规定如何在已知条件下实现企业的各项分目标。战术性计划的风险程度比战略性计划低。通常，战术性计划又可细分为施政计划、协调发展计划、作业计划等。

（三）具体性计划与指导性计划

1．具体性计划

具体性计划具有明确规定的目标，不存在模棱两可。例如，企业销售部经理打算使企业销售额在未来 6 个月中增长 15%，他会制订明确的程序、预算方案以及日程进度表，这便是具体性计划。

2．指导性计划

指导性计划只规定某些一般的方针和行动原则，给予行动者较大自由处置权，它指出重点但不把行动者限定在具体的目标上或特定的行动方案上。例如，一个增加销售额的具体计划可能规定未来 6 个月内销售额要增加 15%，而指导性计划则可能只规定未来 6 个月内销售额要增加 12%～16%。相对于指导性计划而言，具体性计划虽然更易于执行、考核及控制，但是缺少灵活性，它要求的明确性和可预见性条件往往很难满足。

（四）程序性计划与非程序性计划

1．程序性计划

程序性计划，即例行的重复出现的活动，对这类活动的决策称为程序化决策，与之相对应的计划工作就是程序性计划或常规计划。它包括政策、标准方法和常规作业程序、订货、材料的出入库等，所有这些都是用来解决常发性问题的。

2．非程序性计划

非程序性计划，即非例行的不重复出现的活动，对这类活动的决策称为非程序化决策，与之相对应的计划工作就是非程序性计划或专项计划。它包括为特定的情况专门设计的方案、进度表、新产品的开发、生产规模的扩大、品种结构的调整、工资制度的改变等，所有这些都用来处理一次性的而非重复性的问题。

W．H．纽曼指出，"管理部门在指导完成既定目标的活动上基本用的是两种计划：常规计划和专用计划。"常规计划包括政策、标准方法和常规作业程序，所有这些都是准备用来处理常发性问题的。每当一种具体常见的问题发生时，常规计划就能提供一种现成的行动指导。专用计划包括为独特的情况专门设计的方案、进程表和一些特殊的方法等，它用来处理一次性的而非重复性的问题。

四、计划的编制过程

计划是计划工作的结果，计划工作则是计划制订的过程。计划的编制通常遵循一定的工作程序。任何计划工作的程序，其工作步骤都是相似的，依次包括机会分析、确定目标、确定前提条件、确定备选方案、评估备选方案、选择方案、拟订派生计划、编制预算等内容，如图3-1所示。

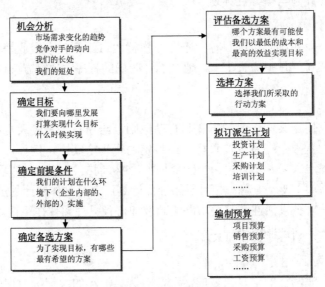

图3-1 计划工作的程序

（一）机会分析

对机会的分析，要在实际的计划工作开始之前就着手进行，它虽然不是计划的一个组成部分，但却是计划工作的一个真正起点。其内容包括：对未来可能出现变化和预示的机会进行初步分析；根据自身的长处和短处了解自身能力所在；列举主要的不确定因素，分析其发生的可能性和影响程度；在反复斟酌的基础上，下定决心，扬长避短。

（二）确定目标

计划工作的第一步是在分析机会的基础上，为组织及其所属的下级单位确定计划工作的目标。在这一步上，要说明基本的方针和要实现的目标，说明制定战略、政策、规则、程序、规划和预算的任务，指出工作的重点。

（三）确定前提条件

计划工作的第二步是确定一些关键性的计划前提条件，并使设计人员对此取得共识。所谓计划工作的前提条件就是计划工作的假设条件，换言之，即计划实施时的预期环境。负责计划工作的人员对计划前提了解得越细越透彻，并能始终如一地运用它，则计划工作也将做得越协调。

按照组织的内外环境，可以将计划工作的前提条件分为外部前提条件和内部前提条件；还可以按可控程度，将计划工作前提条件分为不可控的、部分可控的和可控的三种前提条件。外部前提条件多为不可控的和部分可控的，而内部前提条件大多是可控的。不可控的前提条件越多，不肯定性越大，就越需要通过预测工作确定其发生的概率和影响程度的大小。

（四）确定备选方案

计划工作的第三步是调查和设想可供选择的行动方案。通常，最显眼的方案不一定就是最好的方案。在过去的计划方案上稍加修改和略加推演也不会得到最好的方案，这一步工作需要发挥创造性。此外，方案也不是越多越好。即使可以采用数学方法和借助计算机的手段，还是要对备选方案的数量加以限制，以便把主要精力集中在对少数最有希望的方案的分析方面。

（五）评估备选方案

计划工作的第四步是按照前提和目标来权衡各种因素，比较各个方案的利弊，对各个方案进行评价。评价实质上是一种价值判断。它一方面取决于评价者所采用的标准，另一方面取决于评价者对各个标准所赋予的权数。显然，确定目标和确定计划前提条件的工作质量，直接影响到方案的评价。在评价方法方面，可以采用运筹学中较为成熟的矩阵评价法、层次分析法，以及在条件许可的情况下采用的多目标评价方法。

（六）选择方案

计划工作的第五步是选定方案。这是在前四步工作的基础上作出的关键一步，也是决策的实质性阶段——抉择阶段。可能遇到的情况是，有时会发现同时有两个可取的方案。在这种情况下，必须确定出首先采取哪个方案，而将另一个方案也进行细化和完善，并作为备选方案。

（七）拟订派生计划

派生计划就是总计划下的分计划。总计划要靠派生计划来保证，派生计划是总计划的基础。

（八）编制预算

计划工作的最后一步是把计划转化为预算，使之数字化。预算实质上是资源的分配计划。预算工作做好了，可以成为汇总和综合平衡各类计划的一种工具，也可以成为衡量计划完成进度的重要标准。

第二节 决 策

我国古代有一句名言："运筹帷幄之中，决胜于千里之外。"说明在竞争和对抗活动中，都必须统筹谋划，正确研究对策，以智取胜，而对策研究和确定过程就是决策。在任何一个组织中，决策是管理者最重要、最困难、最花费精力和最冒风险的事情。美国一名管理学家曾经说过，如果向高层管理者提出三个问题："你每天花时间最多的是在哪些方面？""你认为你每天最重要的事情是什么？""你在履行你的职责时感到最困难的是什么事？"那么绝大多数人的回答只有两个字："决策"。诺贝尔经济学奖获得者西蒙也提出"管理就是决策"的观点，可见决策的重要性。决策是管理的核心，可以说管理是围绕着决策制定和组织实施而展开的。决策是管理的主要职能之一，贯穿于管理活动的始终。

一、决策的概念

决策是组织为了达到某一特定的目标，而从若干个可行方案中选择一个满意方案的分析判断和选择的过程。该定义较侧重于决策的基本过程，其中的内涵如下。

(1) 要有明确的目标，这是决策的前提条件。

(2) 有多个可行的备选方案，这是科学决策的根本，从理论上讲，达成任何一项目标的途径通常都有若干条,而这若干条途径就是我们这里所说的备选方案。

(3) 决策的重点在于科学地分析、判断与选择,这是决策质量的保证。

(4) 决策的结果在于选择"满意"方案,而非"最优"方案。为什么没有最佳方案,只有满意方案?这是因为我们所处的环境总是不断变化的,今天的最优选择到了明天可能就不是最优选择,而且由于人的能力有限,对外界信息的了解不可能是完全的,因此所选的备选方案也不可能"穷尽"其各种可能,那么基于不完全的信息所作出的决策也就谈不上是最优的。

 小看板

孔明晚年决策失误三例

众所周知,诸葛亮是我国历史上一位享誉世界的大谋略家。26岁初出茅庐辅佐刘备,便火烧新野、鏖战赤壁、三气周瑜、智取西川……后又辅佐后主刘禅,七擒孟获、六出祁山……我国四大名著之一《三国演义》中描绘了他传奇般的功绩,他是我们中华民族智慧的化身和骄傲。但是,"金无足赤,人无完人",诸葛亮也不例外。

一、痛失街亭

蜀国中前期,楚蜀一带有很多优秀人才在刘备政权中,问题在于刘备死后未能得到诸葛亮的任用,而没有更好地发挥他们的作用,魏延就是其中的代表人物之一。魏延跟随刘备屡建战功,既有同曹操多年作战的实战经验,又很有谋略,是一个难得的军事人才,刘备很器重他。所以在刘备称汉中王迁成都时,破格提拔他为"督汉中镇远将军,领汉中太守"。但刘备死后,在诸葛亮苦心经营北伐中,魏延受到了诸葛亮的压制,这主要表现为对魏延出奇兵攻打长安的建议不予理睬,也不让他做先锋。诸葛亮不用既有实战经验又有谋略的魏延,反而"违众拔谡",派只会夸夸其谈、缺乏实战经验的马谡当了先锋,结果马谡一遇强敌便慌了手脚,以痛失街亭的失败而告终。

二、排挤李严

在刘备眼里,李严是一个仅次于诸葛亮的人才。所以刘备死时,"严与诸葛亮并受遗诏辅少主"。刘备的用心本来是很清楚的:让诸葛亮任丞相,在成都辅佐少主刘禅主持政务;让李严屯永安防吴并主管军事。但诸葛亮却把军政大权都抓在自己手里,李严自然很不高兴。遵照刘备遗诏,诸葛亮本应和李严精诚团结,认真考虑如何发挥李严等人才的作用。而诸葛亮对李严统率军事持怀疑态度,并通过孟达表示对李严不满,导致两人矛盾日益加深。后来诸葛亮以举行第五次北伐为借口,削了李严的兵权,调到汉中负责后勤工作。后又因粮草运输问题,把李严贬为平民。又因运粮工作找不到合适的人来接管,诸葛亮只好自己管起来,因而使自己陷入繁杂的具体事务不能自拔而烦恼。

三、疏远下属

诸葛亮恃才自傲，不善于团结下属，对下属求全责备、要求太高。他对自己身边的人员挑选标准是很严的，所以身边的下属怎样兢兢业业，他都总是不满意，多次旁敲侧击地批评他们："人心苦不能尽"。令他们学习早已去世的董幼宰"事有不重，至于十反"的精神。结果搞得大家对他只好"敬而远之"，没有真正的"贴心人"，实际上反而孤立了自己。

诸葛亮最后一次北伐，与司马懿在五丈原对峙，魏兵坚守不战，旷日持久，蜀兵便有些松懈，违犯军纪的人日渐增多，整顿纪律势在必行。身边没有"贴心人"，要一级抓一级依靠众将领管理士兵谈何容易。曾有人劝诸葛亮："治家之道，在于各司其职，如果凡家事主必亲躬，将形疲神困，终无一成。"司马懿听后断言："亮将死矣。"正如司马懿所料，不久，诸葛亮就累死在前线。

资料来源：世界经理人论坛，2008-07-21

二、决策的类型

根据决策所要解决的问题的实质，可以将决策分为若干种类型。决策者首先必须弄清楚面临的决策属于什么类型，才可能做到有的放矢，寻找适合该类型的决策方法。

（一）按照决策的重要程度，可将决策分为战略决策、战术决策、业务决策

1. 战略决策

对组织而言，战略决策是最重要的，直接关系到组织的发展，其涉及的大多为全局性、长期性的问题。通俗地讲，战略决策最终要解决组织在未来一段时期内活动的内容和方向，即回答"干什么"，如组织目标的确定、机构的设置与调整、产品的更新换代等。一般地讲，由于战略决策所要解决的问题牵涉到的范围较广、内容较复杂、思维较抽象、可借鉴性资料不多，需要管理者有高度的敏感力、抽象思维的能力、创造能力和丰富的经验，对管理者的素质要求非常高。因而，这类决策一般由高层管理者作出。

2. 战术决策

战术决策是在战略思想指导下的具体方法的选择和运用，要解决如何执行战略决策问题，也就是解决"怎么干"问题，如具体方案的选择、资源的分配、绩效的评估、产品的定价、资金的筹措等。一般战术决策涉及的问题比战略决策更具体，更局部化，且多数问题的解决方案可以定量化且有借鉴性资料。这类决策一般常由中层管理者作出。

3. 业务决策

业务决策是在日常的生产和服务活动中为了提高劳动效率所作的决策，如一周生产

任务的安排、进度安排、车间班组、科室岗位责任的落实等。一般业务决策要解决的问题非常明确且带有较强的程序化，属于常见的问题，决策者通常也非常清楚决策要达到的具体目标是什么、可以利用的资源有哪些、实现的途径有多少、实施的结果是什么。这类决策一般由基层管理者作出。

（二）按决策的重复性程度，可以分为程序化决策与非程序化决策

1. 程序化决策

程序化决策所面临的问题一般会经常性地重复出现，如常见的产品质量缺陷、设备故障等，解决这类问题的方法有先例可循，所以决策者只要碰到此类问题，就可沿用以往的解决方法，因而该类决策又被称为例行性决策或常规性决策。

2. 非程序化决策

非程序化决策所面临的问题常是例外发生或偶然发生的，如重大的人事变动、大的投资开发项目等，这类问题没有现成的解决问题的办法，需要管理者根据具体情况寻找出解决问题的具体途径。

（三）按决策的状态，可以分为确定型决策、风险型决策和不确定型决策

1. 确定型决策

确定型的状态是指个人完全知道所面对的问题，替代方案也很明确，且每个方案的结果是唯一且可以预见的。由于各方案的条件、结果均已知，所以只要比较一下各方案，就可作出最终决策。这类方案通常可利用净现值、投资回报率、投资回收期等定量化计算方法来进行。例如，企业拟投资 1 000 万元，投资方案有三个，每个方案的经济效果值非常清楚，年投资回报率分别为 15%、12%、10%，在其他条件均不变的情况下，理所当然选择投资回报率为 15%的方案。

2. 风险型决策

风险型决策是指对某事件出现的结果不能确定其唯一性，但可能出现的几种状态是可以预见的，且每种状态出现的概率和经济效果是可以估算到的，可以通过比较各方案的期望值来进行决策。但这类决策过程定量化程度不高，决策时需要冒一定的风险。例如，某人拟炒股票，炒股票的结果是一定获利或一定亏损，无法给出结论，因为一旦经济形势发生变化或出现重大事件或政策倾向有所调整，都可能会引起股市的波动。但炒股票的结果只有几种可能性，要么赚钱，要么亏损，要么不盈不亏，且可根据历史资料和对未来股票动向的估计大概估算出几种可能性出现的概率，再计算出每种状态下的期望值，根据三种情况下期望值的结果进行分析选择，确定是否值得投资股票。

3. 不确定型决策

这类决策所遇到的问题因为信息不明朗，或无历史资料可借鉴，通常非常不明确，

既不知道结果,也不知道结果出现的概率,所以解决的办法通常依靠经验和胆识。

(四)按决策主体的多少,可以分为群体决策和个体决策

1. 群体决策

群体决策是指由多人共同参与作出的决策,相对于个体决策而言,群体决策可以借助更多人的经验与智慧,提供更多更完整的信息,因此可以提出更多的替代方案,特别是当群体的组成成员来自于不同专业、不同学科的专家时,该优点会更加凸显。所谓"三个臭皮匠胜过一个诸葛亮"正说明了群体决策的优势。

群体决策由于是群体成员共同参与的结果,可增加对解决方案的认同和承诺程度,实施起来更加容易接受。

2. 个体决策

个体决策是指由一个人独立作出的决策。相对于群体决策而言,个体决策通常较省时,成本较低,效率较高。群体的组成本身需要耗费较长的时间,且群体间为了达成共识,也相当费时,效率较个体决策差。

在个体决策中,谁应该对决策的结果负责是非常明确的。但在群体决策中,群体决策有时会产生责任的含糊,由于群体成员共同分担决策的责任,往往造成责任的模糊与逃避。

三、决策的程序

管理中的决策是一个动态的过程,该过程按时间的先后顺序展开一系列步骤,这些步骤所构成的整体就是决策程序。组织活动中,导致决策失败最主要的原因是没有严格按照科学的程序进行决策。推进决策科学化、民主化,还必须注意遵循科学的决策程序,采用科学的决策方法。一般而言,决策程序大致包括七个基本步骤,如图 3-2 所示。

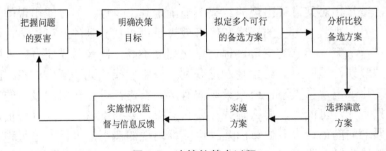

图 3-2 决策的基本过程

1. 把握问题的要害

决策过程的第一阶段,首先要找出关键性问题和认准问题的要害。要找出为什么要

针对这个问题而不是针对其他问题作决策的理由。关键问题抓不准或者问题的要害抓不准,就解决不了问题,所作的各种决策就不可能是合理的、有效的。

2. 明确决策目标

决策目标是组织根据找出的所要解决的问题,在进一步明确解决了该问题之后的结果应该是什么的基础上而设定的。目标的明确十分重要,因为同样的问题,目标不同,采取的决策方案可能就会不同。例如,若把目标分为长期目标、中期目标和短期目标,那么长期目标的决策通常采用战略决策方法,中期目标的决策常用战术决策方法,而短期目标的决策则惯用业务决策方法。

3. 拟定多个可行的备选方案

为了解决问题,实现既定的目标,管理者必须积极地寻找各种切实可行的方案,一般而言,找到的备选方案越多,决策的风险越小,决策的质量和正确率就会越高。但是方案一般都不是显而易见的,需要决策者付出大量的努力和劳动才可能获得,而且为了提出更多更好的方案,仅凭决策者个人或少数人的经验与智慧远远不够,要充分调动他人的积极性和创造力,善于征询他人的意见。国外常通过头脑风暴法、德尔菲法等方法集思广益,收集富有创造性的方案。当然还应该牢记的是拟定的方案必须紧紧围绕所要解决的问题和决策的目标。

4. 分析比较备选方案

这一步需要对前面拟定的所有方案逐一地进行评价,通常采用定量分析与定性分析相结合的评价方法。为了充分体现决策的科学性,降低经验主义的作用,应提倡通过多种定量化的分析手段的运用,实事求是,尊重数据,当然,定性分析方法在很多情况下也是必要的。

为了做好该步工作,第一,要明确决策的准则,体现决策者最关心的是哪些指标,如成本、收益、风险、可行性等。第二,运用一致的分析方法来分析每一个方案,所选择的分析方法要与决策者关心的指标体系相关。第三,比较每个方案的优劣程度,如每个方案满足指标的情况、达成目标的程度、存在的风险、得到的回报大小以及为得到此回报需付出的代价大小等。

5. 选择满意方案

在对所有方案的优劣信息都清楚以后,决策者最终要从其中选择一个相对满意的方案作为实施方案。这时经验和决策者对待风险的态度往往会起较大的作用。因为理论上讲通过计算选择一个满意化程度最高的方案是非常简单的,但实践中这若干个方案的差别可能不是特别明显,或者说每个方案均有各自的优劣势,这个方案在某一方面较有竞争力,但在另一方面又显得欠缺,而另一方案可能正好相反。因此,到底如何取舍,有时取决于决策者的价值观、风险意识、审时度势的能力等。

6. 实施方案

一旦作出了最终决策，就要付诸实施。实施决策，应当首先制订实施方案，包括在组织内部向全体成员宣布决策、解释决策、分配决策任务等，以取得大家的理解与支持，这是任何决策得以顺利实施的关键。因为尽管决策由决策者作出，但决策的实施是由广大组织成员共同完成的。

7. 实施情况的监督与信息反馈

决策结果的正确与否是通过实践检验出来的，同时，在实践过程中，随着环境的变化有时需要对决策进行调整。因此建立完善的监督与信息反馈渠道对决策的顺利执行非常必要。通过有效的监督机制，可以保证决策执行的高效率和高质量，通过信息反馈，可以及时纠正决策执行中的偏差，同时对已有的决策进行不断的修正和完善。

【案例 3-1】 研制"协和"式民航客机的决策失误

1962 年，英法航空公司开始合作研制"协和"式超音速民航客机，其特点是快速、豪华、舒适。经过十多年的研制，终于在 1975 年研制成功。

十几年时间的流逝，情况发生了很大变化。能源危机、生态危机威胁着西方世界，乘客和许多航空公司都因此而改变了对民航客机的要求。乘客的要求是票价不要太贵，航空公司的要求是节省能源，多载乘客，噪声小。但"协和"式飞机却不能满足消费者的这些要求。首先是噪声大，飞行时会产生极大的声响，有时甚至会震碎建筑物上的玻璃。由于噪声等问题，一些国家不允许着陆，使之运营困难，也就是说在商业上是失败的。其次是由于燃料价格上涨较快，运行费用也相应大大提高。这些情况表明，消费者对这种飞机的需求量不会很大。因此，不应大批量投入生产。

但是，由于公司没有决策运行控制计划，也没有重新进行评审，而且飞机是由两国合作研制的，雇佣了大量人员参加这项工作，如果中途下马，就要大量解雇人员。上述情况使得飞机的研制生产决策不易中断，后来两国对是否要继续协作研制生产这种飞机发生了争论，但由于缺乏决策运行控制机制，只能勉强将决策继续实施下去。结果，飞机生产出来后卖不出去，原来的宠儿变成了弃儿。

没了订单，就无法发展。到 1979 年"协和"式民航客机停产为止，这一总耗资达 32 亿美元的超音速民航客机研制计划宣告结束。2003 年 10 月 24 日，"协和"式客机正式退役。

想一想：

1. 造成此次决策失误的原因是什么？
2. 如何进行科学决策？

四、决策的方法

决策有很多方法，概括起来分为两大类：一类是主观决策法，另一类是计量决策法。

（一）主观决策法

主观决策法也叫经验判断法，它是在对决策过程进行全面系统分析的基础上，依靠运用专家的有关专业知识、经验和能力进行决策的方法。这类方法是充分发挥人们智慧进行决策的方法。在决策的各个阶段，根据已知情况和资料，提出决策意见，并作出相应的评价和选择，可以使决策更加完善。顾名思义，主观决策法很依赖个体的判断和想法，因此会表现出多样化的特点。主观决策常用的方法有以下几种。

1. 专家意见法

专家意见法也叫德尔菲法，是在20世纪60年代由美国兰德公司首创和使用的一种特殊的策划方法。

所谓德尔菲法是指采用函询的方式或电话、网络的方式，反复咨询专家们的建议，然后由策划人作出统计，如果结果不趋向一致，那么就再征询专家，直至得出比较统一的方案。这种策划方法的优点是：专家们互不见面，不会产生权威压力，因此，可以自由地充分地发表自己的意见，从而得出比较客观的策划案。

运用这种策划方法时，要求专家具备策划主题相关的专业知识，熟悉市场的情况，精通策划的业务操作。专家的意见得出结果后，策划人需要对结果进行统计处理。但是这种方法缺乏客观标准，主要凭专家判断，再者由于次数较多，反馈时间较长，有的专家可能因工作忙或其他原因而中途退出，从而影响策划的准确性。

2. 智力激励法

智力激励法又称头脑风暴法，是指在一定的情况下，让参与"会议"的人完全放开思维、集思广益，随心所欲地发表自己的看法。在这一过程中，鼓励一切思维，包括看起来不可能的想法，而且暂时不允许对任何想法作出评论或批评。头脑风暴法产生于20世纪50年代，通常用于决策的初级阶段，以发现和解决组织中的新问题或重大问题。头脑风暴法一般只用来识别问题或产生方案，为决策提供必要条件，而不是进行决策。头脑风暴法对于解决问题具有强大的威力。在一般情况下，只有少量的问题需要借助专家来解决，绝大部分的问题都可以自己解决。而这些需解决的问题中，有80%左右均可以借助于同一方法来解决，这个方法就是头脑风暴法。

实施头脑风暴法的四个基本原则是：（1）不允许有任何批评意见。（2）欢迎异想天开（想法越离奇越好）。（3）要求的是数量而不是质量。（4）寻求各种想法的组合和改进。

（二）计量决策法

计量决策法是指运用数学方法解决经济问题的决策方法。其核心是把与决策有关的变量与变量、变量与目标之间的关系，通过建立数学模型表现出来，然后经计算求出答案，供决策者使用参考。它主要适用于具有较详细的预测数据资料的决策，所运用的数学工具多种多样，复杂程度也不相同。

必须指出，正确的决策是由具有正确的经营思想的人所作出的，决策方法也是由人来掌握和运用的，它是服务于决策过程的工具，决策过程的主体是人，即决策者。决策者是决策系统的基本要素，决策的科学与否取决于决策者对客观事物的认识程度与主观能动性的大小，而不取决于采用的是哪一种方法。所以，不能片面地强调决策方法，而忽视了决策者素质的提高。决策者的素质是作出有效决策最基本的条件。一个优秀的决策者，应具有勇于创新的精神、丰富的生产技术和经营管理知识、决断的魄力和组织能力、原则性和灵活性，要善于发扬民主，要有良好的道德品质和较高的政治素质。

下面介绍风险决策和决策树法、盈亏平衡分析法。

1. 风险决策和决策树法

所谓风险决策，即在不确定的情况下的决策。在实际工作中，当比较和选择活动方案时，如果未来情况不确定，但知道每种情况发生的概率，则需要用风险型决策方法。风险型决策是最常见的。由于风险型决策问题大多复杂且零乱，因此为了避免出错，通常用一种简明的图示形式来辅助决策，即决策树法。决策树法简便明了，容易掌握，尤其是在方案众多或需要作多级决策的情况下，决策树法更显出其优点。

决策树是决策过程中的一种有序的概率图解表示，决策者根据决策树所构造出来的决策过程的有序图示，不但能纵观决策过程的全局，而且能系统地对决策过程进行合理的分析，从而得到较好的决策结果。决策树由节点和分枝组成，表现为一个树状图示，如图3-3所示。节点有两种：一种叫决策点，用□表示，从决策点引出的分枝称为方案分枝；另一种节点叫状态点，用○表示，从状态点引出的分枝叫概率分枝。每一概率分枝表示一种自然发生的状态，在概率分枝的末端标明相应方案在该状态下的损益值，在概率分枝上注明不同状态可能发生的概率大小，在状态点上注明该方案计算所得的期望值。

例如：某公司拟投资建厂扩大生产规模，现有以下三个互斥的可选方案。

方案一，新建大厂。需一次性投资 1 000 万元，据预算，若经济景气，每年可获利 200 万元；若经济不景气，每年会亏损 50 万元。

方案二，新建小厂。需一次性投资 500 万元，若经济景气，每年可获利 120 万元；若经济不景气，每年会亏损 20 万元。

方案三，改建老厂。需一次性投资 200 万元，若经济景气，每年可获利 50 万元，若经济不景气，每年仍可获利 20 万元。

假设经济繁荣的可能性为70%，经济不景气的可能性为30%，资产的使用期为10年，在不考虑税收、资金时间价值的情况下，请选择一种可行方案。

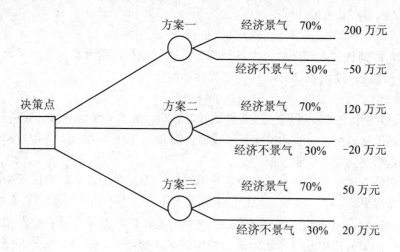

图 3-3　投资建厂决策树示意图

首先画出决策树，如图 3-3 所示。根据决策树图上的数据可以算出各种方案的期望收益。

方案一的期望收益为：

$$(200\times70\%-50\times30\%)\times10-1\,000 = 250（万元）$$

方案二的期望收益为：

$$(120\times70\%-20\times30\%)\times10-500 = 280（万元）$$

方案三的期望收益为：

$$(50\times70\% + 20\times30\%)\times10-200 = 210（万元）$$

计算结果表明，方案二的期望收益最大，因此，在不考虑资金时间价值等因素的情况下，会选择方案二作为实施方案。

2．盈亏平衡分析法

盈亏平衡分析法又称量、本、利分析法，它是根据产品的业务量（产量或销量）、成本、利润之间的相互制约关系的综合分析，用来预测利润、控制成本、判断经营状况的一种数学分析方法。

盈亏平衡分析法是进行总产量计划时常使用的一种定量分析方法。企业的基本目的是盈利，至少要做到不亏损，作为经营者必须要知道自己的企业最低限度生产多少产品才不会亏损，这就是盈亏平衡分析的基本目的。

利润是销售收入与企业总成本之差,收入与成本都是产量的函数。设 q 为产量,S 为销售收入,C 为总成本,此三者均为变量。另设 F 为企业的固定成本,V 为单位产品的可变成本,P 为产品单价,则有如下公式

$$S=P\times q, \quad C=F+V\times q$$

令 $S=C$,即销售收入等于总成本,如不计税收,企业利润为零,盈亏平衡。此时的产量称盈亏平衡点,设以 Q^* 表示,可由下式求得

$$Q^*=F/(P-V)$$

盈亏平衡分析法的核心是盈亏平衡点的计算分析,盈亏平衡点是指企业利润等于零,即销售收入等于总成本时企业的销售量(或销售额)。以盈亏平衡点为界限,销售收入高于此点企业盈利,反之,企业亏损。

盈亏平衡分析法把十分复杂的企业经济活动作了理想化的处理,突出了主要矛盾,使问题变得非常简单明了。虽然理想化的东西脱离了现实,但由于它抓住了事物的本质用于作总产量计划,粗略地估计利润数量还是十分有用的。对于多品种企业来说,问题显得复杂一些,如何使用盈亏平衡分析,要作技术性处理。如果每个品种的生产系统基本独立,那么只要把企业管理费合理地分摊到每个品种,就可以对每个品种分别作盈亏平衡分析。要注意的是,企业管理费分摊到每个品种的份额随产量而变,所以分摊的方法一定要科学合理。

【案例 3-2】　　　　　　　　食品厂的改造决策

某城市繁华地段有一个食品厂,因经营不善长期亏损,该市政府领导拟将其改造成一个副食品批发市场,这样既可以解决企业破产后下岗职工的安置问题,又方便了附近居民。为此进行了一系列前期准备,包括项目审批、征地拆迁、建筑规划设计等。不曾想,外地一开发商已在离此地不远的地方率先投资兴建了一个综合市场,而综合市场中就有一个相当规模的副食品批发场区,足以满足附近居民和零售商的需求。

面对这种情况,市政府领导陷入了两难境地:如果继续进行副食品批发市场建设,必然亏损;如果就此停建,则前期投入将全部泡汤。在这种情况下,该市政府盲目作出决定,将该食品厂厂房所在地建成一居民小区,由开发商进行开发,但对原食品厂职工没能作出有效的赔偿,使该厂职工陷入困境,该厂职工长期向上反映不能解决赔偿问题,对该市的稳定造成了隐患。

想一想:
1. 该案例反映了哪些决策问题?
2. 你有没有好的解决办法?

第三节 目标管理

一、目标的概念及特征

任何一个组织要有效地运用其有限的资源，首先必须明确其目标。没有明确的目标，整个组织的活动就是杂乱无章的，更无从评价管理的效率与效果。因此，目标对各个组织而言都起着非常重要的作用。

（一）目标的概念

所谓目标是指一个组织在未来一段时期内期望达到的目的。它反映了组织在特定的时期内，在综合考虑内外部环境条件的基础上，希望某一时期内在履行其使命上能够达到的程度或取得的成效。组织的目标与组织的宗旨不同，宗旨表达的是组织的一种追求，不仅比较抽象，而且也许最终也无法完全实现。如医院的宗旨是救死扶伤，学校的宗旨是教书育人。它是组织的一种使命，说明了该组织存在的根本目的或价值。但仅有宗旨显然不够，需要通过目标的具体化才能转化为组织成员的具体的行动指南。所以目标是一种行动承诺，比宗旨具体，且可操作、可实现、可检验。

（二）目标的特征

1. 目标的层次性

从组织的总战略目标到每一个部门、每一个员工的工作目标，组织目标往往要经过逐层的分解与细化，一般地，组织有多少个管理层次，目标就会经过多少层的分解与细化。从最高层的战略目标，经过部门目标，最后形成岗位目标，从而使得抽象的目标具体化，并成为指导每一个组织成员工作的标准。

2. 目标的网络性

组织中各类、各级目标构成一个网络，网络表示研究对象的相互关系。一个组织的目标通常是通过各种活动的相互联系、相互促进来实现的。所以，目标和具体的计划通常构成为一个网络。目标和计划既然构成为一个网络，它们就很少表现为线性的方式，即目标与目标之间左右关联、上下贯通，彼此呼应，融汇成一个整体。

正因为目标和计划是按一定的网络的方式互相连接的，因此要使一个网络具有效果，就必须使各个目标彼此协调，互相支援，互相连接。

3. 目标的多元性

不同的组织会有不同的目标，在同一个组织内部，不同的部门也会有不同性质的多个目标。彼得·德鲁克提出，凡是成功的企业都会在市场、生产力、发明创造、物质和金融资源、人力资源、利润、管理人员的行为、工人的表现和社会责任方面有自己的一定目标，如表3-2所示。

表3-2 德鲁克提出的经营成功的企业所包括的各种目标

目 标 性 质	目 标 内 容
市场方面	应表明本公司希望达到的市场占有率或在竞争中应占据的地位
技术改进与发展方面	对改进和发展新产品，提供新型服务内容的认识与具体措施
提高生产力方面	有效地提高原材料的利用，最大限度地提高产品的数量和质量
物质和金融资源方面	获得物资和金融资源的渠道及有效的利用
利润方面	用一个或几个经济指标表明希望达到的利润率
人力资源方面	人力资源的获得、培训和发展，管理人员的培养及个人才能的发挥
职工积极性发挥方面	发挥职工在工作中的积极作用，激励和报酬等措施
社会责任方面	注意本公司对社会产生的影响，说明对社会应尽的责任

综合德鲁克提出的以上目标，组织的目标通常应包括以下几个主要方面。

生存目标：是组织的最基本目标，是组织生存和发展的必要前提，如学校的生源、企业的最低产出规模等。

经济目标：主要包括组织的资金运用、成本核算、投资回报等。例如，对营利性组织而言，经济目标常用投资回报（率）、生产与销售收入、成本、利润（率）等指标加以衡量。对非营利性组织而言，经济目标常用费用的控制、资金的运用等指标加以衡量。

内部员工目标：主要指组织内部的人力资源的开发与管理。包括人员的招聘、员工的培训、奖惩措施的制定、人际关系的协调等。

社会目标：包括社会责任、环境保护、组织的社会形象等，与组织所处的环境有关。

4. 目标的时间性

目标的时间性包含两层含义：一是指要在规定的时间内完成组织目标，所以目标应有完成的时间限制；二是指组织目标应随着时间的变化作相应的调整，特别是当环境发生较大的变化后，原先制定的目标也应有所变化，体现出目标的弹性，而非目标一旦确定，就一成不变。

5. 目标的可考核性

按考核目标的性质可以将目标分为定量目标和定性目标。我们强调目标必须是可考核的，而使目标具有可考核性的最方便的方法就是使之定量化。但是，许多目标是不宜用数量表示的，硬性地将一些定性的目标数量化和简单化，这种做法可能是危险的，其结果有可能将管理工作引入歧途。这方面最典型的例子就是关于中学应否以升学率作为主要目标的争论。

第三章 计划

在组织的经营活动中，定性目标是不可缺少的，管理人员在组织中的地位越高，其定性目标就可能越多。在某种意义上说，定性目标类似于模糊目标。大多数定性目标也是可以考核的，但考核定性目标不可能和定量目标一样考核得那么准确。一般定性目标在多数情况下是用"多好"的标准来衡量的。尽管确定可考核的目标是十分困难的，但任何定性目标都能用详细说明规划或其他目标的特征和完成日期的方法来提高其可考核的程度。

小看板

把企业大目标切碎分给每个员工

20世纪30年代末，一个刚从纽约大学毕业的维也纳小伙子来到一家生产电动机的工厂上班。老板为工厂设立了一个新目标：成为全纽约州最顶尖的企业！并不断地在企业大会上向员工们灌输这个口号。有一次，老板再次灌输这个口号时，那个维也纳小伙子对老板说："我敢保证，员工们依旧不会有什么改变。与其让员工们共同扛上一个大目标，不如把这个大目标切碎，分摊给每一位员工！"

在接下来的一个礼拜内，老板发现：不管是生产量还是销售额，都依旧在原地踏步。于是，老板找到那个小伙子。

"企业是需要一个大目标，但这不是员工的目标！企业的大目标对于员工来说距离太远，而且也没有一个具体的责任体现，不如把这个大目标切碎，分摊给每一个人，让每一个人都在实际的工作中不断设定小目标，这样，每位员工在为各自的小目标努力的同时，也就推动了企业实现大目标的脚步！"小伙子说。

老板若有所思。从那以后，老板就坚持让员工们各自设定出了自己的目标，例如一个铜线缠绕工，他的目标是在目前的基础上每天多绕10只铜线；一个成品整装工，他的目标是每天多装5只成品；一个推销员，他的目标是每天坚持多见5位客户……

在这种新式管理下，工厂在两年后就成为全纽约州顶尖，甚至全美国的一流企业。

那个维也纳小伙子就是后来被誉为"现代管理学之父"、"大师中的大师"的彼得·德鲁克，而他那以"把大目标切碎分给每个人"为纲领的目标管理法则，更是他最具代表性的管理理论之一。

资料来源：陈亦权，辽宁青年，2010年第2期

二、目标管理概述

（一）目标管理的概念

目标管理（Management by Objective，MBO）是美国管理学家彼得·德鲁克于1954

年在其所著的《管理实践》中提出的，其后他又提出"目标管理和自我控制"的主张。德鲁克认为，并不是有了工作才有目标，而是相反，有了目标才能确定每个人的工作，所以"企业的使命和任务必须转化为目标"。因此管理者必须通过目标对下级进行管理，当组织最高层管理者确定了组织目标后，必须对其进行有效分解，转变成各个部门以及各个人的分目标，管理者根据分目标的完成情况对下级进行考核、评价和奖惩。

"目标管理"的概念提出以后，在美国迅速流传，因为当时正值第二次世界大战后西方经济由恢复转向迅速发展的时期，企业急需采用新的方法调动员工的积极性以提高竞争能力，目标管理的出现可谓应运而生，故被广泛应用，并很快为日本、西欧国家的企业所仿效，在世界管理界大行其道。

目标管理是一种程序或方法，它强调对工作的关心与对人的关心的结合，它首先由组织中上下级管理人员与员工一起，根据组织的使命确定一定时期内组织的总体目标，再层层落实，制定各自的分目标，并以此形成组织中所有成员的责任和分目标以及其职责范围，最终用这些目标作为组织进行管理、评估和奖惩的依据。

简言之，目标管理是让组织的主管人员和员工亲自参加目标的制定，在工作中实行"自我控制"，并努力完成目标的一种管理制度或方法。

【案例3-3】　　　　一家制药公司的目标管理

一家制药公司决定在整个公司内实施目标管理，根据目标实施和完成情况，一年进行一次绩效评估。事实上他们之前在为销售部门制定奖金系统时已经用了这种方法。公司通过对比实际销售额与目标销售额，支付给销售人员相应的奖金。这样销售人员的实际薪资就包括基本工资和一定比例的个人销售奖金两部分。

销售量大幅度提上去了，但是却苦了生产部门，他们很难完成交货计划。销售部抱怨生产部不能按时交货。总经理和高级管理层决定为所有部门和个人、经理以及关键员工建立一个目标设定流程。为了实施这个新的方法，他们需要用到绩效评估系统。生产部门的目标包括按时交货和库存成本两部分。

他们请了一家咨询公司指导管理人员设计新的绩效评估系统，并就现有的薪资结构提出改变的建议。他们付给咨询顾问高昂的费用修改基本薪资结构，包括岗位分析和工作描述。还请咨询顾问参与制定奖金系统，该系统与年度目标的实现程度密切相连。他们指导经理们如何组织目标设定的讨论和绩效回顾流程。总经理期待着很快能够提高业绩。

然而不幸的是，业绩不但没有上升，反而下滑了。部门间的矛盾加剧，尤其是销售部和生产部。生产部埋怨销售部销售预测准确性太差，而销售部埋怨生产部无法按时交货。每个部门都指责其他部门的问题。客户满意度下降，利润也在下滑。

想一想：
1. 该企业设定的目标是否合理？为什么？
2. "业绩不但没有上升，反而下滑了"的原因是什么？如果是你，应如何修订目标？

（二）目标管理的特点

1. 重视人的因素

目标管理重视员工的参与和自我控制，是一种把个人需求与组织目标有机结合的管理制度。它强调由上下级共同确定目标与建立目标体系，下属不再仅仅是被动地执行目标，而是目标的制定者。这样不仅能使组织目标更符合实际，更具有可行性，而且能激发起员工的工作热情、积极性与创造性，使员工能从工作中享受到工作的满足感和成就感。在这种制度下，上下级之间是平等、尊重、信赖与支持的关系。

2. 建立目标的系统管理

目标管理通过专门设计的过程，将组织的整体目标层层分解，转换为各部门、各员工的分目标。从组织目标到经营单位目标，再到部门目标，最后到个人目标。在目标的分解过程中，权、责、利三者已经明确且相互对称。这些目标方向一致，环环紧扣，相互配合，形成协调统一的目标体系。只有每个成员完成了自己的分目标，组织的总体目标才可能完成。

3. 重视成果

目标管理以制定目标为起点，以目标完成情况的考核为终结。工作成果是评定目标完成程度的标准，也是人事考核和奖惩的依据，成为评价管理工作绩效的唯一标志。至于完成目标的具体过程、途径与方法，上级并不过多干预。所以，在目标管理制度下，监督的成分很少，而控制目标实现的能力却很强。

（三）目标管理的实施步骤

目标管理的具体操作分为三个步骤：目标的制定与分解；实现目标的过程管理；成果考核。

1. 目标的制定与分解

这是目标管理最重要的一步，一般先由高层管理者根据组织的特点、优势与劣势以及组织面临的机会与威胁，确定组织在未来一定时期内的总体目标任务，再逐步展开，确立下级的目标。当然，为了使每个目标都有合适的人负责，在确立下级的目标时，首先要让下级参与到目标的制定中，使确定的目标能得到员工的认同，要与下级共同商量确定下级的分目标，并就实现目标所需要的条件及实现目标后的奖惩事宜达成一致意见。同时，分目标确定后，要授予下级相应的资源配置的权力，真正体现权、责、利三者的统一。

同时要注意：制定的分目标要尽可能量化，便于考核；分目标既要有挑战性，又要有实现可能；每个员工和部门的分目标要与其他员工或部门的分目标协调一致，支持组织目标的实现。

2. 实现目标的过程管理

目标管理强调结果，重视员工的自我控制，但并不等于管理者就不应该管或就可以不管，相反，由于制定的目标是环环相扣的，牵一发而动全身，一旦在某个环节上发生失误，就会影响整个目标的实现，而且管理者要对员工的工作失误负最终责任，因此，管理者在目标实施过程中的管理与控制是不可或缺的。例如，定期检查，便于随时了解工作进度；当下级在工作过程中出现问题或困难时，要及时协调，帮助解决等。

3. 成果的考核

到了规定期限后，下级首先提交书面报告，进行自评，然后上下级一起根据预先设定的目标和奖惩条例进行考核，给予相应的奖励或惩罚。如果未完成目标，应分析其原因，总结经验教训，同时为下一轮的目标制定提供参考。

（四）目标管理的优点

目标管理作为一种行之有效的管理方法，受到国内外许多企业的青睐。

（1）通过目标管理，可使各项工作都有明确的目标与方向，从而避免了工作的盲目性，避免"磨洋工"和做无用功。

（2）目标管理调动了员工的主动性、积极性和创造性，同时由于强调自我控制、自主管理，并将个人利益与组织利益紧密联系在一起，因而提高了员工的士气。

（3）目标管理有助于实现有效控制，解决了控制中控制标准和控制手段等难点问题，使控制工作落到了实处。

（4）目标管理强调员工的参与，促进了上下级之间的关系改进与交流，改善了人际关系，有助于增强全体组织成员的团结合作精神与内部凝聚力。

（五）目标管理的缺点

但在实际工作中，目标管理方法也存在一些问题，主要表现在以下方面。

（1）目标难以制定。因为目标的影响因素很多，若干个目标之间也难以平衡，而且目标的确定过程耗时耗力，使得组织内的许多目标难以定量化、具体化。因而在实际工作中，有的组织就走形式主义，草率从事，把目标管理变成了一种数字游戏。

（2）目标管理强调全体员工的共同参与，强调员工、部门、组织的协调一致；目标管理注重成果的考评，注重结果与奖惩的挂钩。因而容易使得部门、个人只关注自身目标的实现，而忽略相互协作与组织总体目标的实现，滋长本位主义和急功近利思想。

（3）不能按目标成果兑现奖惩。目标管理强调最终考核时要以目标的完成情况来对照奖惩协议给予相应的奖励或处罚。但是当完成的结果远远出乎预料时，例如，当员工超额完成目标时，管理者不愿多奖励；或者当员工未达到规定的目标时，碍于人情，惩罚措施也落不到实处。这样就会使目标管理流于形式。

（六）实行目标管理法要注意的问题

（1）要建立、健全各项规章制度，改进领导作风和工作方法，使目标管理的推行建立在一定的思想基础和科学管理基础上。

（2）要长期坚持，常抓不懈，不断完善，使目标管理发挥预期的作用。

（3）要提高员工的职业道德水平，培养合作精神。同时要注意，开始实行目标管理时，目标方案的制订应尽可能完备，以保证事后奖惩的公正性。方案一旦确定，就应该具有严肃性，坚决执行，不能随意更改。

三、目标管理的过程

由于各个组织活动的性质不同，目标管理的步骤可以不完全一样，但一般来说，可以分为以下三步。

（一）建立一套完整的目标体系

实行目标管理，首先要建立一套完整的目标体系。这项工作总是从组织的最高主管部门开始，然后由上而下地逐级确定目标。上下级的目标之间通常是一种"目的—手段"的关系；某一级的目标需要用一定的手段来实现，这些手段就成为下一级的次目标，按级顺推下去，直到作业层的作业目标，从而构成一种锁链式的目标体系。

制定目标的工作如同所有其他计划工作一样，需要事先拟定和宣传前提条件。这是一些指导方针，如果指导方针不明确，就不可能希望下级主管人员会制定出合理的目标来。此外，制定目标应当采取协商的方式，应当鼓励下级主管人员根据基本方针拟定自己的目标，然后由上级批准。

目标体系应与组织结构相吻合，从而使每个部门都有明确的目标，每个目标都有人明确负责。然而，组织结构往往不是按组织在一定时期的目标而建立的，因此，在按逻辑展开目标和按组织结构展开目标之间，时常会存在差异。其表现是，有时从逻辑上看，一个重要的分目标却找不到对此负全面责任的管理部门，而组织中的有些部门却很难为其确定重要的目标。这种情况的反复出现，可能最终导致对组织结构的调整。从这个意义上说，目标管理还有助于搞清组织结构的作用。

（二）组织实施

目标既定，主管人员就应放手把权力交给下级成员而自己去抓重点的综合性管理。完成目标主要靠执行者的自我控制。如果在明确了目标之后，作为上级主管人员还像从前那样事必躬亲，便违背了目标管理的主旨，不能获得目标管理的效果。当然，这并不是说，上级在确定目标后就可以撒手不管了。上级的管理应主要表现在指导、协助、提出问题、提供情报以及创造良好的工作环境等方面。

（三）检查和评价

对各级目标的完成情况，要事先规定出期限，定期进行检查。检查的方法可灵活地采用自检、互检和责成专门的部门进行检查。检查的依据就是事先确定的目标。对于最终结果，应当根据目标进行评价，并根据评价结果进行奖罚。经过评价，使得目标管理进入下一轮循环过程。

 小看板

三个石匠的目标

在目标管理的培训辅导中，经常会说到"三个石匠的寓言"来帮助学员理解什么是目标，什么是目标管理。这个寓言是这样的：有个人经过一个建筑工地，问那里的石匠们在干什么？三个石匠有三个不同的回答。

第一个石匠回答："我在做养家糊口的事，混口饭吃。"

第二个石匠回答："我在做最棒的石匠工作。"

第三个石匠回答："我正在盖一座教堂。"

如果我们用"自我期望"、"自我启发"和"自我发展"三个指标来衡量这三个石匠，我们会发现第一个石匠的自我期望值太低，在职场上，此人缺乏自我启发的自觉和自我发展的动力。第二个石匠的自我期望值过高，在团队中，此人很可能是个特立独行、"笑傲江湖"式的人物。第三个石匠的目标才真正与工程目标、团队目标高度吻合，他的自我启发意愿与自我发展行为才会与组织目标的追求形成和谐的合力。

管理大师德鲁克曾说："目标管理改变了经理人过去监督部属工作的传统方式，取而代之的是主管与部属共同协商具体的工作目标，事先设立绩效衡量标准，并且放手让部属努力去达成既定目标。此种双方协商一个彼此认可的绩效衡量标准的模式，自然会形成目标管理与自我控制。"

国内一些企业有一种倾向，认为运作、MBO、流程重组、ERP、CRM等才是先进的管理方式，而价值工程、目标管理则已经落后。事实上，只要企业还没有改变其营利组织的属性，目标管理就仍然是企业经营管理中最有效的基础管理手段之一，是经理人技能提升的主要内容。

一个优秀的管理团队，必然会制定一个合理的企业目标，把这个目标分解成一系列的子目标,并把这个目标化到每一个员工的心里去,落实到每一个员工的行为中去。因此,从目标管理的方法来看,第三个石匠的回答正是企业所需要的。但更严格地说,他的回答仍然有目标不够明确之嫌。如果他能说出他是在做教堂的门柱或者穹顶,那么他对自己的目标就更明确了。当然,要石匠更清晰地知道自己的目标,恐怕责任不在石匠,而是在石匠的上司了。

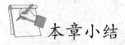

计划工作是全部管理职能中的基本职能,相对于其他管理职能处于领先地位。计划工作就是要确定组织的目标及实现这些目标的途径。

本章主要从三个方面阐述计划工作:(1)计划的概述,包括计划的含义、计划的特点、计划的类型、计划的编制过程;(2)决策,包括决策的概念、决策的类型、决策的程序、决策的方法;(3)目标管理,包括目标的概念及特征、目标管理的概念、目标管理的过程。

西蒙及其管理决策理论

赫伯特·西蒙(1916—2001),西方管理决策学派的创始人之一,美国管理学家和社会科学家,在管理学、经济学、组织行为学、心理学、政治学、社会学、计算机科学等方面都有较深厚的造诣,堪称社会学科的通才,曾经来中国访问和讲学。

西蒙一生得的奖也很多,1958年西蒙获得美国心理学会颁发的心理学领域的最高奖——心理学的杰出贡献奖;1975年获得计算机领域的最高奖——图灵奖;由于他"对经济组织内的决策程序所进行的开创性研究"而获得1978年诺贝尔经济学奖,他是管理方面唯一获得诺贝尔经济学奖的人;1986年获得美国总统科学奖——科学管理的特别奖。他在管理方面的最大贡献在于提出了理性人——具有"有限理性"的人,即基于"令人满意"而不是"最优"方案的决策模型,完善了社会系统论。

西蒙的《管理行为》是他最重要的著作。其主要内容有两个方面:首先是"有限度的理性"和"令人满意的准则";其次是决策过程理论。管理就是决策的过程,管理就是决策。西蒙也强调管理不能只追求效率,也要注意效果。效率是在一定目标和方向上的效率,效果则是决定方向目标这一类的根本问题。

决策理论学派非常强调决策在组织中的重要作用,认为管理就是决策。传统的管理将组织活动分为高层决策、中层管理和基层作业。认为决策只是组织中高层管理的事,与下面的其他人员无关。但西蒙却认为，决策不仅仅是高层管理的事，组织内的各个层级都要作出决策，组织就是由作为决策者的个人所组成的系统。首先组织的成员是否留在组织中，就要将组织提供给他的好处和他的付出进行对比。当决定了留在组织中后，无论成员处于哪一个管理阶层，都是要作出决策的。而且随着科技的发展，员工素质的提高和组织的日趋扁平化，决策权会逐渐下放，即使是处于作业层次的员工，也要对采用什么样的工具、运用什么样的方法作出选择。管理人员还必须对可供决策的方案加以评价后进行抉择，作出最后判断。一旦选定方案，经理人员就要对其承担责任和负担一定的风险。

西蒙说过管理就是决策，因此，他的决策理论不但适用于企业组织，而且也适用于一切正式组织机构的决策。决策是管理的核心。管理就是决策，管理的各层次，无论是高层，还是中层和下层，都在进行决策。他对于决策过程的理论研究工作是开创性的，目前这种理论已经渗透到管理学的不同分支，成为现代管理理论的基石之一。

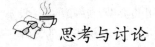
思考与讨论

1. 如何理解计划工作的首位性？
2. 如何理解战略性计划是确保企业"做正确的事"，而战术性计划则是企业追求"正确地做事"？
3. 如何理解计划与决策的关系？
4. "三个臭皮匠胜过一个诸葛亮"说明了何种类型的决策优势？群体决策和个体决策的优缺点各有哪些？
5. 目标管理的实质是什么？如何实施目标管理？

实训题

每个团队由3～4人自由组合而成，并指定一个主发言人，根据所给具体情况按要求进行练习。

1. 每个团队的成员首先在小组内介绍自己的一次成功的决策或糟糕的决策，分析是什么导致了正确的决策或决策失误。如购买大件学习物品、选课、制订学习计划等。以团队为单元，总结正确决策的共同特征，并给出正确决策的几点建议，然后与其他团队分享你们的想法。

2. 每个团队上网或拜访两个不同类型的组织，如政府机关与企业，比较不同类型的组织在目标的设定与计划方面有何不同，并与其他团队一起分享你们的成果。

 综合案例

中国商人买下阿联酋电视台

中国公民王伟胜买下一家名为"阿拉迪尔"的阿联酋卫星电视台,并将其改名为"阿拉伯阿里巴巴商务卫视",该电视台位于阿拉伯联合酋长国的迪拜媒体城内,用阿拉伯语和英语向中东和北非国家播放娱乐节目。由于收视率不理想,电视台的经营状况并不好。

2005年,迪拜媒体城总经理委托王伟胜提供一些介绍中国风光和资讯的电视片和影视剧作品,但王伟胜提出收购该电视台,并将其改成以商务资讯节目为主。

在迪拜打拼了8年多的王伟胜一直在寻找新的发展机遇。这位地道的温州商人敏锐地观察到,以卫星电视为媒介,在阿拉伯国家和中国之间打造一个商贸信息平台是一个值得尝试的想法。

王伟胜和来自北京的伙伴刘海涛协商后,两人决定共同出资收购这家具有良好频道基础和技术条件的阿拉伯卫星电视台。王伟胜告诉记者,自己1998年来中东后,在阿联酋做过服装生意,最近几年又涉足贸易,现在,他还是阿联酋温州商会的副会长。王伟胜对迪拜有特别的了解,迪拜素有"中东的香港"之称,经商环境特别好,阿联酋全国华人有近10万,绝大部分都在迪拜从事贸易。

2005年末,在国内总公司和合作单位的大力支持下,迪拜中资公司华星集团斥资买下了阿拉迪尔卫星电视台,并于2006年年初重新登记,更名为"阿拉伯阿里巴巴商务卫视"。目前,商务卫视由王伟胜出任董事长,并在广州成立了广州海湾文化传播有限公司,全权负责商务卫视在中国地区的代理业务。

近年来,中国和阿拉伯国家经贸发展迅速。据统计,中国和阿拉伯国家2006年的贸易额已经达到511亿美元,巨大的商业市场和商业交往急需一个传媒窗口来沟通信息,由于中东国家对中国了解不多,许多中国产品只好"贴牌"生产,大部分利润都被国外代理商赚走了。王伟胜说:"买下阿联酋阿拉迪尔卫视,可以让更多的中国产品打入中东市场,让中国制造享誉阿拉伯国家,让世界了解中国。"说起电视台的新名字,王伟胜给出了这样的解释。"阿里巴巴是阿拉伯神话《天方夜谭》中的人物,阿拉伯人民耳熟能详;而在中国,阿里巴巴也是一个著名商务网站的名字,知名度颇高。两者结合,将更能为电视台打开天下。"王伟胜介绍说,"我们的电视台是从原有的电视台转型过来的,由于有一定的基础,一开始我们打算一天做8个小时的节目,后来改为6个小时,到现在一天播出4个小时的节目。值得说明的是,我们的阿里巴巴商务卫视和著名的半岛电视台共用同一颗通信卫星Nilesat,覆盖中东和北非21个阿拉伯语国家,有4亿人可

以通过卫星收看到我们的节目。"

王伟胜还说:"在节目设置上,我们也找专家专门论证过。开播后的商务卫视有三大块内容,首先以商务信息为主,着重介绍中国的产品和市场。然后包括中国的政治、社会情况,以及民间和文化信息,我们的定位是,全力打造出一座连接中国生产企业与中东阿拉伯经销商之间的商务桥梁。"根据这一定位,阿里巴巴商务卫视对管理人员、营销人员和节目制作人员均做了相应的调整,辞退了一些原有员工,并继续使用英语和阿拉伯语双语播出。从商务卫视的网站上可以看到,卫视已经开办了《中国商旅直通车》、《中国百业之窗》、《中国商贸快报首播》和《中国文化驿站》等节目,播出时间从晚上8点一直到晚上12点。

资料来源:根据《新闻晨报》记者田辉2006年6月2日报道整理

案例分析题:

1. 你认为王伟胜买下"阿拉迪尔"的阿联酋卫星电视台的决策如何?简述之。
2. 你认为"阿拉伯阿里巴巴商务卫视"的节目内容计划是否正确?为什么?
3. 你认为"阿拉伯阿里巴巴商务卫视"的战略计划是否正确?说明该案例的战略计划内容。

 看图说事

群体决策

● 让大家都开口,而不能老板一人说了算。这样的组织才有活力

要求:结合上述漫画内容,谈谈你的感悟。

第四章 组　　织

用人上一加一不等于二，搞不好等于零。

——皮尔·卡丹

【学习目标】

① 掌握组织结构的类型，正式组织与非正式组织。
② 熟悉组织工作的原则，管理人员的选聘、考评和培训。
③ 了解组织与组织工作的含义、特点。

【技能目标】

能够画出企业的组织结构图，并且能够分析组织结构的合理及不足之处。

导言

　　蚂蚁的世界一直为管理学者所关注，蚂蚁有严格的组织分工和由此形成的组织框架，但它们的组织框架在具体的工作情景中有相当大的弹性。如它们在工作场合的自组织能力特别强，不需要任何领导人的监督就可以形成一个很好的团队而有条不紊地完成工作任务。蚂蚁发现食物后，如果有两只蚂蚁，它们会分别走两条路线回到巢穴，边走边释放出一种它们自己才能识别的化学外激素做记号，先回到巢穴者会释放更重的气味，这样同伴就会走最近的路线去搬运食物。一只蚂蚁搬食物往回走时，碰到下一只蚂蚁，会把食物交给它，自己再回头；碰到上游的蚂蚁时，将食物接过来，再交给下一只蚂蚁。蚂蚁要在哪个位置换手不一定，唯一固定的是起始点和目的地。

　　"蚁群效应"的优势集中表现为：弹性，能够迅速根据环境变化进行调整；强韧，一个个体的弱势，并不影响整体的高效运作；自组织，无需太多的自上而下的控制或管理，就能自我完成工作。

　　组织的产生源于人类的生产斗争和社会斗争。以原始人打猎为例，由于他们没有什么"先进"器具，又没有猛兽那样的尖牙利爪，所以一个人打猎很难成功。经过多年实践，他们发现集体打猎效果很好，并且发现听从一个人的指挥比乱哄哄地乱打更好，于是就公推一位能干的人当首领，其他的人听从指挥，这就是最原始的组织。由此可以归结出这样一个结论：由于个人有所期望，但又无力实现这一期望，往往需要和他人相互依存，相互合作，联合起来，共同行动，创造群体合力。在长期的实践中，使人们有了发展这种合作，增进相互依存关系，并使这种关系科学化、合理化，借以不断提高群体效能的要求和倾向，组织就是人们对于这种要求、倾向的认识和行动的结果。

在当代世界上，人类社会的组织空前发展，其影响已深入到社会政治生活、经济生活、文化生活和家庭生活等各主要的社会生活领域之中。可以说组织对人类生活的渗透已经无所不在，一个人从生到死，无不处于这种或那种社会组织之中。

第一节 组织与组织工作

一、组织的含义

组织一词在我国古汉语中，原始的意思是编织，即将丝麻织成布帛。唐朝著名国学大师孔颖达首先把组织这个词引入到社会行政管理中，他说："又有文德能治民，如御马之执矣，使之有文章如组织矣。"这里组织的意思是将物的构成部分组合为整体。

从管理学的角度分析，组织有两种含义：一方面，组织是人类最一般、常见的现象，如政府行政机构、军人、警察、工厂企业、公司财团、学校、医院、宗教党派、工会等组织，它代表某一实体本身；另一方面，组织是管理的一大职能，是人与人之间或人与物之间资源配置的活动过程。

组织是指完成特定使命的人们（两个或两个以上的个人）为了实现共同的目标组合而成的有机整体。组织的特征是：有两个或两个以上的个人；拥有一个共同目标；分工协作；按固定程序，形成成员之间的正式关系。

二、正式组织与非正式组织

组织的类型多种多样，正式组织与非正式组织是其中的一种划分方法。

（一）正式组织

正式组织是指为实现一定目标并按照一定程序建立起来的有明确职责结构的组织。正式组织是组织设计工作的结果，是经由管理者通过正式的筹划，并借助组织图和职务说明书等文件予以明确规定的。正式组织有明确的目标、任务、结构、职能以及由此形成的成员间的责权关系,因此对成员行为具有相当程度的强制力。正式组织有以下基本特征。

(1) 目的性。正式组织是为了实现组织目标而有意识建立的,因此,正式组织要采取什么样的结构形态,从本质上说应该服从于实现组织目标、落实战略计划的需要。这种目的性决定了组织工作通常是在计划工作之后进行的。

(2) 正规性。正式组织中所有成员的职责范围和相互关系通常都在书面文件中加以明文的、正式的规定,以确保行为的合法性和可靠性。

(3) 稳定性。正式组织一经建立,通常会维持一段时间相对不变,只有在内外环境条件发生了较大变化而使原有组织形式显露出不适应时,才提出进行组织重组和变革的要求。

合理、健康的正式组织无疑为提高组织活动的效率提供了基本的保障。

(二) 非正式组织

组织生活的一个现实是:在正式组织运作中常常会存在一个甚至多个非正式组织。**非正式组织**是指未经正式筹划而由人们在交往中自发形成的一种个人关系和社会关系的网络。机关里午休时间的扑克会、工余时间的球友会等,都是非正式组织的例子。在非正式组织中,成员之间的关系是一种自然的人际关系,他们不是经由刻意的安排,而是由于日常接触、感情交融、情趣相投或价值取向相近而发生联系。

非正式组织有以下基本特征。

(1) 很强的凝聚力。在非正式组织里,共同的情感是维系群体的纽带,人们彼此的情感较密切、互相依赖、互相信任,有时甚至出现不讲原则的现象。非正式组织的凝聚力往往超过正式组织的凝聚力。

(2) 心理的协调性。由于有自愿的结合基础,非正式组织成员对某些问题的看法基本是一致的,因而情绪共振、感情融洽、行为协调、行动一致、归属感强。

(3) 信息沟通灵。非正式组织成员之间感情密切、交往频繁、知无不言,信息传播迅速,成员对信息反应往往具有很大的相似性。

(4) 自然形成"领导"人物。非正式组织不是由于组织的决定而成立的,它虽然没有上级任命的领导,但实际上每个非正式组织都有自己的"领导"。非正式组织内"领导"的形成,是在发展过程中自然涌现出来的,成员的拥戴程度比正式组织高,号召力强。

非正式组织与正式组织相互交错地同时并存于一个单位、机构或组织之中,这是一种不可避免的现象。有些场合下,利用非正式组织能够取得意想不到的益处,而有些情况下非正式组织则有可能会对正式组织的活动产生不利影响。

非正式组织对正式组织的积极的、正面的作用表现在:它可以满足成员心理上的需求和鼓舞成员的士气，创造一种特殊的人际关系氛围，促进正式组织的稳定；可以弥补成员之间在能力和成就方面的差异，促进工作任务的顺利完成。此外，还可以用来作为改善正式组织信息沟通的工具。

非正式组织对正式组织的消极作用表现在：它可能在有些时候会和正式组织构成冲突，影响组织成员间的团结和协作，妨碍组织目标的实现。因此，正式组织的领导者应善于因势利导，最大限度地发挥非正式组织的积极作用，克服其消极作用。

管理者既不能创建非正式组织，也不能废除非正式组织。但管理者可以学会与之共处并对之施加影响。因此，应该做到以下几点。

（1）非正式组织的成员同时也是正式组织的成员，他们在根本利益上是一致的。正式组织的管理者应当正确处理组织内的人际关系，善于听取组织成员的意见，公平待人，关心其成员的疾苦，使正式组织团结和谐，满足其成员在感情归属、人格尊重等方面的需要。

（2）非正式组织的"领导"是自然形成的，他们或是在专业知识方面或是在个人品质方面得到人们的钦佩，因而在群众中有较高的威信，这些得到人们钦佩的素质大致包括聪明、能干、知识丰富、业务熟练、待人热忱、公正、心地善良等。正式组织的管理者也应当努力具备这些素质，并注意在不降低干部条件的前提下提拔和使用非正式组织的"领导"。

（3）由于非正式组织不能离开正式组织而独立存在，所以当非正式组织严重妨碍组织目标的顺利实现时，应当及时调整或改组正式组织，以达到削弱或限制非正式组织的目的。

（4）正式组织的管理者需要通过建立、宣传正确的组织文化，以影响与改变非正式组织的行为规范，从而更好地引导非正式组织作出积极的贡献。

（5）尽可能将非正式组织的利益与正式组织的利益结合在一起。二者的利益在很多时候是一致的，例如一个项目的完成，作为正式组织关心的是会给自己带来利润，而非正式组织的成员会想到项目的顺利完成，会带来奖金的收入、成就感的满足。他们尽管动机不同，但同样希望项目的早日完成。管理者将二者的利益有机地结合在一起，既是一种手段也是一门艺术，管理者不一定要打入小团体，但是不妨偶尔参加小团体的活动，与其中的重要成员维系良好的关系从而影响这些小团体，将小团体转化成组织里正面的一股力量，协助组织目标的达成。

【案例 4-1】　　　　A 公司的罢工潮

A 公司本来是一家效益比较好的制造型企业，但从 2002 年末起，由于行业内竞争的加剧，企业市场份额不断受到竞争对手的挤压，单件利润不断下滑，工厂也频频出现开工不饱满的现象，由于工作不饱满，上班时间可以随处看到工人聚集在一起闲聊。到 2003

年 9 月，形势更加严峻，面对这种情况，管理层决定采取措施降低成本，以提高企业的竞争力，其中包括减少年终奖金金额，逐步降低工人的单件效益奖金，以及夏季的降温费由原来的按月发放改为按实际工作日发放等，正当这些措施一一实施的过程中，少数基层员工突然对管理层的措施提出了异议，很快这种异议在工人中获得广泛的反响和支持，在管理层对这种突然的发难还没有反应过来的时候，大部分工人同时自行停止了工作，并出现在最高管理层的面前，集体提出了谈判要求……

由于管理层对此缺乏必要的准备和充分的认识，所以陷入了孤立，最后在事件的解决中企业不得不作出巨大的让步。这次严重的事件不但在当地对企业的声誉造成了十分严重的负面影响，也使企业在经济上蒙受了巨大损失。

事后，通过对事件过程的分析和研究，人们发现，这是一起典型的非正式组织推动的目的在于阻隔企业变革的事件，并且其行为的激烈程度达到了最激化——以工潮的形式表现出来。在事件的过程中最突出的就是企业的非正式组织出现了紧密化的表现，如原本松散的成员关系变得紧密，内部的交流变得更加频繁，沟通中逐渐出现了核心成员，并且核心成员在行动中进行了分工，而且这种紧密化不仅仅发生在某个非正式组织内部，不同的非正式组织之间在共同的利益驱动下也不断地趋于紧密和协作。

想一想：如果你是管理者，你会如何解决上述问题？

三、组织工作的含义

<u>**组织工作**是指为了实现组织的共同目标而确定组织内各要素及其相互关系的活动过程，也就是设计一种组织结构，并使之运转的过程。</u>

（一）组织工作的特点

1. 组织工作是一个过程

组织工作是根据组织的目标，考虑组织内外部环境来建立和协调组织结构的过程。这个过程一般的步骤如下。

（1）确定组织目标。

（2）对目标进行分解，拟定派生目标。

（3）根据可利用的人力、物力及利用它们的最好方法来划分各种工作，由此形成部门。

（4）将进行业务活动所必需的职权授予各部门的负责人，由此形成职务说明书，规定该职务的职责和权限。

（5）通过职权关系和信息系统，把各部门的业务活动上下左右紧密地联系起来。通过组织系统图,来达到对组织的整体认识。

2．组织工作是动态的

组织内外部环境的变化,都要求对组织结构进行调整以适应变化。组织工作不可能是一劳永逸的。

3．组织工作要充分考虑非正式组织的影响

由于非正式组织对组织的目标有影响,组织工作必须考虑非正式组织的影响。这有助于在组织工作中设计与维持组织目标与非正式组织目标的平衡,避免对立。

(二)组织工作的原则

1．目标统一性原则

指组织结构的设计和组织形式的选择必须有利于组织目标的实现。这就要求在组织设计中要以事为中心,因事设机构、设职务,做到人与事高度配合,避免出现因人设事、因人设职的现象。

2．分工协调原则

指要按照提高管理专业化程度和工作效率的要求,在组织结构设计中把组织的目标分解成各级、各部门以至各个人的目标和任务,使组织的各个层次、各个部门、每个人都了解自己在实现组织目标中应承担的工作职责和职权。

3．管理宽度原则

管理者有效地监督、指挥其直接下属的人数(管理宽度)是有限的,每一个管理者都应根据管理的职责和职权来慎重地确定自己的管理宽度。

4．权责一致原则

指职权和职责必须相等,要求在组织结构设计中,既要明确规定每一管理层次和各个部门的职责范围,又要赋予完成其职责所必需的管理权限。

5．统一指挥原则

指组织的各级机构以及个人必须服从一个上级的命令和指挥,只有这样,才能保证命令和指挥的统一,避免多头领导和多头指挥。

6．集权与分权结合原则

指为了保证有效的管理,必须实行集权与分权相结合的领导体制,以加强组织的灵活性和适应性。

7．精干高效原则

指无论设计何种组织结构形式,都必须将精干高效放在首要地位,力求减少管理层次,精简管理机构和人员,充分发挥组织成员的积极性,提高管理效率,更好地实现组织的目标。

8．稳定性与适应性结合原则

指组织结构及其形式既要有相对的稳定性，不能轻易变动，又必须随组织内外部条件的变化，根据长远目标适时作出相应调整。

9．均衡性原则

指同一级机构、人员之间的工作量、职责、职权等方面应大致平衡，不宜偏多或偏少，避免苦乐不均、忙闲不均等不良现象。

【案例4-2】　　　　　　　王教授的建议

H冰箱厂近几年发展很快。厂长周冰思路敏捷、富有战略意识，在冰箱热销之时就预见到热潮很快会消退，所以斥巨资开发新产品，以求企业长期发展。近来其他冰箱厂家产品滞销，而H厂依靠新开发的小型冰柜不但保住原有市场，还开辟了一些新市场。但自从主管生产的副厂长李英上任后，产品质量极不稳定，顾客投诉大大增加。李英是该厂主管部门二轻局直接委派来的，与上级领导关系密切，而且工作认真负责，口才很好，社交能力突出，但不懂技术，组织能力欠佳。周厂长为此左右为难，撤换李英怕得罪上级，而且李英也没犯错误；不撤换李英，工厂生产又抓不上去，影响企业发展。

应聘为该厂顾问的某学院王教授了解此情况后，建议该厂成立生产指挥部，任命李英为副指挥长，负责协调上下级关系和对外联络；任命懂生产和技术的总工为指挥长，负责技术和生产。周厂长听从王教授的建议，企业生产逐步好转。

小刘是新来的大学生，对此不以为然。他对厂长说："我们已有了生产科和技术科，再设生产指挥部，这不是机构重复设置吗？应当是因事设置，而不应当因人设置啊。"厂长对小刘说："理论是理论，实践中并不一定有效。"小刘听了后还是不理解。

想一想：王教授的建议是否合适？应该如何回答小刘？

第二节　组 织 结 构

一、组织结构概述

（一）组织结构的含义

组织结构是指组织内部各级各类职务职位的权责范围、联系方式和分工协作关系的整体框架，是组织得以持续运转，完成经营管理任务的体制基础。组织就是在这个基础上，通过各组织要素的互动，最终实现组织目标。金刚石与石墨、部队与老百姓的不同主要是结构不同,所以作用与功能就大不相同。

(二)组织结构设计的影响因素

组织结构设计及其运行,总是发生在一定的环境中,受制于一定的技术条件,并在组织总体战略的指导下进行的,组织结构设计必须考虑这些因素的影响。此外,组织的规模及其所处阶段不同,也会对组织的结构形式提出相应的要求。组织结构设计主要考虑以下因素。

1. 战略

在组织结构与战略的相互关系上,一方面,战略的制定必须考虑企业组织结构的现实;另一方面,一旦战略形成,组织结构应作出相应的调整,以适应战略实施的要求。适应战略要求的组织结构,能够为战略的实施以及组织目标的实现提供必要的前提。

战略选择的不同,在两个层次上影响组织的结构:不同的战略要求开展不同的业务活动,这会影响管理职务的设计;战略重点的改变,会引起组织的工作重点转变,从而引起各部门与职务在组织中重要程度的改变,因此要求对各管理职务以及部门之间的关系作相应的调整。

2. 外部环境

外部环境对组织结构的影响可以反映在三个不同的层次上,这就是职务与部门设计层次、各部门关系层次、组织总体特征层次。这主要是由于组织作为整个社会经济大系统的一个组成部分,它与外部的其他社会经济子系统之间存在着各种各样的联系。所以,外部环境的发展变化必然会对企业组织结构的设计产生重要的影响。

3. 技术

组织的活动需要利用一定的技术和反映一定技术水平的特殊手段来进行。技术以及技术设备的水平,不仅影响组织活动的效果和效率,而且会作用于组织活动的内容划分、职务设置,会对工作人员的素质提出要求。例如,信息处理的计算机化,必将改变组织中的会计、文书、档案等部门的工作形式和性质。

4. 组织规模与组织所处的发展阶段

组织规模往往与组织所处的发展阶段相互联系,伴随着企业活动的内容会日趋复杂,人数会逐渐增多,活动的规模会越来越大,组织结构也需随之调整,以适应变化了的情况。

二、管理幅度与组织层次

组织的高层管理者要对组织的生存与发展负责,承担着众多的任务与职责,如组织内的劳动分工与协作需要管理者来安排与指导，组织内的资源配置需要管理者来规划与决策，组织与外部环境的关系需要管理者来协调与改善，组织的长远发展与经营战略需要管理者来筹划与制定。在一个拥有数百上千员工、达到一定规模的社会组织中，由于受到时间与精力的限制，管理者既无法直接指导、检查每个员工的工作，也不可能单独完成上述的全部任务，于是需要委派其他的管理人员协助自己做各种不同性质的管理工作。接下来的问题就是委派多少人？怎样确定管理职务的类型？它们的工作任务分工和相互关系如何？

一个组织的最高管理者委托他人分担自己的管理工作，虽然减少了他直接承担的业务工作量，但同时也增加了他指挥受托人及协调受托人之间关系的工作量。任何一名管理者都会受到工作时间、个人精力与能力的限制，从而能够直接地有效指挥与保证控制的下属数量总是有限的，超过了这个限度，管理的有效性会下降。一名管理者直接领导、指挥并监督其工作的下属数量被称为管理幅度，幅度是一个组织水平结构扩展的表现。

当一名管理者的下属数量超过了他能够有效管辖的限度时，为了保证组织的正常运转与协调有序，他就会委托一些人来分担其工作，从而增加一个新的管理层次。层次是一个组织纵向结构扩展的表现。以此类推，直到基层管理者能够有效地安排、指导和协调一线作业人员的具体业务活动（作业人员只需要完成工作任务，没有管理他人的责任），整个组织便形成了由最高管理者到一线员工间的等级层次结构。

一个组织管理层次的多少受组织规模与管理幅度的影响。当管理幅度一定时，管理层次与组织规模成正比。组织规模越大，组织成员越多，则管理层次相应增多。在组织规模一定的情况下，管理层次与管理幅度成反比。一个管理者直接领导与控制的下属人员越多，组织的管理层次就越少；反之，管理幅度越小，管理层次就越多，它们共同决定了组织结构的基本形态。人们一般将管理幅度宽、管理层次少的组织称为扁平结构，而将管理幅度狭窄、管理层次多的组织称为垂直结构。

事实上，学者们已经认识到，合适的管理幅度并没有一个统一的数量标准，从早期的 4~6 人到现代的 10~15 人甚至数十人，都可以找到有效管理的实例。我们应该做的只是分析那些影响管理幅度的权变因素，然后从组织的实际情况出发来进行抉择。有效的管理幅度受到多种因素的影响，如组织层级、工作能力、工作条件与组织环境等。

（一）组织层级

位于组织系统中不同层级的管理者，其工作任务与性质有所不同。高层管理者需要解决许多非常规的复杂问题，需要花大量精力处理外部事务，筹划事关组织长远发展的大政方针，面临较强的不确定性和风险性，其管理幅度一般较中、低层管理人员小。基层管理者主要掌握内部信息，处理简单、明确、便于程序化的例行问题，不确定性较低，其管理幅度一般要大些。

(二) 工作能力

管理者自身的综合素质、观察分析、系统思考、领导和激励下属的能力是扩大管理幅度的必要条件,而拥有接受过系统教育与培训,并且经验丰富、积极主动、能够独当一面的下属,可以使管理者既扩展管理幅度又保证工作质量。

(三) 工作条件

假如管理者配有精干的助手,组织内有先进的管理信息系统和高效率的自动化办公设施,显然会有利于扩大管理幅度。此外,组织的计划周密、规则合理、权责范围明确,下属的工作任务相似性高、复杂性低、适合运用标准化方法等都会促进管理幅度扩大。

(四) 组织环境

组织所处的外部环境越稳定,内部运作越规范,则越有助于扩大管理幅度。反之,在一个变化很快的环境中,管理者经常要面对层出不穷的新问题,需要他用更多的时间和精力去关注环境的变化、掌握外部信息、思考如何应变,或者总是要处理大量的内部矛盾,这都会限制他的管理幅度。

除上述因素之外,组织凝聚力的强弱、管理者的管理风格与个人魅力、集权化程度等都会影响管理幅度。近年来有越来越多的组织在努力扩大管理幅度,使组织的结构趋向于扁平。如美国通用电气公司20世纪80—90年代的总裁韦尔奇直接领导着13位事业部经理,并将公司管理层从12层压缩到5层。

【案例4-3】　　　　　　　李佳和王强的困惑

某局机关因工作需要,新成立了一个行政处,由局原办公室副主任李佳任处长,原办公室的8位后勤服务人员全部转到行政处,李佳上任后便到处物色人才,又从别的单位调进5位工作人员。这样,一个14人的行政处便开始了正常工作。李佳38岁,年富力强,精力旺盛,在没有配备副手的情况下,他领导其他13人开展工作。开始倒没什么,时间长了,问题也就多了。因为处里不管是工作分配、组织协调还是指导监督、对外联络,都由李佳拍板定案。尽管他工作认真负责,每日起早贪黑,依然适应不了如此繁杂的事务,哪个地方照顾不到都会出漏子,行政处内部开始闹矛盾,与其他处室也发生了不少冲突。

在这种情况下,局领导决定调出李佳,派局办公室另一位副主任王强接任行政处处长。王强上任后,首先,着手组建行政处内部组织机构,处下设置四个二级机构:办公室、行政一科、行政二科、行政三科。其次,选调得力干将,再从原来的局办公室选调2位主任科员任行政处副处长,在业务处选调3位副主任科员任行政一、二、三科的科长,其余科长、副科长在原 13 名工作人员中产生。王强采取这些做法，目的就是改变处里的沉闷空气，调动大家的工作积极性，提高行政处的工作效率。

这样，一个 19 人的行政处在 3 位正副处长、8 位正副科长的领导下，再次以新的面貌投入到工作之中。但是过了不久，行政处的工作效率不仅没有提高，反而更加糟糕了。有些下属认为王强经常越权乱指挥，他们的工作没法开展；有的下属则认为王强到处包办代替，没事找事干，和科长争权；有的人认为行政处官多兵少，没有正经干活的。不到半年，行政处又陷入重重矛盾之中，不但人际关系紧张复杂，而且大家都没干劲，王强带来的几个人也要求调回原处室。在这种情况下王强只好辞职，但他很困惑：自己工作热情很高，为什么还领导不好行政处的工作？

想一想：李佳和王强失败的主要原因是什么？应如何改进？

三、组织结构类型

一般来说，组织结构的类型有以下几种：直线制组织结构、职能制组织结构、直线职能制组织结构、事业部制组织结构、矩阵制组织结构、委员会制组织结构和新型组织结构。

（一）直线制组织结构

直线制组织结构也称为单线制组织结构，是最早使用，也是最为简单的一种组织结构类型。直线制组织结构最初广泛在军事系统中应用，后来逐步推广到企业管理工作中。"直线"是指在这种组织结构中职权从组织上层"流向"组织的基层。

直线制组织结构中的各级管理者都按垂直系统对下级进行管理，指挥和管理职能由各级管理者直接行使，不设专门的职能管理部门，层次分明。命令的传送和信息的沟通只有一条直线渠道，完全符合命令统一的原则，是一种集权式的组织结构类型。直线制组织结构如图 4-1 所示。

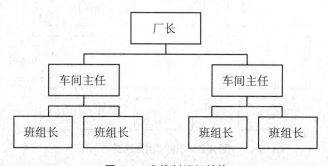

图 4-1 直线制组织结构

直线制组织结构的优点是：管理结构简单，管理费用低，决策迅速，责任明确，反应灵活，纪律和秩序的维护较为容易。

直线制组织结构的缺点是：这种组织结构要求组织的各级管理者必须精明能干，具有多种管理专业知识和生产技能知识。但是，现实生活中每个管理者的精力毕竟有限，在组织规模较大的情况下，业务比较复杂，所有的管理职能都集中由一个人来承担，这是比较困难的。因此，管理工作往往显得比较简单和粗放。同时，组织中的成员只注意上情下达和下情上达，成员之间和组织单位之间的横向联系比较差。另外，原有的"全能"管理者一旦退休，他的经验、能力无法立即传给继任者。

直线制组织结构类型一般只适用于那些产品单一、工艺技术比较简单、业务规模较小的企业。

（二）职能制组织结构

职能制组织结构与直线制组织形式恰好相反，它的各级管理者都配有通晓各种业务的专门人员和职能机构作为辅助者直接向下发号施令。

在职能制组织结构中，采用按职能分工实行专业化管理的办法来代替直线制的"全能"管理者。组织内除直线主管外还相应设立一些组织机构，分担某些职能管理的业务，有权在自己的业务范围内向下级单位下达命令和指示。各级单位负责人除了要服从上级行政领导的指挥外，还要服从上级职能部门在其专业领域内的指挥。职能制组织结构如图 4-2 所示。

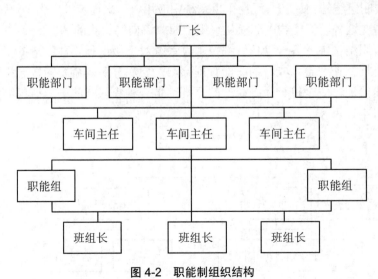

图 4-2　职能制组织结构

职能制组织结构的优点是：每个管理者只负责一方面的工作，有利于充分发挥专业人才的作用。专业管理工作可以做得细致、深入，对下级工作指导比较具体。职能机构的作用如果发挥得当，可以弥补各级行政领导人管理能力的不足。

职能制组织结构的缺点是：由于实行多头领导，妨碍了组织的统一指挥，易造成管理混乱，不利于明确划分职责与职权。各职能机构往往不能很好地配合，横向联系差。在科技迅速发展、经济联系日益复杂的情况下，对环境发展变化的适应性差。强调专业化，使管理者忽略了本专业以外的知识，不利于培养上层管理者。

事实上，在实际工作中不存在纯粹的职能制组织结构，更多的是其变异形式——直线职能制组织结构。

（三）直线职能制组织结构

直线职能制组织结构以直线制结构为基础，并将职能制结构的优点融入其中，既设置了直线主管领导，又在各级管理者之下设置了相应的职能部门，分别从事职责范围内的专业管理。

在直线职能制组织结构中，两类人员的职权必须是十分清楚的，即一类是直线主管领导人员，他们拥有对下级的指挥和命令的权力，承担着实现所管理的部门的业务目标的任务；另一类是职能部门的职能管理人员，他们只能起参谋和助理的作用，对下级机构可以进行业务指导、提出建议，但无权向下属机构及其管理人员发布命令。直线职能制组织结构如图4-3所示。

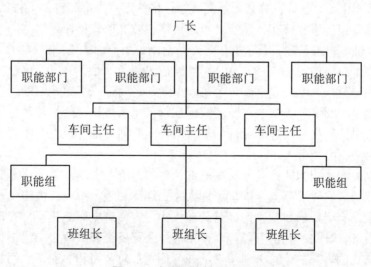

图4-3 直线职能制组织结构

直线职能制组织结构的优点是：综合了直线制组织结构和职能制组织结构的优点，整个组织既保证了命令的统一，又发挥了职能专家的作用，有利于优化行政管理者的决策。

直线职能制组织结构的缺点是：各职能部门自成体系，往往不重视工作中的横向信息沟通，可能引发组织中的各种矛盾和不协调现象，对组织的生产经营和管理效率造成不利的影响。而且如果职能部门被授予的权力过大、过宽，则容易干扰直线指挥命令系统的运行。另外，按职能分工的组织通常弹性不足，对环境变化的反应比较迟钝。同时，不利于培养综合型管理人才。

目前，直线职能制组织结构在我国绝大多数企业，尤其是处于较稳定环境的中小企业中得到了广泛的应用。

（四）事业部制组织结构

事业部制组织结构最初由美国通用汽车公司总裁斯隆于1924年提出。事业部制组织结构是在总公司领导下设立多个事业部，各事业部都有各自独立的产品和市场，实行独立核算，事业部内部在经营管理上拥有自主性和独立性。

事业部制组织结构在总公司下按产品、地区、销售渠道或顾客分设若干事业部或分公司，使它们成为自主经营、独立核算、自负盈亏的利润中心。总公司只保留方针政策制定、重要人事任免等重大问题的决策权，其他权力尤其是供、产、销和产品开发方面的权力尽量下放。这样，总公司就成为投资决策中心，事业部是利润中心，而下属的生产单位则是成本中心。这样，总公司最高决策机构能集中力量制定公司总目标、总方针、总计划及各项政策。事业部在不违背公司总目标、总方针和总计划的前提下，可以充分发挥主观能动性，自主管理其日常的生产经营活动。事业部制组织结构如图4-4所示。

事业部制组织结构的优点是：总公司能够把多种经营业务的专门化管理和公司总部的集中统一领导更好地结合起来，总公司和事业部之间形成了比较明确的责、权、利关系。事业部制以利润责任为核心，既能够保证总公司获得稳定的收益，也有利于调动中层经营管理人员的积极性。各事业部门能相对自主、独立地开展生产经营活动，从而有利于培养综合型高级经营人才。

事业部制组织结构的缺点是：对事业部经理的素质要求高，总公司需要有许多对特定经营领域或地域比较熟悉的全能型管理人才来运作和领导事业部内的生产经营活动。各事业部都设立有类似的日常生产经营管理机构，容易造成职能重复，管理费用上升。各事业部拥有各自独立的经济利益，易产生对总公司资源和共享市场的不良竞争，由此可能引发不必要的内耗，使总公司协调的任务加重。总公司和事业部之间的集权、分权关系处理起来难度较大也比较微妙，容易出现要么分权过度，削弱总公司的整体领导力，要么分权不足,影响事业部的经营自主性。

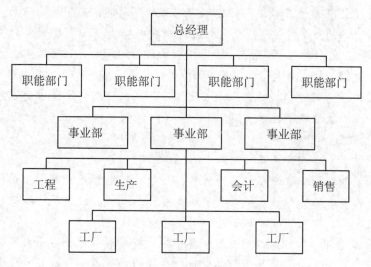

图 4-4 事业部制组织结构

事业部制组织结构是在多个领域或地域从事多种经营的大型企业所普遍采用的一种典型的组织结构形式。

20 世纪 70 年代,美国和日本的一些大公司出现了一种新的组织结构——超事业部制。超事业部制就是在分权的事业部制的基础上,在总公司最高领导和各个事业部之间增加了一级管理机构,负责统辖和协调所属各个事业部的活动,使管理体制在分权的基础上又适当地集中。这样可以利用几个事业部的力量开发新产品,可以更好地协调各事业部的活动,增强企业生产经营的灵活性。

【案例 4-4】　　　　　某企业的组织结构咨询

某企业是一家发展中的民营企业,近几年来,由于产品适销对路,又恰逢行业快速扩展的大好机遇,企业规模迅速扩大。

一、现状分析

企业的产品共有三种,分别为 A 产品、B 产品、C 产品。后两种产品的市场关联度较高,前一种产品则为独立的市场,技术上也具有较强的独立性。

企业生产工艺为:收受订单→外协订货→进货检验→组装、检测、包装→发货。在这些环节中,企业没有对外协厂家采取有效的过程控制,进货检验只是外观尺寸上进行一些简单的测量,而产品本身的物理化学特性则是与组装之后的检测过程一起做,检测发现不合格后，将外协件退回外协厂家。公司在市场运作过程中，发现与 B 产品配套的 C 产品在技术上还不是十分成熟，但已经有人在研究新的控制芯片，从而利用该芯片即可以实现对该产品的多功能控制，而且该芯片研发成功后，将使 C 产品的成本由目前的 80 多元下降到 20 元左右，非常诱人。公司花大力气引进了几位在芯片研制方面颇有造诣的技术专家，并投入较大资金进行研究开发。

企业的员工多为附近农村的农民，文化程度不高。管理者没有接受过系统的管理理论培训，对企业管理的理解也很肤浅。

二、设计方案

针对上述情况，咨询专家设计了如下的组织结构。

设立两个事业部：A 事业部和 B 事业部。A 事业部负责 A 产品的生产、研发、销售及售后服务，B 事业部负责 B 产品及 C 产品的生产、研发、销售及售后服务。

设立研发中心，专门从事控制芯片的研究开发、试制。

设立生产质量部、采购部、财务部。其中生产质量部负责公司两大事业部的生产安排、计划调度、发货、成品库及原料库管理，原材料、半成品、成品的质量检验，产品质量异议的处理，质量管理体系的运行，计量管理等工作；采购部负责公司所有物资的采购、外协加工；财务部则负责公司的财务管理、绩效考核、会计核算、工资计算与发放等工作。

在人员安排上，咨询专家充分考虑该公司的人力资源现状，并做出了如下安排。

公司总经理兼任研发中心主任；公司总经理助理兼管理者代表兼任生产质量部主任；副总经理兼任采购部主任；另聘请一名长期从事财务管理工作的人才担任财务部主任。

两个事业部的主任则分别由原车间主任担任。

为了保证新的组织结构得以顺利推行，咨询专家还为企业进行了管理专题培训，制定了相关的推行方案和管理制度。

组织结构推行几个月后，企业的各项管理工作迅速走上了正轨，市场占有率得到扩大，新产品研发工作也进展顺利，为企业管理的规范化、高效化打下了基础。

资料来源：山东质量认证中心网站，2012-06-15

想一想：方案实施成功的原因有哪些？

（五）矩阵制组织结构

矩阵制组织结构是在直线职能制垂直指挥链系统的基础之上，再增设一种横向指挥链系统，形成具有双重职权关系的组织矩阵。

矩阵制组织结构是为了完成某一项目，从各职能部门中抽调完成该项目所必需的各类专业人员组成项目组，配备项目经理来领导他们的工作。这些被抽调来的人员，在行政关系上仍旧归属于原所在的职能部门,但工作过程中要同时接受项目经理的指挥,因此他实际上拥有两个上级。项目组任务完成以后,便宣告解散,各类人员回到原所属部门等待分派新的任务。此时,原项目组不复存在,但新的项目组随时都可产生,所以矩阵制组织通常亦被称为"非长期固定性组织"。矩阵制组织结构如图 4-5 所示。

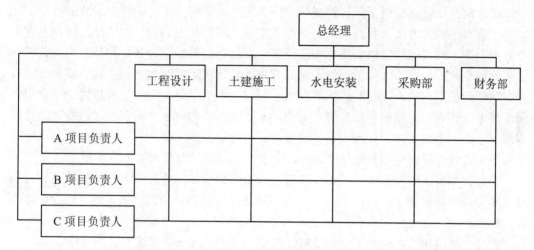

图 4-5　矩阵制组织结构

矩阵制组织结构的优点是:加强了横向联系,克服了职能部门相互脱节、各自为政的现象。专业人员和专用设备随用随调,机动灵活,不仅使资源保持了较高的利用率,也提高了组织的灵活性和应变能力。各种专业人员在一段时间内为完成同一项任务在一起共同工作,易于培养他们的合作精神和全局观念,且工作中不同角度的思想相互激发,容易取得创新性成果。

矩阵制组织结构的缺点是:双重领导,容易发生推诿扯皮现象,造成组织混乱。对项目负责人的要求较高,一般人难以胜任。成员的工作位置不固定,容易产生临时观念,也不易树立责任心。

(六) 委员会制组织结构

委员会由两个人以上的集体组成,它所行使的是组织的最高决策权。委员会中各个委员的权力是平等的,并依据少数服从多数的原则决定问题,它的特点是集体决策、集体行动。

根据管理的需要,委员会可以有各种各样的形式和性质,有常设的,也有临时的;有正式的,也有非正式的;有决策性的,也有执行性的;有职能性的,也有参谋性的。在组织的各个管理层次都可以成立委员会,我们经常见到的委员会有常委会、全委会、学校中的学术委员会和职称评审委员会等。

委员会制组织结构的优点是：委员会由多人组成，其知识、经验与判断力均比其中任何一个个人要高。因此，通过集体讨论、集体判断可以避免仅凭管理者个人的知识和经验所造成的判断错误。委员会不仅防止了由于职权过于集中于个人手中可能带来的滥用职权，而且还可以在纠正某些错误时起到督查和遏制的作用。由于委员会的讨论能比较充分地考虑到各方面的利益，从而有利于实现组织整体上的统一和团结，同时也向各个方面强调了对集体决定的责任感和忠诚感。委员会使得整体的决定和意向很快传播到组织的各个角落，并为大家所理解，从而有利于集体决定的有效贯彻执行。委员会的设置有利于动员更多的人来关心组织的发展，鼓舞组织成员努力工作的积极性，增强组织的凝聚力，更充分地挖掘和发挥每个人的才干。委员会的工作开展有利于从特定的角度训练、培养和考察人才，使他们有机会发挥自己处理更高一级问题的才能，而且又避免了由于正式晋升和罢免一些成员的职务，所带来的心理压力和政策上的难题。

委员会制组织结构的缺点是：成本较高，委员会会议往往在时间和金钱的花费方面都很多；在一些问题上，可能会由于分歧而最终导致妥协折中的方案，也可能会争论不休，拖而不决；委员会的集体负责可能会变成集体中的每一个人都不负责。

委员会制组织结构适用于一些经常性的专项管理职能或临时性的突击工作。

（七）新型组织结构

20世纪80年代以来，经济全球化的进程使企业的经营有可能在全世界范围内配置资源，从事国际化经营的跨国公司和特大型的企业集团迅速发展，一些适应于新经营环境的组织结构开始出现，其中比较典型的有网络型组织结构、集团控股型组织结构和第二章介绍的学习型组织结构等。

1. 网络型组织结构

当前我们正处在一个快速变化的时代，新技术的应用推广、新材料的采用、流行时尚的改变、国际竞争的加剧、新的市场机会，都要求企业迅速作出反应。网络型组织结构便是在这样的背景下在业务外包的基础上发展起来的新型结构形式。网络型组织结构是企业自身只拥有人数很少的经理小组，但通过正式合同契约建立起一个企业间的关系网络，依靠其他组织的力量开展研究开发、生产制造、营销代理等各项业务进行运营的结构形式。组织自身的核心小组主要致力于经营策划、制定政策并协调与各合同公司的关系，创建与维护良好的企业关系网络，要求每个人都有较高的独立工作能力和协调沟通能力。

网络型组织结构的优点是：精干、灵活的网络型组织结构具有很大的应变能力和适应性，不需要大规模的设备投资，也没有庞大的员工队伍及相应的管理问题，不论是大型组织还是小型组织,都可以将精力集中于自己最有优势的专业领域,发展自身的核心能力,而将附加职能外包给其他公司。如某些经营个人消费品的公司,专注于设计和营销,将生产制造外包给劳动力成本低廉地区的制造商。有些出版公司专注于选题与组稿、编辑,而版面设计、印刷、装订、发行等业务都依靠外包完成。网络型组织结构在灵活对外的同时也有助于减少内部运营成本。一般来说,网络型组织结构的组织是通过对外部资源的整合来取得自身优势的,人数少、弹性大、应变快、内部管理简单是网络结构的突出特点。但是,网络成员单位都是独立法人,其间没有正式的资本所有关系和行政隶属关系,通过契约纽带和相互信任、互惠互利机制密切协作。因而,这类组织在核心能力和关键职能上具有控制力是整合外部资源的基础。例如卡西欧公司专注于设计、营销和装配,在生产设施和销售渠道方面很少投资。IBM 公司 20 世纪 80 年代初在不到一年的时间内开发 PC 机成功,依靠的是微软提供软件,英特尔提供机芯,而微软和英特尔也借助 PC 机的推广迅速扩展了自己的市场。

网络型组织结构的缺点是:管理当局难以保证对生产经营全过程的严密控制,存在着一定的经营风险,尤其是在契约意识、信守合同没有深入人心并成为基本行为准则的社会环境中,产品质量、每一经营环节的及时到位都存在失控的风险,而任何一个环节的失误,都会对整个组织运作造成极大的危害。

2. 集团控股型组织结构

集团控股型组织结构是一些大公司超越企业内部边界的范围,在非相关领域开展多种经营,对各业务经营单位不进行直接管理和控制,只在资本参与的基础上进行持股控制和具有产权管理关系形成的企业网络形式。对相关企业持有股权的大公司成为母公司,其中持股比例大于 50%为绝对控股;持股比例不足 50%,但对企业经营决策产生实质性影响为相对控股;持股比例很低且对企业的生产经营没有实质性影响为一般参股。

在集团控股型组织结构的企业网络中,持有其他企业股权的母公司(称集团公司)为集团核心企业;被母公司控制和影响的绝对控股和相对控股的企业为子公司,是集团紧密层;一般参股企业为关联公司,是集团半紧密层;通过长期契约和业务协作关系连接的协作企业为松散层。

集团控股型组织结构中的各企业都是独立的法人,互相之间没有上、下级的行政隶属关系,无权直接指挥命令、干预其他企业的自主经营。母公司与持股企业之间是出资人对被持股企业的产权管理关系,只能作为大股东,凭借持股权向子公司派遣产权代表和董事、监事,通过在股东会、董事会、监事会中发挥积极作用来影响子公司的经营决策。

【案例 4-5】　　　　　温特图书公司的组织改组

温特图书公司原是美国一家地方性的图书公司。近10年来，这个公司从一个中部小镇的书店发展成为一个跨越7个地区，拥有47家分店的图书公司。多年来，公司的经营管理基本上是成功的。下属各分店，除7个处于市镇的闹区外，其余分店都位于僻静的地区。除了少数分店也兼营一些其他商品外，绝大多数的分店都专营图书。每个分店的年销售额为26万美元，纯盈利达2万美元。但是近3年来，公司的利润开始下降。

两个月前，公司新聘苏珊任该图书公司的总经理。经过一段时间对公司历史和现状的调查了解，苏珊与公司的3位副总经理和6个地区经理共同讨论公司的形势。

苏珊认为，她首先要做的是对公司的组织进行改革。就目前来说，公司的6个地区经理都全权负责各自地区内的所有分店，并且掌握有关资金的借贷、各分店经理的任免、广告宣传和投资等权力。在阐述了自己的观点以后，苏珊便提出了改组组织的问题。

一位副总经理说道："我同意你改组的意见。但是，我认为我们需要的是分权而不是集权。就目前的情况来说，我们虽聘任了各分店的经理，但是我们却没有给他们进行控制指挥的权力，我们应该使他成为一个有职有权，名副其实的经理，而不是有名无实，只有经理的虚名，实际上却做销售员的工作。"

另一位副总经理抢着发言："你们认为应该对组织结构进行改革，这是对的。但是，在如何改的问题上，我认为你的看法是错误的。我认为，不需要设什么分店的业务经理，我们所需要的是更多的集权。公司的规模这么大，应该建立管理资讯系统。可以通过资讯系统在总部进行统一的控制指挥，广告工作也应由公司统一规划，而不是让各分店自行处理。如果统一集中的话，就用不着花这么多工夫去聘请这么多的分店经理了。"

"你们两位该不是忘记我们了吧？"一位地区经理插话说，"如果我们采用第一种计划，那么所有的工作都推到了分店经理的身上；如果采用第二种方案，那么总部就要包揽一切。我认为，如果不设立一些地区性的部门，要管理好这么多的分店是不可能的。"

"我们并不是要让你们失业。"苏珊插话说，"我们只是想把公司的工作做得更好。我要对组织进行改革，并不是要增加人手或是裁员。我只是认为，如果公司某些部门的组织能安排得更好，工作的效率就会提高。"

想一想：
1. 有哪些因素促使该图书公司要进行组织改革？
2. 你认为该图书公司现有的组织形态和讨论会中两个副总经理所提出的计划怎么样？

第三节 人员配备

一、人员配备的任务、程序和原则

人员配备<u>就是管理者为确保任务目标的实现,为每个岗位配备适当数量和类型的工作人员,并使他们能够有效地完成任务的过程。</u>也就是说,在设计了合理的组织机构和组织结构的基础上,管理者要根据每个岗位的实际需要,进行职务分析,按照每个人的情况安排适当的工作,使其能力符合岗位的需要。

(一)人员配备的任务

人员配备既要满足组织的需要,又要考虑个人的特点、爱好和能力,因此人员配备的任务也要从组织需要和个人能力发挥两个不同的角度来考察。

1．从组织需要的角度

(1)通过人员配备,使组织系统正常运行。

(2)通过人员配备,为组织发展准备管理人员。

(3)通过人员配备,维持成员对组织的忠诚。

2．从个人能力发挥的角度

(1)通过人员配备,使个人的知识和能力得到公正的评价,被承认和运用。

(2)通过人员配备,使个人的知识和能力不断发展,素质不断提高。

(二)人员配备的程序

1．确定组织中人员的需要量

人员配备是在职务设计基础上进行的。人员需要量的确定,主要是以设计出的职务类型和数量为依据。职务类型指出了需要什么样的人,职务数量则说明了每种类型职务所需要的人员数量。

2．开展职务分析

职务分析主要是对职务的设置目的、中心职责、工作内容、权限范围、结构关系以及工作环境、工作条件等进行全面的分析、描述和记录。通过职务分析可以明确每个职务在组织中所处的层次,以及该职务与其他职务之间的关系,分清每个任职者的权力与责任。

3．选配合适的人员

职务设计和分析指出了组织中需要多少具备哪些素质的人。为确保担任该职务的人具备应有的知识和技能,必须对组织内外的候选人进行筛选,做出最恰当的选择。

4．制订和实施人员培训计划

根据环境的变化、组织的发展以及对具体技能的现实要求,利用科学的方法制订和实施人员培训计划,有计划有组织有重点地进行人员培训。

5．人员的绩效评估

对组织中人员的素质、能力、贡献等进行考核和评价,以便了解组织中人员的总体工作质量,各岗位人员胜任现有工作的情况及其发展和升迁的可能方向,从而制订有效的培训计划。

（三）人员配备的原则

1．因事择人的原则

根据不同岗位的不同要求,选择具备相应知识与能力的人员到合适的岗位,使工作卓有成效地完成。

2．因才使用的原则

不同的工作要求具有不同知识与能力的人去完成,而不同的人也具有不同的知识与能力,能够从事不同的工作。只有根据人的特点来安排工作,才能使人的潜能得到最充分的发挥,使人的工作热情得到最大限度的激发,使工作卓有成效地完成。

3．人事动态平衡的原则

任何组织都是在不断变化的环境中发展的,人的知识与能力是在工作中不断提高和丰富的。同时,组织对其成员的认识也是不断完善的。因此,人与事的配合需要进行不断的调整,使能力强的人有机会从事更高层次的工作,能力一般的人从事其力所能及的工作。使组织中的每一个人都能得到最合理的使用,实现人与事的动态平衡。

4．责、权、利一致原则

对组织的成员要保持责任、权力与利益的有机统一。做到在其位、谋其政、行其权、尽其责、得其利、获其荣。

二、管理人员的选聘

（一）选聘的条件

管理人员的配备对组织活动效率有着非常重要的影响,管理人员必须具备相应的素质和能力,主要包括以下方面。

1．管理的欲望

强烈的管理欲望是管理者从事管理工作的基本前提。担任管理工作不仅意味着在组织中取得较高的地位、名声以及与之相应的报酬,而且还意味着可以利用制度赋予的权力来组织他人的劳动,实现组织的目标,并从中获得心理上的满足。管理意味着对权力的运用,而对权力不感兴趣的人,就不会很好地运用权力,影响组织目标的实现。

2．正直的品质

正直是每个组织成员都应具备的基本品质,对管理人员更是如此。担任管理职务的人具有相当大的权力,而组织对权力的运用往往难以进行及时、有效的监督,所以权力能否正确运用在很大程度上取决于管理人员的良知。

3．冒险的精神

管理的任务不仅是执行上级的命令,维持系统的运转,而且要在组织系统或部门的工作中不断创新。只有不断创新,组织才能充满生机,才能不断发展。而创新需要勇气,需要承担失败的风险。所以,管理者要具有敢于创新的精神。

4．决策的能力

管理人员在组织下属工作的过程中,要进行一系列的决策,如何时去做?采用何种方式去做?由谁去做?等。管理过程中充满了决策,因此,决策能力是管理人员应具备的一种重要能力。

5．沟通的技能

管理人员既要善于理解别人,也需要别人理解自己。组织成员之间的相互理解是组织成功的基本保证。而要实现相互理解就要借助信息沟通才能完成。沟通的效果决定了管理者与员工相互理解的程度,良好的沟通需要掌握一定的沟通技巧和具备一定的沟通能力。因此,作为管理者必须具有进行有效沟通的技能。

（二）选聘的方式

选聘管理人员,既可以考虑从内部提升,也可以考虑从外部招聘。

1．内部提升

内部提升是指组织内部成员的能力和素质得到充分确认之后,被委以比原来责任更大、职位更高的职务,以填补组织中由于发展或其他原因而空缺了的管理职务。

内部提升有以下几方面的优点。

（1）有利于调动员工的工作积极性。内部提升给每个人带来希望和机会,且会带来示范效应。内部提升可以鼓舞士气、提高员工的工作热情。内部提升的前提是要有空缺的管理岗位,而空缺管理岗位的产生主要取决于组织的发展,只有组织发展了,每个人才可能有更多的提升机会。因此,内部提升还能更好地维持成员对组织的忠诚,鼓励那些有发展潜力的员工更加自觉、积极地工作,以促进组织的发展,同时也为自己创造更多的职务提升机会。

（2）有利于吸引外部人才。内部提升表面上看是排斥外部人才、不利于吸收外部优秀人才的，其实不然。真正有能力和发展潜力的人知道，加入到这种组织中，尽管担任管理或技术职务的起点比较低，可能有时还会从头做起，但是凭借自己的知识和能力，可以在较短的时间内熟悉基层的业务，从而能有条件提升到较高的管理或技术层次上。由于内部提升也为新来者提供了美好的发展前景，因此外部的人才也会乐意应聘到这样的组织中工作。

（3）有利于保证选聘工作的正确性。已经在组织中工作若干时间的候选人，组织对其了解程度必然要高于外聘者。候选人在组织中工作的经历越长，组织越有可能对其工作能力、业绩以及基本素质全面深入地考察、跟踪和评估，从而保障选聘工作的正确性。

（4）有利于被聘者迅速展开工作。被聘者能力的有效发挥要取决于他们对组织文化的融合程度以及对组织本身及其运行特点的了解。在内部提升上来的管理人员，由于熟悉组织中错综复杂的机构、组织政策和人事关系，了解组织运行的特点，所以可以迅速地适应新的工作，工作起来要比外聘者显得更加得心应手，从而能迅速打开局面。

内部提升也存在以下几方面的缺点。

（1）可能会导致组织内部"近亲繁殖"现象的发生。从内部提升的人员往往喜欢模仿上级的管理方法。这虽然可使过去的经验和优良作风得到继承，但也有可能使不良作风得以发展，这极不利于组织的管理创新和管理水平的提高。

（2）可能会引起同事之间的矛盾。在若干个候选人中提升其中一名员工时，虽可能提高员工的士气，但也可能使其他旁落者产生不满情绪。这种情绪可能出于嫉妒，也可能出于"欠公平感"，无论哪一种情况都不利于被提升者展开工作，不利于组织中人员的团结与合作。

小看板

索尼公司的内部招聘制度

有一天晚上，索尼董事长盛田昭夫按照惯例走进职工餐厅与职工一起就餐、聊天。他多年来一直保持着这个习惯，以培养员工的合作意识和与他们的良好关系。这天，盛田昭夫忽然发现一位年轻职工郁郁寡欢，满腹心事，闷头吃饭，谁也不理。于是，盛田昭夫就主动坐在这名员工对面，与他攀谈。几杯酒下肚之后，这个员工终于开口了："我毕业于东京大学，有一份待遇十分优厚的工作。但是，进入索尼之前，对索尼公司崇拜得发狂。当时，我认为我进入索尼，是我一生的最佳选择。但是，现在才发现，我不是在为索尼工作,而是在为课长干活。坦率地说,我这位课长是个无能之辈,更可悲的是,我所有的行动与建议都得课长批准。我自己的一些小发明与改进,课长不仅不支持,不解释,还挖苦我癞蛤蟆想吃天鹅肉,有野心。对我来说,这名课长就是索尼。我十分泄气,心灰意冷。这就是索尼?这就是我的索尼?我居然放弃了那份优厚的工作来到这种地方!"这番话令盛田昭夫十分震惊,他想,类似的问题在公司内部员工中恐怕不少,管理者应该关心他们的苦恼,了解他们的处境,不能堵塞他们的上进之路,于是产生了改革人事管理制度的想法。之后,索尼公司开始每周出版一次内部小报,刊登公司各部门的"求人广告",员工可以自由而秘密地前去应聘,他们的上司无权阻止。另外,索尼原则上每隔两年就让员工调换一次工作,特别是对于那些精力旺盛、干劲十足的人才,不是让他们被动地等待工作,而是主动地给他们施展才能的机会。在索尼公司实行内部招聘制度以后,有能力的人才大多能找到自己较中意的岗位,而且人力资源部门可以发现那些"流出"人才的上司所存在的问题。

2. 外部招聘

外部招聘是根据一定的标准和程序,从组织外部的众多候选人中选拔符合空缺职位工作要求的管理人员。

外部招聘具有以下几方面的优点。

(1) 具备难得的"外部竞争优势"。所谓"外部竞争优势"是指被聘者没有太多顾虑,可以放手工作,具有"外来和尚会念经"的外来优势。组织内部成员往往只知外聘人员目前的工作能力和实绩,而对其历史特别是职业生涯中的负面信息知之甚少。因此,如果他确有工作能力,那么就可能迅速地打开局面。相反,如果从内部提升,部下可能对新上司在成长过程中的失败教训有着非常深刻的印象,这反而会影响后者的权威性和指挥力。

(2) 有利于平息并缓和内部竞争者之间的紧张关系。组织中某些管理职位的空缺可能会引发若干内部竞争者的较量。如果员工发现处在同一层级上、能力相差无几的同事得到提升而自己未果时,就可能产生不满情绪,这种情绪可能会带到工作上,从而影响组织任务的完成,这反而会给组织造成负面的影响。而从外部招聘则可能会使这些竞争者得到某种心理上的平衡,有利于缓和他们之间的紧张关系。

(3) 能够为组织输送新鲜血液。外聘人员可以为组织带来新的管理方法和经验,他们没有太多的框架程序束缚,工作起来可以放开手脚,从而给组织带来更多的创新机会。此外,由于他们新近加入组织,没有与上级或下属历史上的个人恩怨关系,从而在工作中可以很少顾忌复杂的人情网络。

外部招聘存在以下几方面的缺点。

（1）外聘人员对组织缺乏深入了解。外聘人员一般不熟悉组织内部复杂的情况，同时也缺乏一定的人事基础，很难立刻进入工作角色。因此，外聘人员需要相当一段时间的磨合才能与组织现有的文化相适应，也才能真正开展有效的工作。

（2）组织对外聘人员缺乏深入了解。在外部招聘时虽然可以借鉴一定的测试和评估方法，但一个人的能力是很难通过几次短暂的会晤或测试就得到确认的。被聘者的实际工作能力与选聘时的评估能力可能存在很大差距，因此组织可能会聘用到一些不符合要求的员工。这种错误的选聘可能会给组织造成一定的危害。

（3）外聘行为对内部员工积极性造成打击。大多数员工都希望在组织中能有不断升迁和发展的机会，都希望能够担任越来越重要的工作。如果组织过于注重从外部招聘管理人员，就会挫伤他们的工作积极性，影响他们的士气。同时，有才华、有发展潜力的外部人才在了解到这种情况后也不敢轻易应聘。因为一旦定位，虽然在组织中已有很高的起点，但今后升迁和发展的路径却很狭小。

在实际工作中，通常采用内部提升与外部招聘相结合的途径，将外聘人员先放在较低的职位上，然后根据其表现再进行提升，从而取得预期的成效。

【案例 4-6】　　　　名企面试——各有各的高招

壳牌：不问专业

公司会给求职者一个案例，看求职者能不能从千丝万缕的联系中找出主要矛盾，从中看到潜在的机会和威胁；对细枝末节的敏感性怎么样；是不是能举一反三，高瞻远瞩。

更高一层的面试中，测试的东西会更加仔细、全面，但仍然与求职者所学东西无关。主要测试方向是求职者的创造力、工作激情、抗挫折能力。

索尼：变幻莫测

索尼面试有时不足 10 分钟，而且五六个求职者同时参加；有时十分复杂：半个月里可能会约见求职者三四次，面试人经常更换，提很多与工作无关的问题。到了吃饭时间，面试人会像老朋友似的请你到餐厅共进午餐，说说笑笑地聊些家长里短。

前者往往被用于面试市场人员，考验的是他们在大众面前的表现力以及"抗压性"；后者一般会用在要求较高的岗位或有一定级别的职位，通过多角度的接触了解以及营造轻松的沟通环境，双方都可以从中获取更多的信息，并且建立起一定的信任和相互间的感情，为判断的准确性以及今后的合作打下一个良好的基础。

微软：但求聪明

微软的应聘者会马不停蹄地面临六轮面试，在面试过程中如果有两个考官对应聘者说"No"，那这个应聘者就被淘汰了，只有少数幸运者才能推开最后一位考官办公室的门,有望获得成功。

决定能不能成功的关键,是看应聘者够不够聪明。如给你"3、3、8、8"四个数字,看你能不能在最短的时间内通过加减乘除得出24。

欧莱雅:当场测试

欧莱雅不会将是否充分准备作为给应聘者加分的主要因素。如个人形象,只要对将来的工作没有负面影响就行。对于一些需要有较强专业知识和技能的岗位,欧莱雅会安排一些当场测试。如需要应聘者懂得电脑操作的,考官就安排一些即时测试,看应聘者是否懂得使用一些软件等;岗位需要有较高外语能力的,考官就会安排应聘者一些翻译的测试。

三井:知微见著

三井的面试没有固定的问题和固定的形式,面对不同的应聘者,会有不同的面试过程。面试中,三井会着重考察应聘者的外在气质和内在品质。对于外在气质的考察主要通过观察,看应聘者穿什么衣服,留什么发型,走路的姿势,如何与面试人员打招呼,如何接送文件,如何对待在场的其他工作人员等。应聘者可能在不经意间完成了这些动作,公司的考察就在这个过程中完成了。

想一想:你认为面试是否有固定的模式可以遵循?

三、管理人员的考评

管理人员考评就是对管理人员的工作能力和工作成绩进行的考核与评价,是管理人员配备工作的一项重要内容。通过考评可以全面掌握管理人员的工作情况和使用情况,这一方面为确定管理人员的工作报酬提供依据,另一方面为人事调整和管理人员培训提供客观依据。此外,通过考评,还可以起到相互学习、促进组织内部沟通的作用。

(一)管理人员考评的内容

1. 贡献考评

贡献考评是指考核和评估管理人员在一定时期内担任某个职务的过程中,对实现组织目标的贡献程度,即评价和对比组织要求某个管理职务及其所辖部门提供的贡献与该部门的实际贡献。贡献往往是努力程度和能力程度的函数。因此,贡献考评可以成为决定管理人员报酬的主要依据。

对管理人员的贡献考评包括以下两个方面。

(1)通过对实际目标达成情况与预定目标的比较来评价管理人员,即按照既定的可核实的目标及其完成情况来评价管理人员。

（2）考察管理人员在实际工作中是否有效地履行了各项管理职能。

前者是达标绩效评价，后者是管理绩效评价。

2．能力考评

能力考评是指通过考察管理人员在一定时间内的管理工作，评估他们的现实能力和发展潜力，即分析他们是否符合现任职务所具备的要求，任现职后素质和能力是否有所提高，从而能否担任更重要的工作。

由于管理人员的能力要通过日常的具体工作来表现，而处理这些工作的技术与方法又很难与那些抽象地描述管理者素质特征或能力水准的概念对上号。因此，能力考评中要注意避免只给抽象概念打分，如管理人员的素质和能力一般可用决策能力、用人能力、沟通能力、创新精神等抽象的概念来描述。如果仅从这些抽象的概念去考评管理者的能力，容易出现偏颇。那么，如何客观地考评管理人员的能力呢？美国管理学家孔茨等人认为，应该根据组织对不同管理人员的基本要求，借助管理学的知识，将管理工作进行分类，然后用一系列具体的问题说明每项工作，来考评管理人员在从事这些工作中所表现出来的能力。

（二）管理人员考评的作用

1．管理人员任用的依据

管理人员任用的标准是德才兼备，考评获得的信息为准确判断管理人员是否符合任用标准提供了根据。

2．管理人员调配和职务升降的依据

管理人员职位的变动必须有科学的依据，这样才能提高管理人员的积极性及保证工作的顺利开展和完成。通过考评，可以判定管理人员是否符合某职位对其素质和能力的要求。

3．管理人员培训的依据

管理人员培训是人力资源开发和管理中的一个关键环节。而要了解管理人员的优势和劣势以便制定培训方案，就必须通过考评来获得。同时，培训的效果如何也需要通过考评来判定。

4．管理人员报酬支付的依据

这里主要指除工资以外的奖励，在工作结束后根据完成情况来给予奖励，是激发管理人员的积极性和满足管理人员需要的必要手段。但要运用合理，做到令管理人员心服就必须以考评的结果为依据。

5．激励的手段

在考评的过程中，管理人员可以看到成绩，坚定信心；同时也可以看到自己的缺点和不足，明确努力方向，以便将来可以做得更好。

（三）管理人员考评的方法

1. 自我考评

自我考评就是管理人员根据组织的要求定期对自己的工作情况进行评价，自我考评的典型方式是述职报告。这种方法的优点是：有利于管理人员自觉地培养和提高自己的政治素质、业务水平和管理能力。这种方法的缺点是：管理人员可能过多地描述自己的成绩而很少涉及自己的不足。

2. 上级考评

上级考评就是由管理人员的上级对管理人员的绩效进行考评。一般而言，当上级是管理人员的直接上级时，其考评结构比较真实、客观。

3. 群众考评

群众考评就是由除上级管理人员以外的所有人，如同级管理人员、下级等对管理人员进行考评。这种方法的优点是：彼此接触较多，了解深入，因此所做的评价比较客观可信。这种方法的缺点是：管理人员的人缘好坏对考评结果起很大的作用。

【案例 4-7】　　　　主管人员的绩效考评

某酒店集团后勤部新上任的李经理，针对集团后勤工作管理不善、员工热情不高、大家对整个后勤部意见大等问题，进行了充分的调查研究，制定了"严格管理，促进后勤工作转变"的工作方针，并将主管人员绩效考评作为整个方针落实的第一步。李经理的意见一在部办公会议表露，便引来各种意见。

负责业务的副经理老王认为：后勤工作千头万绪，关键要稳住顶在第一线的主管们。考评工作是很重要，但在全集团尚未全面实行管理人员考评之前我们自搞一套，主管们压力一定很大，一旦影响了情绪，工作会更糟的。

负责行政人事的副经理老肖则认为：后勤工作繁重琐碎，能维持现况已属不易，再折腾，搞乱了管理人员的思想，局面更难。

李经理再次强调管理人员考评的意义，他认为只有做到奖惩分明，打破大锅饭，并把管理人员的奖金、晋升、工资与工作好坏挂起钩来，后勤工作才可能根本改观。在李经理的坚持下，部办公会议同意了对主管进行考评的意见，并请肖副经理拿出具体考评细则交全体主管会议讨论。

经过几次部办公会议的争论，李经理也听取了老王、老肖的意见，意识到主管能否理解考评的意义将成为整个考评工作成败的关键。因此在几天后的主管会议上，李经理把解决主管的认识问题列为会议的重点。主管会议开得不错，在李经理阐明考评工作意义之后，不少主管纷纷发言表态，支持领导决定，气氛相当热烈。李经理看到原先的担忧基本解除了，便给每位主管一份《考评细则》，并当众宣布下一季度试行，第一个月的奖金将按考证后的实际得分发放。

一个月的考评工作顺利进行着，主管们比过去忙多了，后勤工作多少有了些起色。每当全体主管会议时，到场的人多了，平时不记录的主管也带上了小本本，各部门挂起了行踪留言黑板。各科应上报的一个月工作计划和工作汇报都早早收到了。后勤部办公室也整整忙了一个月，记录着各种反馈信息。

第二个月的5日，李经理收到了主管们送上的自评表，出乎意料，主管们几乎都给自己打上满分；员工评议表和其他科的打分又带很浓的个人成见。如物资科主管工作负责、原则性很强，得罪了一些人，被其他科打了个最低分；只有部领导的评分才恰如其分，可以公布。

在第二天的主管会议上，李经理公布了后勤部领导对主管的考评结果，宣布奖金获得数。6位得分少的主管当场要求部领导说明原因和理由，会议难以进行下去。当天下午他们还联合起来到集团办公室和人事部告状。由于6位主管接连几天没有主持工作，闹得不可开交，直接影响了整个后勤部的正常工作秩序。

一周之后，经集团领导调节，后勤部10位主管的奖金仍按最高等级发放。面对这一切，李经理陷入了苦闷的深思。

附：《考评细则》

1. 有强烈的事业心；不计个人得失；不以权谋私；工作任劳任怨（以上4点满分为20分）。
2. 参加部召集的会议活动：迟到或早退一次扣1分；缺席1次扣2分（满分10分）。外出情况：一月中无交代外出，查到1次扣2分（满分10分）。
3. 精通岗位业务知识；不断改进业务工作（满分10分）。
4. 善于发动群众；善于识人用人（满分10分）。
5. 每月按时上交工作计划，全科人员职责明确；工作有条不紊；有考核标准和要求（满分20分）。
6. 按期按质完成部交办的任务；工作成效明显或群众反映良好（满分20分）。

本考评细则由个人自评，本科员工、其他科及部领导分别测评，相加数平均后得出总分。

想一想：

1. 导致这次考评失败的主要原因是什么？
2. 应如何解决此次的考评问题？

四、管理人员的培训

管理人员作为组织人力资源重要的组成部分,其素质和管理水平的高低,直接决定着组织活动的实施及组织目标的实现。因此,组织不仅必须依照严格的素质要求和最佳结构模式加以选拔和组合,而且需要系统地进行培养和训练,以便不断提高管理人员的素质,使他们具有较高的科学文化知识水平和管理科学知识,具有较强的管理能力,以适应现代管理的需要。培训管理人员是一项系统性工作,为达到预期培养目标,不仅要结合组织发展制定人才培养的长期规划和各个时期的短期计划,而且还必须采用科学的培训方法和手段。

(一)管理人员培训的目标

1. 传递信息

通过培训,使管理人员了解组织在一定时期内的生产技术、经营、市场等状况,熟悉组织业务。

2. 改变态度

每个组织都有自己的历史和文化,有自己一整套的价值观念、约定俗成的行为准则,管理人员只有了解并认同了这样的文化,才能在组织中有效地工作。这一点对于新聘任的管理人员来说尤其重要。

3. 更新知识

现代组织在其生产经营过程中广泛地运用了先进的科学技术,管理者只有学习并掌握了科学技术,才能认识生产经营管理活动的规律,才能按规律行事。然而科学技术日新月异,人们知识更新的速度不断加快,有人曾统计分析,在学校学过的知识,到了毕业四年以后就有 50%老化了。目前在知识经济时代,管理人员掌握知识的多少和掌握知识的程度更是组织能否开展知识管理的关键所在。

4. 发展能力

管理既是一门科学,也是一门艺术。作为一门科学,本身有其内在的规律,管理者只有通过不断学习,才能掌握。作为一门艺术,管理者要通过自身实践,在职业活动中提高管理能力。这种实践既包括他们个人在各自岗位上的实践活动,也包括组织对他们在决策、用人、创新、沟通等方面的培训。

(二)管理人员培训的方法

1. 工作实践培养

工作实践培养就是在管理实践中锻炼和培养管理人员,即为管理人员提供更多的实践机会和良好的成长环境，使他们在管理实践过程中得到锻炼，通过不断总结经验教训，学习并提高管理技能，增长管理才干，成长为优秀的管理人才。这是培养管理人员的基本途径和方法，其具体方法有以下几种。

（1）有计划的提升。这种方法是对将被提升的管理人员制定分步骤的提升计划，按照计划由低到高相继经过若干管理职位的锻炼来培养管理人员。

（2）职务轮换。这种方法是有计划地安排管理人员担任同一层次不同的管理职务，或不同层次相应职务，从而全面培养管理人员的能力。

（3）委以助手职务。这种方法是安排有培养前途的人员担任部门或组织领导者的助手，使其在较高的管理层次上，全面接触和了解各项管理工作，从中得到锻炼和培养。

（4）临时提升。当由于某种原因出现主要管理职位暂时空缺时，临时指定某个有培养前途的下级代理相应职务，这也是一种培养管理人才的有效方法。

2．教育和训练

教育和训练是指通过各种形式和内容的教育对管理人员进行不同程度的系统知识训练，这是从知识和技能方面培养管理人员的常用方法。这种方法可以帮助管理人员巩固和不断更新知识体系和结构，提高自身素质和管理水平。教育和训练的形式主要有以下几种。

（1）开办短期培训。

（2）举办知识讲座。

（3）定期脱产轮训。

（4）到高等院校接受正规教育。

（5）组织专题研讨会。

总之，各类组织在具体培训工作中，要根据组织自身的特点及所培训的管理人员的特点选择合适的方法，只有这样才能使培训工作真正取得预期的成效。

东京迪斯尼乐园员工培训

世界上有6个很大的迪斯尼乐园，在美国的佛州和加州这两个迪斯尼营业都有一段历史了，并创造了很好的业绩。不过全世界最成功的、生意最好的，却是日本东京迪斯尼。美国加州迪斯尼营业了25年，有2亿人次参观；东京迪斯尼，最高记录一年可以达到1 700万人次参观。下面研究这个案例，看看东京迪斯尼是如何吸引回头客的。

到东京迪斯尼乐园去游玩，人们不大可能碰到迪斯尼的经理，门口卖票和剪票的也许只会碰到一次，碰到最多的还是扫地的清洁工。所以东京迪斯尼对清洁员工非常重视，将更多的训练和教育大多集中在他们的身上。

（1）学扫地。怎样扫地才不会让灰尘飘起来？那些看似简单的动作却都进行着严格培训。而且扫地时还另有规定：开门时、关门时、中午吃饭时、距离客人15米以内等情况下都不能扫。这些规范都要认真培训，严格遵守。

（2）学照相。十几台世界最先进的数码相机摆在一起，各种不同的品牌，每台都要学，因为客人会叫员工帮忙照相，可能会带世界上最新的照相机，来这里度蜜月、旅行。如果员工不会照相，不知道这是什么东西，就不能照顾好顾客，所以学照相要学一个下午。

（3）学换尿布。抱小孩的正确动作是：右手要扶住臀部，左手要托住背，左手食指要顶住颈椎，以防闪了小孩的腰，或弄伤颈椎。不但要会抱小孩，还要会替小孩换尿布。给小孩换尿布时要注意方向和姿势，应该把手摆在底下，尿布折成十字形，最后在尿布上面别上别针，这些地方都要认真培训，严格规范。

（4）学辨识方向。有人要上洗手间，"右前方，约50米，第三号景点东，那个红色的房子"；有人要喝可乐，"左前方，约150米，第七号景点东，那个灰色的房子"；有人要买邮票，"前面约20米，第十一号景点，那个蓝条相间的房子"……顾客会问各种各样的问题，所以每一名员工要把整个迪斯尼的地图都熟记在脑子里，对迪斯尼的每一个方向和位置都要非常地明确。

（5）学与小孩讲话。游迪斯尼有很多小孩，这些小孩要跟大人讲话。迪斯尼的员工碰到小孩在问话，统统都要蹲下，蹲下后员工的眼睛跟小孩的眼睛要保持一个高度，不要让小孩子抬着头去跟员工讲话。因为那个是未来的顾客，将来都有可能再回来，所以要特别重视。

资料来源：www.soho.com

【案例4-8】　　　　　Z公司的组织变革

Z公司是一电子企业。由于外部环境变化较大，市场竞争日趋激烈，企业经营状况日趋恶化，经济效益逐年滑坡，至2004年底企业出现经营亏损。为此，企业负责人在组织专家论证、多方咨询的基础上，对企业管理症结的企业组织结构、决策结构等方面进行全面分析。分析结果是：尽管企业2004年底出现账面亏损，但部分分厂与车间的盈利指标和其他综合经济指标却遥遥领先，其生产的产品也具有相对独立性和巨大的市场前景，然而多年来由于受传统的工厂式组织结构和管理方式的局限，这部分适销对路产品的生产规模和经营效益难以得到发展，其经营业绩一直得不到充分的体现，也影响其积极性的发挥。

认识到上述问题之后,该公司决策层提出了调整企业内部组织结构、进行资产剥离组合的变革设想,并加以实施。

1. 通过实行股份制改造,对原有的企业组织进行重新整合与裂变,将有发展前景、产品畅销市场的部分分厂和车间通过资产评估、折价入股的方式,组建成股份有限公司,原有的部分车间及后勤服务系统在局部调整基础上,保留整体框架,精简部分科室与人员,以保持企业外部及上下对口联系。新组建的股份有限公司以适销对路的产品为龙头,集团化经营,发展规模经济,扩展市场份额。

2. 重新设计组织结构,打破原有的以职能划分为主的机构设置,取而代之的则是以市场部为主体的,以产品开发部、资金核算部为两翼的扁平组织结构。这种结构最显著的特点是扁平化,只有决策层和实施层,公司各个单位是平等的,管理权全部下放到各单位。

3. 企业分为集团公司总部和下属工厂、子公司两个层次。集团公司是一级法人,下属各工厂、子公司对外也是独立法人,且实行混合所有制,但生产经营活动都由集团公司统一管理,集团公司掌握决策和资本经营实施权。这种结构吸收了事业部制组织结构和直线制组织结构的优点,形式上没有事业部一级机构,但通过总部对下属单位进行直线管理,使下属单位基本发挥了事业部功能。

4. 集团公司作为公司最高决策机构非常精干,由15人组成,即总经理、副总经理、总会计师、工会主席等,指挥下属单位的生产与经营。处于扁平双层结构第二层的是各工厂和子公司,各工厂内部的组织机构设置也是高效精干,实行厂长负责制,最大限度减少非生产性人员,以提高劳动生产率。

5. 在内部机构监管方式上,通过股东会、监事会、董事会三者制衡机制和法人治理结构以及上述企业组织的重新整合,形成了具有较强竞争实力的企业集团。

至2006年底,新组建的股份有限公司利税比上年同期提高了1倍多,原有企业亏损有所减少,两者相抵后企业仍略有盈余。与此同时,新组建公司的产品市场覆盖率也由原来的4%提高到7%,大大提高了企业产品的市场竞争力。

为了充分调动职工的积极性,企业还通过对企业文化的培育,树立与市场经济相适应的企业精神,以此来凝聚职工,激发广大职工生产经营的积极性,充分发挥非正式组织的积极作用。提出了"今天不努力找市场,明天就到市场找工作"的口号,还提出了"我为新厂做奉献,新厂兴盛我光荣"的倡议,鼓励职工为新厂发展出谋划策,提合理化建议。新厂在发展的同时,也从资金、技术、人才等各个方面,为老厂提供扶持和帮助,从而形成了新公司和老企业共同发展的新局面。

想一想：

1. Z 公司进行了哪些方面的改革？其理论依据是什么？
2. Z 公司的组织变革为什么促进了企业的进一步发展？

本章小结

本章首先介绍了组织和组织工作的含义、组织工作的特点和原则、正式组织与非正式组织的基本特征和相互关系。其次介绍了直线制组织结构、职能制组织结构、直线职能制组织结构、事业部制组织结构、矩阵制组织结构、委员会制组织结构、新型组织结构等基本的组织结构类型。最后介绍了如何对管理人员进行选聘、考评和培训。

现代管理之父：彼得·德鲁克

现代管理大师彼得·德鲁克（1909—2005），对世人有卓越贡献及深远影响，被尊为"大师中的大师"、"现代管理之父"。德鲁克于 1909 年生于奥匈帝国的维也纳，祖籍荷兰。德鲁克先后在奥地利和德国受教育，1929 年后在伦敦任新闻记者和国际银行的经济学家。于 1931 年获法兰克福大学法学博士。1937 年移民美国，曾在一些银行、保险公司和跨国公司任经济学家与管理顾问。1942—1949 年任贝宁顿学院哲学教授和政治学教授。1942 年受聘为当时全世界最大企业——通用汽车公司的顾问。他于 1946 年将心得成果编辑为《公司的概念》一书出版，对大企业的组织与结构有详细而独到的分析。1950 年起任纽约大学商业研究院管理学教授。

德鲁克于 1954 年出版《管理实践》一书，从此将管理学开创成为一门学科，从而奠定管理大师的地位。他于 1966 年出版的《卓有成效的管理者》一书成为高级管理者必读的经典之作；1973 年出版的巨著《管理：任务，责任，实践》则是一本给企业经营者的系统化管理手册，为学习管理学的学生提供的系统化教科书。德鲁克在长达 60 多年的职业生涯中，平均每两年就有一本新书问市，至少被翻译成 25 种语言，现已传播到全球 130 多个国家。出版了 39 本著作，发表了数百篇论文，其中有 30 多篇在《哈佛商业评论》发表。德鲁克于 1954 年首次提出"管理学"的概念。无论是英特尔公司创始人安迪·格鲁夫，微软董事长比尔·盖茨，还是通用电气公司前 CEO 杰克·韦尔奇，他们在管理思想和管理实践方面都受到了德鲁克的启发和影响。

2003 年 7 月，彼得·德鲁克接受了美国总统布什颁发的美国最高荣誉勋章"总统自由奖章"。对于 94 岁高龄的德鲁克而言，这可谓一份迟到的荣誉。

彼得·德鲁克的经典理论：

"将管理学开创成为一门学科、目标管理与自我控制是管理哲学、组织的目的是为了创造和满足顾客、企业的基本功能是行销与创新、高层管理者在企业策略中的角色、成效比效率更重要、分权化、民营化、知识工作者的兴起、以知识和资讯为基础的社会。"

"管理是一种实践，其本质不在于'知'而在于'行'；其验证不在于逻辑，在于成果。"

"建造金字塔时，监工根本不会关心那些毫无技能的、只会搬运石头的工人们的士气，也不会想到要建立激励机制。但现代管理却不同，它的目的就是要使人们进行有效的合作，充分发挥积极性。"

"效率是'以正确的方式做事'，而效能则是'做正确的事'。效率和效能不应偏废，但这并不意味着效率和效能具有同样的重要性。我们当然希望同时提高效率和效能，但在效率与效能无法兼得时，我们首先应着眼于效能，然后再设法提高效率。"

思考与讨论

1. 什么是非正式组织？非正式组织的积极作用及其可能造成的危害有哪些？
2. 选聘管理人员，从内部提升和从外部招聘各有什么优缺点？
3. 什么是组织？从事组织工作应遵循哪些原则？
4. 对管理人员进行培训的主要方法有哪些？

实训题

1. 由学生自愿组成小组，每组 6 人左右，利用课余时间，选择到 2~3 个招聘会现场，收集用人单位的招聘信息。每组根据收集的招聘信息写出一份 1 000 字左右的招聘宣传材料，每人根据其他小组的招聘宣传材料，写出一份个人的应聘材料。
2. 以班级为单位组织一次模拟招聘会，轮流担任招聘者和应聘者。
3. 各组学生进行互评。

综合案例

通用电气公司的组织管理

美国各大公司的企业管理体制从20世纪60年代以后，为了适应技术进步、经济发展和市场竞争的需要，强调系统性和灵活性相结合、集权和分权相结合的体制。到70年代中期，美国经济出现停滞，有些企业在管理体制方面又出现重新集权化的趋向。有一种称作"超事业部制"的管理体制，就是在企业最高领导之下、各个事业部之上的一些统辖事业部的机构就应运而生了。美国通用电气公司于1979年1月开始实行"执行部制"，就是这种"超事业部"管理体制的一种形式。

一、公司的基本情况

美国通用电气公司是美国也是世界上最大的电器和电子设备制造公司，它的产值占美国电工行业全部产值的1/4左右。这家公司的电工产品技术比较成熟，产品品种繁多，据称约有25万种品种规格。它除了生产消费电器、工业电器设备外，还是一个巨大的军火承包商，制造宇宙航空仪表、喷气飞机引航导航系统、多弹头弹道导弹系统、雷达和宇宙飞行系统等。闻名于世的可载原子弹和氢弹头的阿特拉斯火箭、雷神号火箭就是这家公司生产的。

这家电气公司是由老摩根在1892年出资把爱迪生通用电气公司、汤姆逊—豪斯登国际电气公司等三家公司合并组成。在两次世界大战中，这家公司大发战争财，得到了迅速发展。第一次世界大战后，该公司在新兴的电工技术部门——无线电方面居于统治地位，1919年成立了一个子公司，即美国无线电公司，几乎独占了美国的无线电工业。第二次世界大战又使通用电气公司的产量和利润额急剧增长。

通用电气公司在创立后的80多年中，以各种方式吞并了国内外许多企业，攫取了许多企业的股份，1939年国内所辖工厂只有三十几家，到1947年就增加到125家，1976年底在国内35个州共拥有224家制造厂。在国外，它逐步合并了意大利、法国、德国、比利时、瑞士、英国、西班牙等国的电工企业。1972年该公司在国外的子公司计有：欧洲33家、加拿大10家、拉丁美洲24家、亚洲11家、澳大利亚3家、非洲1家。到1976年底，它在24个国家共拥有113家制造厂，成为一个庞大的跨国公司。

二、不断改革管理体制

由于通用电气公司经营多样化，品种规格繁杂，市场竞争激烈，它在企业组织管理方面也积极从事改革。20世纪50年代初，该公司就完全采用了"分权的事业部制"。当时，整个公司一共分为20个事业部。每个事业部各自独立经营，单独核算。以后随着时间的推移，企业经营的需要，该公司对组织机构不断进行调整。1963年，当波契接任董事长时，公司的组织机构共计分为5个集团组、25个分部和110个部门。当时公司销售正处于停滞时期，5年内销售额大约只有50亿美元。到1967年以后，公司的经营业务增长迅速，几乎每一个集团组的销售额都达16亿美元。波契认为业务扩大之后，原有的组织机构已不能适应。于是把5个集团组扩充到10个，把25个分部扩充到50个，110个部门扩充到170个。他还改组了领导机构的成员，指派了8个新的集团总经理、33个分部经理和100个新的部门领导。同时还成立了由5人组成的董事会，他们的职责是监督整个公司，并为公司制定比较长期的基本战略。

三、新措施——战略事业单位

在20世纪60年代末，通用电气公司在市场上遇到威斯汀豪斯电气公司的激烈竞争，公司财政一直在赤字上摇摆。公司的最高领导为力挽危机，于1971年在企业管理体制上采取了一种新的战略性措施，即在事业部内设立"战略事业单位"。这种"战略事业单位"是独立的组织部门，可以在事业部内有选择地对某些产品进行单独管理，以便事业部将人力物力能够机动有效地集中分配使用，对各种产品、销售、设备和组织编制出严密的有预见性的战略计划。通用电气公司的领导集团很重视建立"战略事业单位"，认为它是"十分有意义的步骤"，对公司的发展是一个"重要的途径"。1971年，该公司在销售额和利润额方面都创造了纪录。从该公司60年代到70年代中迅速发展的情况看，这项措施确实也起了不少作用。从1966年到1976年的11年中，通用电气公司的销售额增长了一倍，由71.77亿美元增加到156.97亿美元；纯利润由3.39亿美元增加到9.31亿美元；固定资产总额由27.57亿美元上升到69.55亿美元。

四、重新集权化——执行部制

20世纪70年代中期，美国经济又出现停滞，于1972年接任为通用电气公司董事长的琼斯，担心到80年代可能会出现比较长期的经济不景气，到1977年底他又进一步改组公司的管理体制，从1978年1月实行"执行部制"，也就是"超事业部制"。这种体制就是在各个事业部上再建立一些"超事业部"，来统辖和协调各事业部的活动，也就是在事业部的上面又多了一级管理。这样，一方面使最高领导机构可以减轻日常事务工作，便于集中力量掌握有关企业发展的决策性战略计划；另一方面也增强了企业的灵活性。在改组后的体制中，董事长琼斯和两名副董事长组成最高领导机构执行局，专管长期战略计划，负责和政府打交道，以及研究税制等问题。执行局下设5个"执行部"（即"超事业部"，包括消费类产品服务执行部、工业产品零件执行部、电力设备执行部、国际执行部、技术设备材料执行部），每个执行部由一名副总经理负责。执行部下共设有9个总部（集团），50个事业部，49个战略事业单位。各事业部的日常事务，以至有关市场、产品、技术、顾客等方面的战略决策，以前都必须向公司最高领导机构报告，而现在则分别向各执行部报告就行了。这5个执行部加上其他国际公司，分别由两位副董事长领导。此外，财务、人事和法律3个参谋部门直接由董事长领导。

五、建立网络系统

通用电气公司在企业管理中广泛应用电子计算机后，建立了一个网络系统，大大加速了工作效率。这个网络系统把分布在49个州的65个销售部门，分布在11个州的18个产品仓库，以及分布在21个州的40个制造部门（共53个制造厂）统统连接起来。在顾客打电话来订货时，销售人员就把数据输入这个网络系统，它就自动进行下一系列工作：如查询顾客的信用状况，并查询在就近的仓库有无这种产品的存货，在这两点得到肯定的回答以后，这个网络系统就同时办理接受订货、开发票、登记仓库账目，如果必要，还同时向工厂发出补充仓库存货的生产调度命令，然后通知销售人员顾客所需货物已经发货。这全部过程在不到15秒钟的时间内即可完成。还有一点值得注意的是，除了办事速度快以外，这个网络系统实际上已把销售、存货管理、生产调度等不同的职能结合在一起了。

六、科研组织体制

同样，美国通用电气公司也非常重视科研工作，而且已有悠久的历史。从公司成立后的第二年，就有一位德国青年数学家斯坦梅兹搞科研工作，1900年即成立实验室。据1970年《美国工业研究所》报道，该公司共有207个研究部门，其中包括一个研究与发展中心，206个产品研究部门。共有科研人员17 200余人，占公司职工总人数的4%。

1973年通用电气公司共有31 000名获得技术学位的专业人员，其中半数以上从事研究与发展工作。1972年，公司科研总费用超过8亿美元，其中3亿美元由本公司承担，5亿美元主要用于和美国政府订立合同的研究与发展工作上。

通用电气公司的科研工作分为基础理论和应用研究两个方面。它的研究与发展中心从事这两方面的工作，而着重于基础理论研究，为全公司服务，同时对各行业共性的一些课题进行联合研究。这个研究与发展中心的前身是该公司在1900年成立的一个实验室，也是美国从事基础研究的第一家工业实验室。它的创始人是美国麻省理工学院的一位青年化学家怀特纳和通用电气公司的两名技术人员。这个实验室的早期研究工作主要是在电灯泡、X射线管、闸流管及有关的化学、冶金方面进行基础研究。在两次世界大战中，这个研究实验室研究战争中使用的通信和雷达装置。第二次世界大战末期，研究实验室的研究人员扩充到600多人。1968年，这个研究实验室正式命名为研究与发展中心，到1973年共有工作人员17 000人，其中325人是物理学博士。目前，由公司的一名副总经理兼任研究与发展中心的主任。这个研究与发展中心下设两个研究部：材料学与工程部（分4个研究室）以及物理科学与工程部（分5个研究室）。此外有3个行政管理部：即研究应用部，下设对外联络、计划分析、人事研究、情报研究等4个科室，负责将研究成果迅速推广到公司的各个生产部门，并在通用电气公司以外建立广泛的技术联系；研究管理部，负责管理实验工厂及服务站，领导财会科、设备科和福利科；法律顾问部，由11人组成，负责对专利的审议、发明的评价和专利应用方面的法律事务。此外，公司的206个产品研究部门则一般设在产品生产厂附近，研究人员大致在几十人到数百人之间，重点放在应用研究方面。

案例分析题：

通用电气公司的组织管理对我们有什么启示？

看图说事

哭笑不得的思维

● 有些中国人的思维，有时候让你哭笑不得

要求：结合上述漫画内容，谈谈你的感悟。

第五章 企业文化

在经营得最成功的公司里，居第一位的并不是严格的规章制度或利润指标，而是企业文化或公司文化。

——托马斯·彼得斯

【学习目标】

① 掌握企业文化的含义、特征、功能和内容。
② 熟悉企业文化的结构和类型；熟悉企业文化建设的途径。
③ 了解企业文化建设的原则；了解和谐的企业文化对企业发展的重要性。

【技能目标】

能初步掌握企业文化的建设方法。

导言

在大多数企业中，都有这样一条不成文的规矩，即禁止内部员工恋爱。其实，这种做法是不合法的，也是不可取的。"棒打鸳鸯"只能导致军心涣散，让员工对组织感到寒心。得到如此"待遇"的员工即便留下，也会"身在曹营心在汉"。

日本日立公司有一名叫田中的工程师，他为日立公司工作近12年了，对他来说，公司就是他的家，因为甚至连他美满的婚姻都是公司为他解决的。原来，日立公司内设了一个专门为职员架设鹊桥的婚姻介绍所。日立公司人力资源站的管理人员说，这样做还能起到稳定员工、增强企业凝聚力的作用。

日立鹊桥总部设在东京日立保险公司大厦八楼。田中刚进公司，便在同事的鼓动下，把学历、爱好、家庭背景、身高、体重等资料输入鹊桥电脑网络，在日立公司，当某名员工递上求偶申请书后，他（她）便有权调阅电脑档案，申请者往往利用休息日坐在沙发上慢慢地、仔细地翻阅这些档案，直到找到满意的对象为止，一旦他（她）被选中，联系人会将挑选方的一切资料寄给被选方，被选方如果同意见面，公司就安排双方约会，约会后双方都必须向联系人报告对对方的看法。

终于有一天，同在日立公司当接线员的富泽惠子从电脑上走下来，走进了田中的生活,他俩的第一次约会,是在离办公室不远的一家餐厅里共进午餐,这一顿饭吃了大约4个小时,不到一年,他们便结婚了,婚礼是由公司"月下老人"操办的,而来宾中70%都是田中夫妇的同事。

有了家庭的温暖,员工自然就能一心一意扑在工作上,由于这个家是公司玉成的,员工对公司就不仅是感恩了,而是油然而生一种鱼水之情。这样的管理成效是一般意义的奖金、晋升所无法比及的。

第一节 企业文化的含义、特征和功能

一、文化

文化是人类社会特有的现象,没有文化就没有社会。文化人类学家和一些社会学家认为,文化和社会是统一的,文化就是社会,人类社会的发展史也是一部文化史。享有国际声誉的管理学大师埃德加·H.沙因认为:"文化至关重要,因为它是强大的、潜在的并且经常是无意识的一种力量,它决定了个人和集体的行为、感知方式、思维模式和价值观。企业文化特别重要,因为文化要素决定了战略、目标和运营模式。"

下面主要从文化的概念、要素、特征几个方面进行介绍。

(一)文化的概念

"文化"一词,牛津现代辞典的解释是:人类能力的高度发展,借训练与经验而促成的身心的发展、锻炼、修养。

《现代汉语词典》则把文化定义为:"人类在社会历史发展过程中所创造的物质财富和精神财富的总和,特指精神财富,如文学、艺术、教育、科学等。"

英国人类学家爱德华·泰勒在其所著的《原始文化》一书中对文化的表述:"知识、信仰、艺术、道德、法律、习惯等凡是作为社会的成员而获得的一切能力、习性的复合整体,总称为文化。"

法国让·雅克·卢梭的《社会契约论》一书中对文化一词的定义是:文化是风俗、习惯,特别是舆论。

美国社会学家戴维·波普诺在分析文化定义时认为,社会学家与人类学家对文化的共同定义是:文化是人类群体或社会的共享成果,这些共有产物不仅包括价值观、语言、知识,而且包括物质对象。

马克思、恩格斯就在《德意志意识形态》中运用唯物主义的基本观点,提出文化起源于人类物质生产活动的思想。恩格斯在《劳动在从猿到人转变过程中的作用》中,指出文化作为意识形态,借助于意识和语言而存在,文化是人类特有的现象和符号系统,文化就是人化,人的对象化或对象的人化,起源于人类劳动。

上述各种定义都是学者从自己的学术立场和观察角度出发来界定文化的,可以说是仁者见仁,智者见智,互有长短。但是,各种解释之间并不是互相排斥的,而是互相补充的。综合各种定义的内在统一点,可以给出如下的文化定义。

文化是一系列习俗、规范和准则的总和,起着规范、导向和推动社会发展的作用。

(二) 文化的要素

1. 精神要素

精神要素即精神文化,它主要指哲学和其他具体科学、宗教、艺术、伦理道德以及价值观念等,其中尤以价值观念最为重要,是精神文化的核心。价值观念是一个社会的成员评价行为和事物以及从各种可能目标中选择合意目标的标准。这个标准存在于人的内心,并通过态度和行为表现出来。它决定人们赞赏什么,追求什么,选择什么样的生活目标和生活方式。同时价值观念还体现在人类创造的一切物质和非物质产品之中。产品的种类、用途和式样,无不反映着创造者的价值观念。

2. 语言和符号

语言和符号在人类的交往活动中起着沟通的作用,是文化积淀和贮存的手段,人类只有借助语言和符号才能沟通,只有沟通和互动才能创造文化。能够使用语言和符号从事生产和社会活动,创造出丰富多彩的文化,是人类特有的属性。

3. 规范体系

规范是人们行为的准则,有约定俗成的,如风俗等,也有明文规定的,如法律条文、群体组织的规章制度等。各种规范之间互相联系,互相渗透,互为补充,共同调整着人们的各种社会关系。规范规定了人们活动的方向、方法和式样。规范是人类为了满足需要而设立或自然形成的,是价值观念的具体化。规范体系具有外显性,了解一个社会或群体的文化,往往是先从认识规范开始的。

4. 社会关系和社会组织

社会关系既是文化的一部分,又是创造文化的基础。一个社会要建立诸多社会组织来保证各种社会关系的实现和运行,家庭、工厂、公司、学校、教会、政府、军队等都是保证各种社会关系运行的实体。社会组织包括目标、规章、一定数量的成员和相应物质设备在内,既包括物质因素又包括精神因素。社会关系和社会组织紧密相连,成为文化的一个重要组成部分。

5. 物质产品

经人类改造的自然环境和由人创造出来的一切物品,如工具、器皿、服饰、建筑物、水坝、公园等,都是文化的有形部分。在它们上面凝聚着人的观念、需求和能力。

(三) 文化的一般特征

(1) 文化是人类社会共同生活过程中衍生出来或创造出来的。自然存在物不是文化,只有经过人类有意无意加工制作出来的东西才是文化。

(2) 文化是后天习得的。文化不是天生的,而是后天学来的。人的观念、知识、技能、习惯、情操等都是后天学来的,是社会化的产物。凡文化都是通过学习得到的,不需要学习的先天遗传本能不是文化。

(3) 文化是共有的。文化是一个群体或社会全体成员共同享有的,个别人的特殊习惯和行为模式,不被社会承认的不能成为这个社会的文化。

(4) 文化是一个连续不断的动态过程。任何社会的文化都是同这个社会一样长久的,是长期积累而成的,并且还在不断地积累下去,是一个无尽无休的过程。文化都是从前一个阶段或时期继承下来并增加了新的内容。文化既是一定社会、一定时代的产物,又是一份社会遗产。

(5) 文化具有多样性与共同性。文化的多样性是由于文化都是具体的、特殊的,因此无论从纵向历史角度看,还是从横向空间角度看,世界各个时期、各个地域和民族的文化都是不同的而且差异很大。现实社会只有具体的文化,如中国的儒教文化、印度的佛教文化、西方的基督教文化和阿拉伯伊斯兰教文化等。文化的多样性及其多元发展是历史的必然趋势,也是世界上不同类型的文化相互借鉴,取长补短,进而走向共同繁荣的必经之路。

文化的共同性是寓于其多样性之中的,是客观存在的。美国学者默达克在《社会结构》一书中,归纳了70余种共同点是存在于各种文化之中的。虽然在具体形式上有区别,但这些原则是共同的。由于文化具有共性,所以世界各种文化之间才可以交流,才能沟通,才能促进本民族文化的发展。

二、企业文化的含义

企业文化是企业的核心竞争力之一,是企业持续发展的重要力量源泉。核心竞争力的基本特征在于它是竞争对手难于模仿的、异质性的和有价值的能力,企业文化恰恰可以满足企业核心竞争力的这些基本特征。卓越的企业文化是企业基业常青的基础,这些基本上成为各企业的共识,对于企业文化的关注与研究是现代商业竞争和发展的必然。因此,企业文化的建设也风生水起、方兴未艾。

那么,企业文化是什么呢?

美国学者约翰·P. 科特和詹姆斯·L. 赫斯克特认为，企业文化"是指一个企业中各个部门，至少是企业高层管理者们所共同拥有的那些企业价值观念和经营实践……是指企业中一个分部的各个职能部门或地处不同地理环境的部门所拥有的那种共同的文化现象"。

特雷斯·E. 迪尔和阿伦·A. 肯尼迪认为，企业文化是"价值观、英雄人物、习俗仪式、文化网络、企业环境。"

威廉·大内认为，企业文化是"进取、守势、灵活性——即确定活动、意见和行为模式的价值观"。

中国的一些学者从广义和狭义两个方面来理解企业文化。广义的企业文化是指企业所创造的具有自身特点的物质文化和精神文化；狭义的企业文化是企业所形成的具有自身个性的经营宗旨、价值观和道德行为准则的综合。

综上所述，我们将企业文化定义如下。

企业文化是指一个企业在运行过程中形成的，并为全体成员普遍接受和共同奉行的理想、价值观念和行为规范的总和。

和谐的企业文化是企业在经营管理过程中创造的具有本企业特色的精神财富的总和，对企业成员有感召力和凝聚力，能把众多人的兴趣、目的、需要以及由此产生的行为统一起来，是企业长期文化建设的反映。企业文化一旦形成，它将对企业产生巨大的影响，对企业经营目标的实现和企业的生存发展发挥着重要作用。

【案例 5-1】 松下的企业文化

松下公司是世界 500 强企业之一，于 1918 年 3 月成立，1932 年 5 月 5 日确定每年 5 月 5 日这一天为公司创业纪念日，并定下了松下 250 年的长远规划，每 25 年为一个周期。

松下公司的创始人松下幸之助是宗教信徒，他把宗教思想贯穿于企业经营之中，使企业获得极大成功。松下在一个很偶然的机会，由朋友带路去佛庙拜佛，他看到信徒们不计任何报酬，认认真真地在庙里打扫卫生，虔诚无比，向每一个来拜佛的人致谢。内心产生极大的震撼，他领悟到了，消除贫困是人类的事业，而生产就是企业的使命，修企业的"戒、定、慧"，为人类共存共荣。他决心，要以拜佛的诚心来领导、指引员工。

在佛教中，佛渡的是有缘人，在松下，无责任感的人被企业视为无缘的人，不能够与企业的发展共存共荣，由此理念，松下公司培养了一大批具有责任感的企业经营者。在谈到如何管理、经营企业时，松下说："当有员工 100 人时，我必须站在员工的最前面，身先士卒，发号施令；当员工增至 1 000 人时，我必须站在员工的中间，恳求员工鼎力相助；当员工达到 1 万人时，我只要站在员工的后面，心存感激即可；如果员工增至 5

万~10万人时,除了心存感激还不够,必须双手合十,以拜佛的虔诚之心来领导他们。"随着企业经营规模的扩大,必须靠一种精神力量来统治、管理一个企业,这就是企业文化。松下公司十分注重企业文化,依靠这种文化,松下公司与世界知名的飞利浦、西门子公司并称为世界三大电器公司。

松下公司的经营者们,每当新入公司的员工进行培训时,都说这样一句话:"松下公司是制造人才的地方,也同时制造产品,但在制造产品之前先培育人才。"有这么一个故事可以说明松下公司的用人观:有一次,松下公司招聘推销人员,经过笔试、面试,在几百名中优选出10名,但当松下查看成绩时,发现面试时的一名很优秀的应试者未在其中,原来是计算机统计时出了差错,松下立即吩咐纠正错误,给这位应聘者补发了录取通知书。但第二天,松下接到了一个惊人的消息:那位迟收到录取通知书的应聘者,已因失望而自杀。松下听说后,沉默很久。助手在旁边自言自语地说:"可惜了我们未录取到这么有才华的人才。"松下摇摇头说:"幸亏我们公司没有录取他,此人的意志如此不坚强是干不成大事业的。"我们可以看出松下对人才的评价,不止局限于才能方面,意志也是十分重要的。由此形成了松下的用人观:意志、能力、道德。

资料来源:申杰. 北京人才市场报,2008-05-23

想一想:这个案例给你的启示是什么?

三、企业文化的特征

(一)范围性

文化具有范围性,文化总是相对于一定范围而言。我们所指的企业文化通常是企业员工所普遍认同的部分。如果只是企业领导层认同,那么它只能称为领导文化;如果只是企业中某个部门中的员工普遍认同,那么它只能称为该部门的文化。依据认同的范围不同,企业中的文化通常可以分为领导文化、中层管理者文化、基层管理者文化,或部门文化、分公司文化、子公司文化、企业文化等。

(二)实践性

每个企业的文化都是在长期实践基础上,通过有目的的实践活动有意识地培养起来的。离开了企业的实践,就不可能有企业文化。企业的实践是企业文化产生发展以及不断丰富的源泉。实践性的含义还在于企业文化不是空洞的口号,而是要付诸实践的价值观和信仰体系。不结合企业实际的文化,只是一种文化形式;不能够指导企业实践的文化,只是一种文化理念;不能够与企业实际有机结合起来的文化,肯定是没有生命力的文化。这一点，担负着企业文化建设重要使命的管理者要特别注意。有些企业文化没有生命力，发挥作用不突出的重要原因之一是与企业的实践脱离。

（三）目的性

企业文化具有鲜明的目的性，要紧紧围绕企业自身为其终极目标服务。这是因为：第一，企业文化与该企业生存发展同生死、共存亡；第二，企业文化的形成与实践的主体是该企业的员工，员工的切身利益与企业盈利性程度息息相关。因此，不利于企业发展的文化在企业无立锥之地，纵使外来文化的干扰影响，也没有太多的市场。当然，当具体的某个企业目的与社会发展目标相悖时，企业的目的性必须作出适当的调整和修改。例如，企业文化必须适应环境文化，企业分配制度要适应于现行国家推行的分配体制的总格局等。

（四）社会性

企业植根于社会，属社会经济活动的一个细胞。细胞依附肌体而生存。企业文化属于社会文化的一个组成部分并且与社会文化紧密相连，它们之间相互产生影响。企业文化有自己独特的个性，但在社会大文化背景下，处于绝对的从属地位，脱离社会文化的企业文化没有生存的可能，与社会文化背道而驰的企业文化必然遭到取缔。

（五）普遍性与差异性

有企业就有企业文化，这是不以人的意志为转移的客观规律。企业作为法人，就具有拟人性，不仅表现在承担民事权利义务与责任这个主要方面，还表现在自己的经营思想、经营理念、组织形式、管理制度和经营目标等方面。企业文化的这些内容对于企业都具有运用的普遍性，但对不同的企业来说，企业文化具有差异，甚至千差万别。差别在于不同的企业文化用不同的方式、方法来凝聚企业；差别还在于企业处于不同行业、生产不同产品、针对不同服务对象等，因此不同企业具有不同的企业文化。

（六）可塑性

企业从整体和长远的利益出发，积极倡导新价值观念、新道德观念和行为规范，使企业文化不断的更新，这是可塑性的表现之一。那么企业文化的个性除具有行业特点外，往往与企业领导人的个性特点及本人素质休戚相关，甚至从某种意义上说企业领导者的特点就是企业精神的一个象征。由于企业领导是不断变化的，这也影响着企业文化的不断变化，这是可塑性的另一个表现。

（七）共识性

企业文化代表企业共同的价值判断和价值取向，即多数员工的共识。当然，共识通常是相对而言的。在现实生活中,通常很难想象一个企业所有员工都只有一种思想、一个判断。由于人的素质参差不齐,人的追求呈现多元化,人的观念更是复杂多样,因此,企业文化通常只能是相对的共识,即多数人的共识。

四、企业文化的功能

研究企业文化,其目的是利用企业文化为企业的生存与发展发挥作用。那么,企业文化到底有些什么功能呢?

(一)导向功能

所谓导向功能就是通过它对企业的领导者和职工起引导作用。企业文化的导向功能主要体现在两个方面,即经营哲学和价值观念的指导。经营哲学决定了企业经营的思维方式和处理问题的法则,这些方式和法则指导经营者进行正确的决策,指导员工采用科学的方法从事生产经营活动。企业共同的价值观念规定了企业的价值取向,使员工对事物的评判形成共识,有着共同的价值目标,企业的领导和员工为着他们所认定的价值目标去行动。企业目标代表着企业发展的方向,没有正确的目标就等于迷失了方向。

(二)约束功能

企业文化对企业员工的思想、心理和行为具有约束和规范作用。企业文化的约束不是制度式的硬约束,而是一种软约束,这种约束产生于企业的企业文化氛围、群体行为准则和道德规范。群体意识、社会舆论、共同的习俗和风尚等精神文化内容,会造成强大的使个体行为从众化的群体心理压力和动力,使企业成员产生心理共鸣,继而达到行为的自我控制。

(三)凝聚功能

企业文化以人为本,尊重人的感情,从而在企业中造成了一种团结友爱、相互信任的和睦气氛,强化了团体意识。企业文化的凝聚功能是指当一种价值观被企业员工共同认可后,它就会成为一种黏合力,从各个方面把其成员聚合起来,从而产生一种巨大的向心力和凝聚力。

(四)激励功能

共同的价值观念使每个职工都感到自己存在的价值,自我价值的实现是人的最高精神需求的一种满足,这种满足必将形成强大的激励。在以人为本的企业文化氛围中,领导与职工、职工与职工之间互相关心、互相支持。特别是领导对职工的关心,职工会感到受人尊重，自然会振奋精神，努力工作。另外，企业精神和企业形象对企业职工有着极大的鼓舞作用，特别是企业文化建设取得成功，在社会上产生影响时，企业职工会产生强烈的荣誉感和自豪感，他们会加倍努力，用自己的实际行动去维护企业的荣誉和形象。

（五）调适功能

调适就是调整和适应。企业各部门之间、职工之间，由于各种原因难免会产生一些矛盾，解决这些矛盾需要各自进行自我调节；企业与环境、与顾客、与企业、与国家、与社会之间都会存在不协调、不适应之处，这也需要进行调整和适应。企业哲学和企业道德规范使经营者和普通员工能科学地处理这些矛盾，自觉地约束自己。完美的企业形象就是进行这些调节的结果。

（六）品牌功能

企业在公众心目中的品牌形象，是一个由以产品服务为主的"硬件"和以企业文化为主的"软件"所组成的复合体。优秀的企业文化，对于提升企业的品牌形象将发挥巨大的作用。独具特色的优秀企业文化能产生巨大的品牌效应。无论是世界著名的跨国公司，如"微软"、"福特"、"通用电气"、"可口可乐"，还是国内知名的企业集团，如"海尔"、"联想"等，他们独特的企业文化在其品牌形象建设过程中都发挥了巨大作用。品牌价值是时间的积累，也是企业文化的积累。

谈到品牌和企业文化，人们又会问到它们两者之间的差别。其实，品牌与企业文化的差别很简单，即品牌是属于客户、属于消费者的，而文化是属于员工的，企业文化是企业品牌的基础和内涵，企业品牌是企业文化的外在识别和表现。

【案例 5-2】　　　　企业文化对经营业绩的作用

美国兰德公司、麦肯锡公司、国际管理咨询公司的专家通过对全球优秀企业的研究，得出的结论认为：世界 500 强胜出其他公司的根本原因，就在于这些公司善于给他们的企业文化注入活力，这些一流公司的企业文化同普通公司的企业文化有着显著的不同，他们最注重四点：一是团队协作精神；二是以客户为中心；三是平等对待员工；四是激励与创新。凭着这四大支柱所形成的企业文化力，使这些一流公司保持百年不衰。

企业文化对企业长期经营业绩有重大作用，这个作用不是促进，而是直接提高。美国知名管理行为和领导权威约翰·科特教授与其研究小组，用了 11 年时间，研究企业文化对企业经营业绩的影响，结果证明：凡是重视企业文化因素特征（消费者、员工、股东）的公司，其经营业绩远远胜于那些不重视企业文化建设的公司。考察结论如表 5-1 所示。

表5-1　重视企业文化与不重视企业文化公司的经营业绩对比

项　目	重视企业文化的公司	不重视企业文化的公司
总收入平均增长率	682%	166%
员工增长	282%	36%
公司股票价格	901%	74%
公司净收入	756%	1%

想一想： 为什么企业文化对企业经营业绩的作用不是促进，而是直接提高？

第二节　企业文化的结构、内容和类型

一、企业文化的结构

良好的企业文化能健全企业内部组织结构，加强企业的内部治理，促进企业经营思想的提升，推动企业发展。目前管理学界对企业文化结构的划分基本趋向一致，即把企业文化分为四个层次。

（一）物质层文化

它是由企业员工创造的产品和各种物质设施等构成的器物文化，包括商品与服务、技术与设备、企业环境与外部形象。物质层文化是企业文化的表层。

企业生产的产品和提供的服务是企业物质文化的首要内容。其次是企业创造的生产环境、企业建筑、企业广告、产品包装与设计等，它们都是企业物质文化的主要内容。

（二）制度层文化

它是指企业为实现自身目标对员工的行为给予一定规范的文化，包括企业领导体制、企业组织机构和企业管理制度。

企业领导体制的产生、发展、变化，是企业生产发展的必然结果，也是文化进步的产物。企业组织机构是企业文化的载体，包括正式组织机构和非正式组织机构。企业管理制度是企业在进行生产经营管理时所制定的、起规范保证作用的各项规定或条例。上述三者构成企业制度文化。

如果说企业物质文化是企业文化的最外层，那么制度层为企业文化的幔层，或称第二层。

（三）行为层文化

它是指企业员工在生产经营和学习娱乐中产生的活动文化，它包括企业经营、教育宣传、人际关系活动、文娱体育活动中产生的文化现象。它是企业经营作风、精神面貌、人际关系的动态体现，也是企业精神、企业价值观的折射。

这是企业文化的第三层，距离企业文化的核心和本质大大地近了一步，和企业文化的核心具有直接的互动互指关系。

（四）精神层文化

它是指企业在生产经营过程中形成的一种精神成果和文化观念，包括企业精神、经营哲学、企业道德、企业风貌和企业价值观。

企业精神文化是一种更深层次的文化现象，在整个企业文化系统中，它处于核心的地位。它包括企业价值观、企业精神、企业经营哲学、企业道德、企业风貌等内容，是企业意识形态的总和。它是企业物质文化、行为文化的升华，是企业的上层建筑。

企业文化是企业的灵魂，价值观是企业文化的核心。共同的价值观处于核心的位置，是一个公司成功的核心。价值观是企业文化的本质，是企业文化决定性因素，是全部企业文化的源泉，也是企业文化结构中最稳定的因素。企业文化层结构如图 5-1 所示。

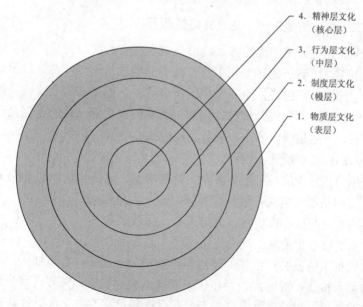

图 5-1　企业文化层结构示意图

二、企业文化的内容

（一）企业精神——企业文化的灵魂

企业精神是企业文化中的本质要素，是企业员工的集体意识，它反映了企业员工集体志向的决心和追求。企业精神也是企业文化中的决定性要素，它决定其他企业文化要素的性质。例如它可以使企业价值观、企业信念、企业经营哲学等是上进、乐观、积极、开拓的，也可以使它们是退缩、悲观、消极、封闭的。因此，企业精神影响到企业文化的性质，使企业文化表现为两重性。

企业精神还有一个重要特点是：表现形式简明扼要，语言精练、恰当，富有动员性，有时候可用一句口号表示。下面是国内外一些著名企业的企业精神。

海尔的企业精神：追求卓越，永不满足。

联想的企业精神：个人与企业同步发展。

蒙牛的企业精神：学习沟通、自我超越。

IBM 的企业精神：IBM 就是服务。

诺基亚的企业精神：科技以人为本。

沃尔玛的企业精神：低价销售、保证满意。

（二）企业价值观——企业文化的基石

由于文化是人类的生活方式，而只有那些有益的、有价值的生活方式才可能在群体中反复出现，因而价值在文化中具有核心的地位。同样，企业价值观在企业文化中也起着核心的作用。可以说，企业文化的所有内容，都是在企业价值观的基础上产生的，都是在不同领域的体现或具体化。因此，许多研究企业文化的人把企业价值观称为企业文化的基石。下面是国内外一些著名企业的核心价值观。

海尔的核心价值观：创新。

联想的核心价值观：服务客户、精准求实、诚信共享、创业创新。

TCL 的核心价值观：创中国名牌，建一流企业。

新华保险的核心价值观：立信于心，尽责至善。

方太的核心价值观：产品、企品、人品三品合一。

微软员工的核心价值观：诚实和守信；公开交流，尊重他人，与他人共同进步；勇于面对重大挑战；对客户、合作伙伴和技术充满激情；信守对客户、投资人、合作伙伴和雇员的承诺，对结果负责；善于自我批评和自我改进、永不自满等。

（三）企业目标——企业文化的指示灯

企业目标就是企业的灯塔。何为企业目标？简单地说，企业目标是以企业经营目标形式表达的一种企业观念形态文化。

在企业实践中，企业目标作为一种意念、一种符号、一种信号传达给全体员工，其主旨在于以一种目标的形式，引导全体工作人员通过努力，把这个看不见、摸不着的预期抽象变成实在的成果。

下面是几个企业的企业目标。

TCL的企业目标：创全球名牌、建国际企业。

海尔的企业目标：创造中国的世界名牌。

格兰仕的企业目标：为人类创造财富。

长虹的企业目标：产业报国，民族昌盛。

（四）企业伦理道德——企业文化的行为规范

企业道德同样是企业文化的一种反映。企业道德可以分为两部分：一部分是企业对于企业成员的道德，另一部分是企业对于整个社会的道德。企业道德是社会道德的一部分，受社会道德的制约，同时它又对社会道德产生反作用。当一个企业树立起与社会道德相应的道德时，这个企业的行为规范就有了标准，从而才能和谐地协调企业内外部的各种关系。企业道德并没有强制性的约束力，但是具有强大的舆论约束力，因而企业道德在企业文化建设中起着重要的作用。

下面是几个企业的伦理道德。

海尔的企业道德观：真诚到永远。

联想的企业道德观：诚信为本——取信于用户、取信于员工、取信于合作伙伴。

联想的信誉观：宁可损失金钱，绝不损失信誉；生意无论大小，一律一视同仁；待人真诚坦率，工作精益求精；光明正大干事，清清白白做人；勤勤恳恳劳动，理直气壮赚钱。

（五）企业制度——企业文化的准则

企业制度文化乃是企业在长期的生产、经营和管理实践中生成和发育起来的一种文化现象。它既是企业为实现其盈利目标，要求其成员共同遵守的办事规程等，又是处理其相互之间生产关系的各种规章制度、组织形式的行为准则、行为规范。它在实践上表现为带强制性质的义务。

（六）企业民主——企业文化的感情因素

企业民主，即企业活动中企业员工的民主意识和主人翁意识，同时也是企业管理的一种制度。美国很多公司都极其重视企业民主,他们把员工视为同伙人,尊重他们,给予他们尊严,这就大大增强了企业员工的主人翁意识。松下公司老板把员工看得比自己伟大。美国的 RMI 公司总经理把大部分时间花在跟员工打招呼、开玩笑、听他们说话,而且还给两千多名员工起昵称。正是由于他尊重员工,重视民主,所以曾三年未投资分文,却挽救了几乎80%的损失。

(七)企业文化活动——企业的功能文化

企业文化活动,总的来说,作为企业的功能文化,有如下三个特点。

第一,功能性。不论是哪种形式的文化活动,一般来说,都是为了发挥其特定功能而进行的,并不是因为哪种形式的文化活动与其特殊的企业生产有必然的、内在的联系。

第二,开发性。这包括三个具体内容:一是开发生活,拓展人的生活空间,丰富人的生活内容,增添人的生活乐趣,美化人的生活、心理、文化环境。二是开发人的素质,包括人的体质、智力、脑力以及道德情操、价值追求、品质修养等。三是生产、技术、工艺、产品等的开发。

第三,社会性。企业内搞的各种功能性文化活动,本身即带有共性,是社会各企业、事业单位、学校、团体等都可以搞的"通用件"(专业技术培训等例外)。另一方面,他们又可通过这些功能性文化活动,同社会各界加强联系,相互交流资讯,提高企业的社会声望;同时,在与社会各界日益增多的接触中,亦可更多地了解用户、消费者对本企业产品、服务的意见和要求,提高产品(服务)质量,促进企业生产经营的发展。

(八)企业形象——企业文化的无形资产

企业形象是指企业文化的综合反映和外部表现。它主要通过企业形象的有形要素,包括产品及其包装、生产经营环境、生产经营业绩、社会贡献、员工形象等体现。企业形象是企业文化的一个主要的因素,它在企业内部有凝聚和激励作用,在企业外部有吸引和辐射作用。

企业形象的形成是一个渐进的复杂过程,也是企业通过各种传播媒介与社会公众相互沟通、相互影响的过程。它一旦形成,一般不会轻易改变,企业有可能通过自身的努力,改变公众对企业过去的旧印象和评价。

(九)团队意识——企业文化的集中体现

团队意识,对于企业来说,是至关重要的。在企业里,只有优秀的团队,没有完美的个人。发展企业文化,要增强人们的团队意识,从而改变人们原来只从个人单体角度考虑问题的思维定势,建立价值体系的思维和行为模式,从而潜意识地对企业产生出一种强烈的向心力,强化人们的整体意识、集体观念。

具有强烈团队意识的企业成员,会对企业所承担的社会责任和企业目标有深刻的理解,自觉地调节个人行为,使自己的思想、感情和行为与企业整体相联系。这样,企业的各项工作就能有机地联系起来,整个企业就能有节奏地运行。

由此可见,团队意识的功能和作用,首先表现为企业这个整体的一种集体力,即 1+1>2 的结合力,或叫"系统效应"。其次,它表现为企业全体成员的向心力、凝聚力,"心往一处想,劲往一处使",真正把自己看成是企业的一部分。再次,归属感。以自己作为企业的一员而自豪,并以此为自己全部生活、价值的依托和归宿。最后,安全感。每个员工都深深体会到这个企业是我获得基本生活保障和立命安身之所时,这种团队意识便成了一种安全感意识。

小看板

强生公司的企业价值观

(1) 首先应对医生、护士和病人负责,对使用企业产品的母亲和其他一切人负责。
(2) 为满足他们的需要所做的一切应该是高质量的。
(3) 必须不断努力降低成本以保证合理的价格。
(4) 必须为顾客的订货提供迅速无误的服务。
(5) 必须给分销商和代理商以获得合理利润的机会。
(6) 对自己的员工、对那些在世界各地工作的男男女女负责。
(7) 要把每一个人都作为一个独立的个人来对待。
(8) 必须尊重他们的人格,承认他们的优点。
(9) 应使他们对自己的工作有安全感。
(10) 员工应有提出建议与批评的权利。
(11) 对于合格的人,在雇佣、发展和晋升方面应当机会均等。
(12) 应有称职的管理者,他们的行为应当公道,合乎道德标准。
(13) 对自己生活和工作在其中的社会以及国际社会负责。
(14) 应做个"好公民"——支持有益的事业和慈善事业,并承担应尽的纳税义务。
(15) 应促进公民素质的提高和卫生与教育的改良。
(16) 应爱护有权使用的财产、保护环境和自然资源。
(17) 应对股东负责。
(18) 经营应有优厚利润。
(19) 应试验新法。

(20) 应当进行研究，实行革新，并从错误中吸取教训。

(21) 应当添置新设备，增加新设施，推出新产品。

(22) 建立储备以应不时之需。

(23) 只要按照这些原则行事，股东们就有相当的效益。

三、企业文化的类型

企业文化可以从各种不同的角度去研究、划分，从而得出各种不同的企业文化类型。

（一）按照企业文化促进企业经营业绩增长的具体情况来划分

美国哈佛大学商学院的约翰·P. 科特和詹姆斯·L. 赫斯克特两位教授出版了他们的专著《企业文化与经营业绩》一书，认为企业文化对企业的长期经营业绩有着重要的影响，并且预言：企业文化很可能成为决定企业兴衰的关键因素。他们按照企业文化促进经营业绩增长的具体情况，将企业文化分成三种类型：强力型企业文化、策略合理型企业文化、灵活适应型企业文化。

1. 强力型企业文化

"强力型理论"阐释了企业文化中价值观念和企业规范在调整、激励、管理一个企业部门员工中的某种作用。

在这类企业中，企业文化力量与企业经营业绩相联系，在理论逻辑上有三个基本点：（1）在强力型企业中，全体员工目标一致，方向明确，步调一致，形成了夺取经营业绩的强大合力。（2）价值观念牢固一致，使员工觉得大家是志同道合的一群，容易产生自愿工作或献身企业的心态，这是夺取经营业绩的力量源泉。（3）价值观念驱动，可以避免官僚主义的依赖，促进了企业经营业绩的增长。

这一理论观点的重要性有三点：（1）它率先将企业文化与长期经营业绩相联系。（2）它说明了强力型企业文化对企业目标管理、企业活力和企业经营管理的巨大作用。（3）它引起了人们对这一问题的极大关注。"强力型理论"举出的实际例证都是一些美国公司，如联网计算公司（即坦德计算机公司）、西北互利保险公司，还有名气最大的IBM 公司。

2. 策略合理型企业文化

所谓策略合理型企业文化，就是企业的企业文化不但与企业环境相适应，而且还和企业所处的行业要求相适应。如出租车企业应该有出租车的企业文化，高科技企业应该有高科技的企业文化。它的逻辑前提是从"适应性"的角度，即适应还是不适应行业环境的角度，来谈企业文化的强与弱。而不是从"一致性和牢固性"的角度来谈企业文化。

所使用的关键概念,就是"适应性"的概念。与企业经营业绩相关联的企业文化,必须是与企业环境、企业经营策略相适应的文化。企业文化适应性越强,企业经营业绩成效越大;而企业文化适应性愈弱,企业经营业绩就愈小。

"策略合理型理论"进行逻辑论证的基本点是:(1)公司所在行业不同,业绩经营内容不同,企业文化建设的策略也就应该不同。大众化的服装公司的企业文化,不仅不适合高科技公司,而且也不适合于生产经营高档服装的公司。(2)企业文化好不好,会不会创造出优异的经营业绩,不能抽象地下结论,要看它是否适应企业本身及其行业环境的状况。

3. 灵活适应型企业文化

灵活适应型企业文化模式揭示了企业文化中某些特定具体的价值观念和行为方式可以推动一个企业和它的企业文化进行改革。"灵活适应型理论"的逻辑前提,是把企业文化分为"对市场环境适应程度高的企业文化"(可以简称"改革型或革新型文化")和"对市场环境适应程度低的企业文化"(可简称为"保守型文化")。它和"策略合理型理论"的不同之处在于,一是强调所要适应的对象是"市场"环境,而不是"行业"环境;二是强调企业以及企业文化本身要不断革新,而不是死守抽象的所谓"策略合理"的文化规范。

"灵活适应型理论"推崇的"革新型企业文化"的实际典范,主要有美国数字设备公司和美国3M公司的企业文化。

(二)根据企业内和睦交往和团结程度来划分

我国学者根据企业内和睦交往和团结的程度来划分,将企业文化分成四种文化类型:网络型企业文化、利益型企业文化、分裂型企业文化、俱乐部型企业文化。

1. 网络型企业文化

网络型企业文化基本表现为:企业内高度和睦交往,低度团结一致。员工们有时就像一家人,他们常常驻足在门厅里谈话,互相参加婚礼庆典、庆祝晚会,共进午餐甚至晚餐,连居所可能都很近。在开会讨论问题之前,朋友们或友人小集团就已弄明白有关那些问题的决策。这种非正式的方式可以给组织以灵活性,是避免官僚主义的一种好办法。

同时由于网络型企业的团结一致程度低,因此意味着管理人员在行使职能或使公司协同工作时往往会遇到麻烦;其次,非正式组织往往使组织内政治气氛很浓,以至于其中的个人和小集团要花很多时间去完成他们自己的计划。此外,因为几乎没有对共同业务目标的奉献精神,网络型企业的员工经常对绩效标准、工作程序、规则和制度有不同看法。

由于和睦交往的关系需要用相当长的时间才能建立起来，所以，几乎没有哪个企业从建立之初就处于网络型企业文化，许多企业都是从其他类型的文化逐步发展到网络型企业文化的。一般来说，网络型企业的员工经常对绩效标准、工作程序、规则和制度有不同的看法。因此，这并不是一种对实现企业目标特别有利的企业文化。

2．利益型企业文化

利益型企业文化基本表现为：低度和睦交往，高度团结一致。利益型企业很少有在门厅里聚会恳谈的现象，大家都围绕一个明确的目标而努力工作，企业内几乎所有的交流沟通都是针对商务问题，员工们将工作与生活明显区分开来，并且通常不能容忍低劣的工作绩效。这种高度团结一致的企业文化使企业能够对出现的市场机会或威胁作出迅速、一致的反应，保证企业抓住机会，避免危机。

但是，利益型社团也有其不足之处。一心追逐特定目标的员工们往往应强制性要求才去进行协作、分享信息、交流新的想法。根据利益型企业的特点，当企业所处竞争环境清晰，企业目标明确，或企业经营环境发生迅速而剧烈的变化时，比较适合采用这种文化方式。

3．分裂型企业文化

分裂型企业文化基本表现为：低度和睦交往，低度团结一致。

其最明显的特点就是员工表现出较低的企业成员意识。他们通常认为只是在为自己工作。在工作行为上，分裂型企业成员多喜欢独自闭门工作，与同事之间的交往极少；相互之间很少就组织目标、成功的关键要素以及工作绩效标准达成共识，企业内和睦程度很低。

分裂型企业听起来像是一种非常恶劣的办公场所，管理人员都不愿意为一个分裂型企业工作，但是，的确存在着要求建立这种文化甚至是受益于这种文化的情况。

研究发现，在工作本身几乎不存在相互依赖关系，工作主要由个人而不是小组完成，通过控制投入就能达标，个人之间几乎没有互相学习的机会等几种情况下，分裂型企业能够成功运作。如在高度依赖付酬换取外部计件工作的制造企业中，在专业组织（如咨询机构、法律事务机构）中，在在家办公、移动办公等已经虚化了企业形式的组织中，都有成功的例证。

4．俱乐部型企业文化

俱乐部型企业文化基本表现为：高度和睦交往，高度团结一致。在俱乐部型企业中，员工都表现出强烈的组织意识和成员意识，如在苹果公司初创时，员工们欣然将自己视为苹果人。这种企业的组织生命不时被具有强烈宗教仪式意义的社会活动所强化；员工们往往是风险共担，利益共享，而且对竞争的认识非常清晰。

在企业初创阶段,由于人们目标一致程度非常高,比较容易表现出俱乐部型文化;在成熟企业中,员工们共事多年建立了友谊和共同的利益目标,也可能建立起俱乐部型文化。事实上,在企业生命周期的任何阶段都可以发展为俱乐部型文化。

许多管理人员将俱乐部型文化视为理想。但是,高度和睦与高度团结并不一定能产生最佳效果,在和睦交往与团结一致之间可能存在着一种固定的张力,它使得俱乐部型企业有一种天生的不稳定性。

从上文可知,四种类型的文化并没有明显的好坏之分,它们各有优劣,因此也各有各的适应场所。对于企业管理人员而言,关键是要弄清楚自己的企业处于什么样的环境,需要建立起什么样的企业文化,如果当前的企业文化类型与面临的经营环境不适应,那么就应该想办法破旧立新。

 小看板

中西方企业文化价值观体系的差别

在中西方思维差别的影响下,中西方价值观体系有明显的差别。价值观就是在我们这里什么是对的、什么是错的;什么是应该、什么是不应该的判断标准。价值观体系一般包括了价值基础、价值目标、实施途径和约束机制四个方面。我们将中西价值观进行分类,价值基础是"个人主义和集体主义",价值目标是"物质主义和精神主义",实施途径是"科学主义和德化主义",约束机制是"法治主义和人治主义",以下我们就按照这种分类法对中西价值观体系的差别进行介绍。

一、个人主义与集体主义

西方人对于个人与集体的思维是侧重于从个人来看集体,他们认为集体是由个人组成的,因此关注重点在个人向上,强调个人的作用、能力、奋斗、拼搏等,因此个人英雄主义是西方价值观的一个重要组成因素。只要有机会能够展示自己的能力,美国人就会第一个去争取,冠军与破记录几乎是美国人的词。而中国的思维体系强调的是集体主义,习惯从集体来分析个人,个人只不过是集体中的一个组成部分而已。在这种思维的影响下,"枪打出头鸟"、"人怕出名猪怕壮"、"我是一块砖,哪里需要哪里搬"的思想长期指导着中国人的管理行为,从而形成了一种"低调、务实"的文化倾向。在这种价值观的影响下,西方人关心的是自己怎么看,而中国人关心的是别人怎么看。

二、物质主义与精神主义

西方人对于物质需求一直都是认为天经地义的,追求利益是社会发展的需要,也是个人价值的体现,因此追求卓越的价值观是社会认同的标准。因此富人在社会得到尊重,没有必要进行掩盖。而中国人向来认为商人"重利轻义",因此不提倡强调物质利益而提倡文化人,强调人的追求是通常自我修身从而达到无我境界,因此禁欲可以说是中国文化的一个主要特点。"知足常乐"、"不求有功但求无过"、"小富即安"的思想使得中国企业长期缺乏发展的思想动力。

三、科学主义与德化主义

西方人提倡科学与理性,对于事物的分析都是建立在科学的、逻辑的、分析的思维基础上,对什么是对、什么是错的分辨很清楚,没有太多模糊不定的说法,对他们而言,"对"就是"对","错"就是"错",很容易分辨,提倡结果导向,就事论事。但中国人却强调"天人合一",期望通过自身的内化修炼而达到价值的目标,"独善其身"、"修身、齐家、治国、平天下"是这种价值观的代表。所以中国人很感性,什么事情却是"不一定","对"有时候不一定"对","错"也不完全就是"错",因为还要考虑时间、地点、背景等,特别是要讲究面子问题,所以管理思维的"度"很难把握。但德化教育的境界太崇高了,以至没有太多操作性。中国人的幸福观某种程度上就是伦理观,幸福等于道德了。

四、法治主义和人治主义

中西方对于人性的假设是不一样的,西方主要假设人性是恶的,所以强调法律对人的行为进行规范。他们强调法治社会的建立,一切运作的基础是法律,因此人们之间的关系是一种契约型的关系,按章办事,市场原则是主要的价值倾向。而中国文化侧重人性是善的,因此人是可以教化的,可以被感悟的。人治所关注的就是人们之间的和谐,因此关系、面子对于相对法律、市场而言更为重要,在中国做生意不懂关系原则是处处艰难,可以说是"门门有派别,人人归圈子"。三纲五常的价值观形成了等级观念、长官意志等观念。

随着中国与国际市场的接轨深度及广度的不断强化,中国企业在企业文化的内涵、深度和广度需要不断加强和提升,以适应新的市场发展需要,我们称为企业文化因素的补强。

中国企业文化需要补强的因素主要有以下方面。

能力主义:要提倡建立基于能力的企业文化,淡化"没有功劳也有苦劳"的观念,在此基础上培育结果导向的绩效文化。同时要建立等级差别的薪酬福利体系,打破平均主义,除去吃大锅饭的思想。要改变人才观的"德才兼备"观念,加强对"才"的认识,在不违背公司精神和社会伦理的前提下,大胆起用新人,放弃绝对"忠诚"的人才观。

开放容纳:积极吸收各种新的观念与思想,引入不同观念,在创新管理思维的前提下保持企业文化的动态发展,以适应市场的发展需要,因循守旧的思想是企业文化最大的敌人。

公平竞争：尽管中国关系导向型的文化是传统文化的一大特色，但在市场化意识日趋强烈的情况下，公平竞争是市场发展的趋势，因此如何加强企业的市场竞争意识与能力是企业需要强化的思想意识。

职业精神：中国企业要努力加强员工的职业精神培育，教导员工在市场经济条件下如何成为一个合格的职业化员工，提高工作效率，强化职业责任。

制度管理：在没有良好的制度管理基础时，强调企业文化的作用容易导向人治主义和虚无主义，企业文化的基础是科学的管理制度。

资料来源：叶生. 中国管理传播网，2006-06-19

【案例5-3】　　　　　　　　海尔的管理模式

张瑞敏曾明确提出，海尔的目标是借鉴西方和日本的管理经验并与中国实际结合，创中国的世界名牌。管理中国企业只能用中国式的管理模式。他的管理模式的公式是：日本管理（团队意识和吃苦精神）+美国管理（个性舒展和创新竞争）+中国传统文化中的管理精髓=海尔管理模式。

海尔从干部到员工有这样一个共识：一个企业要永远向前发展，必须要有自己的企业文化、理念和行动纲领。如同张瑞敏所说："所有成功的企业必须有非常强烈的企业文化，用这个企业文化把所有的人凝聚在一起。上百年的企业，不知道有多少东西都变化了，唯独它的企业精神百年不变，这非常能够说明问题。所以企业文化就是企业精神，企业精神就是企业灵魂，而这个灵魂如果是永远不衰、永远常青的，企业就永远存在。"

张瑞敏这样定义企业文化："企业发展的灵魂是企业文化，而企业文化最核心的内容应该是价值观。外来人员到海尔来看到的一般是文化外层即海尔的物质文化。海尔将企业文化分为三个层次，最表层的是物质文化，即表象的发展速度、海尔的产品、服务质量等；中间层是制度行为文化；最核心的是价值观，即精神文化。一般参观者到海尔最感兴趣的是，能不能把规章制度传授给他们，其实最重要的是价值观，有什么样的价值观就有什么样的制度文化和规章制度，这又保证了物质文化不断增长。"

想一想：

1. 对于其他企业而言，海尔企业文化的价值是什么？
2. 如何理解张瑞敏的那段话？

第三节 企业文化的建设

一、企业文化建设的原则

企业文化建设,是一项创新的复杂的系统工程。在企业文化建设中涉及的问题很多,但它还是有其基本规律的,建设企业文化应遵循以下原则。

(一)目标原则

目标原则即要明确企业文化建设的目标和方向。有了明确的目标和方向,就可依此确立相应的价值标准、企业哲学、企业精神、道德规范和行为方式等,并借此组织、动员职工为实现目标而努力奋斗。

(二)价值原则

企业的价值观是企业文化的核心,在企业内发挥着激励全体职工的热情和形成凝聚力的关键功能。企业价值观又是深入职工心灵的共同信仰,是企业和职工生存与发展的最基本的原动力。

(三)开放创新原则

开放创新原则即要求企业文化具有开放性和创新性。企业文化因具有服务社会、服务消费的广泛性特点,它必然要与其他企业、社会环境、广大用户发生联系,因此,企业必须坚持开放性原则;同时,由于各企业之间存在着相互竞争、相互比较的现实,又必须有不断创新的意识。

(四)参与原则

主要是指要尊重企业全体员工在企业文化建设中的主体地位、个人价值观和心理要求,从而使全体职工能积极自觉地参与企业文化各个方面的建设进程。

(五)竞争原则

即构建企业文化的总体构思时,要从战略的高度,通过对企业的产品质量、成本、效益、竞销、服务等各方面分析,立足竞争中取胜的原则,作通盘计划和部署,务求在市场中不断提高企业核心竞争力。

(六)个性原则

即应坚持本企业的行业特征,抓住本企业的个性特点,从实际出发,建设反映本企业特色的企业文化。

 小看板

海尔文化的语言特征

"斜坡球"（力学比喻）：企业是斜坡上的球。人的惰性、散漫、缺乏责任心、缺乏自律等人性的弱点会使它下滑。为了止住下滑需要一个"止动力"，就是基础管理。但企业仅仅做到不下滑也不行，还要上升，因此还必须有一个"上升力"，这就是由愿景—使命—目标引导的"创新"。

市场链（机械传动机构比喻）：把流程比喻成链条，每个员工都是链条上的一个环节，一直链接到外部客户。在内部，流程环节的关系是"咬合"，其机制是 SST，亦即索酬、索赔、跳闸。

索酬、索赔（法律合同术语比喻）：岗位和部门之间在流程中的配合，是市场经济中的合同关系。

跳闸（电工学术比喻）："跳闸"是对电路及电路上用的电器的保护性控制。相互配合的环节间如果既不"索酬"也不"索赔"，"闸口位"就要"跳闸"，把矛盾暴露出来，以避免危机的潜伏。

SBU（战略管理术语比喻）：把每一位员工比喻成 SBU，即"战略业务单元"或"事业部"。每个员工都是一个内部经营单元，他要自我经营，同时也要被上级经营。

木桶、最短板（容器物品比喻）：把业绩的形成原理比喻成木桶。一个木桶能盛多少水，不取决于桶上面的最长板，而取决于桶下的最短板。业绩的形成取决于工作中的薄弱环节，要找出"最短板"员工、"最短板"环节或因素进行改进。

闭环原则（螺旋线，社会或自然现象与规律比喻）：管理过程中要形成 PDCA 闭环，每项工作的推进就会螺旋式上升。

终端（系统的输出点，电子信息技术比喻）：把生产与经营第一线比喻为"终端"，强调干部要"深入终端"，企业"战略在终端"，"终端的问题就是干部的问题"。

平台（软件借以运行的操作平台，IT 技术比喻）：员工的工作场所、工作条件被比喻为"平台"。企业要为员工提供施展才华的平台。

一站到位（交通运输术语比喻）：不需要中转，直接到达目的地。顾客接受海尔的服务就像乘坐直达车，不需要那么多的中间环节和麻烦。

如履薄冰（生活现象比喻）：企业的经营，就像踩在薄薄的冰上，随时都可能有危险出现，所以要小心谨慎。

赛马、相马（"伯乐相马"语言及其反喻）：员工被比喻成"马"，企业被比喻成赛马场。各级管理者的责任就是为员工搭建"赛马场"，让他们施展才能并认可其才能与贡献，同时淘汰无能者。"赛马"是公平、公开、公正的，员工可以自己掌握命运。"相马"是主观的，员工的命运往往掌握在相马者手中。

浮船法（物理现象比喻）：把竞争的相对位次关系比喻成水上的浮船。只要比竞争对手高一等、高半等等，就在水平线上高出了竞争对手，就掌握了市场的主动权。

打飞靶（体育运动比喻）：把市场的变化比喻成飞碟，把握住市场机遇比喻成"打飞靶"。市场永远不变的法则就是"市场永远在变"。

东方亮了西方再亮（天文现象比喻）：用方位比喻产业，用"亮"比喻做好、做强、做大。先把自己熟悉的行业做好、做大、做强，如电冰箱，然后再进入相关的领域开展多元化经营，如白色家电、黑色家电乃至家居集成等。同时，每进入一个行业之后，同样要把它做大、做好、做强，为了"再亮"其他方位打基础。如海尔进入洗衣机领域后，就把这个产品做到了全国第一。

拆墙论（房屋建筑比喻）：把企业内部各部门之间配合的效率障碍与沟通障碍比喻成为"墙"，把企业外部在资源合理配置、互利共赢上的障碍也比喻成"墙"，要成为无边界企业，必须拆掉这两堵墙。

源头论（自然地理现象比喻）：把企业比喻成"大河"，每位员工都是"源头"；源头都喷涌出水来，大河才有水。计划经济时期的"大河有水小河满，大河无水小河干"，助长了员工的被动和依赖感。

休克鱼（动物生理现象比喻）：把硬件条件好但是管理差的企业比喻成"休克鱼"，只要利用企业文化把它唤醒，它就可以成为一条活鱼而焕发生命力。

联合舰队（海军编制比喻）：把集团企业的运营模式比喻成"联合舰队"，每个舰只都有战斗力，他们各自为战而不各自为政，于是就可以获得部分大于整体的"综效"。反过来，如果集团的运行像一列火车，则加挂的车厢越多，车头就负担越重，火车运行得就越慢。

火柴论（生活中化学现象比喻）：把干部比喻成一根火柴，把员工比喻成一捆干柴，干部首先要"燃烧"自己，才能让员工燃烧。"燃烧"就是工作激情、责任心、主动性和创造力的发挥。

船和帆（航海比喻）：资本是船，品牌是帆。资本是企业经营的必备要素，但是没有品牌的企业则无法出海远行。

海尔是海（大自然比喻）：把企业比喻成大海，拥有海的气魄、胸怀和品格。

海尔龙，中国龙（民族图腾比喻）：海尔是民族精神的承载和体现。

对比、反衬、对偶、呼应也是海尔文化在语言上非常明显的常用语法修辞形式。如：先卖信誉、后卖产品；只有淡季思想，没有淡季市场；只有疲软的思想，没有疲软的市场；输入的是用户抱怨，输出的是用户满意；工厂制造产品，心灵制造品牌；对内"一票到底"的流程，对外"一站到位"的服务；先有市场，再建工厂；无内不稳，无外不强；千里之行始于足下，世界名牌始于日清。

可见，比喻的方法对于海尔文化的表达与传播起到了十分重要的作用。比喻也是中国人传播智慧和理念的惯用方法。相信，"善用比喻"对于企业的文化建设也会大有益处。

资料来源：葛树荣. 中国现代企业报，2006-04-13

二、企业文化建设的途径

（一）培育和谐企业文化，打造现代和谐企业

在建设和谐企业的过程中，企业应该将更多目光聚焦在企业和谐文化的核心价值观上，并不断增强企业的凝聚力，不断提升企业的和谐度，以和谐的企业文化指导员工的行为。不断探索，创新思路，努力从理念和谐、制度和谐、目标和谐及利益和谐出发，寻求建设和谐。

企业树立以崇尚和谐、追求和谐为取向的文化精神和价值理念，以和谐的思想认识问题，以和谐的态度对待问题，以和谐的方式处理问题。和谐理念是驱动企业持续发展的强大力量。企业围绕构建和谐企业的要求，利用一切宣传手段，使全体员工学习和领会和谐的深刻内涵，进而实现内心情感和思想情操的转化和升华，形成具有时代特色的企业核心价值观。

企业兼顾各方利益，实现双赢、多赢。和谐是价值观的统一，是个人利益和企业利益的统一，局部利益与整体利益的统一，是内在价值取向的一致，是思想认识上的一致。企业要在战略思想、战略决策上有高度统一的认识，在此基础上，去打造和谐文化。企业自身的和谐是最基础和最重要的部分，包括与股东、与职工的和谐。企业内部要达到理性和感性的平衡，文化和制度的匹配，思想和行动的协调，这些都需要职工与职工、部门与部门以及部门与领导之间充分的信任和协作，最终形成团队的和谐。

（二）开发文化资源，建立管理哲学

企业必须对各种各样的文化前景有深入的研究，有效地开发文化资源，使其成为企业改革和发展的动力和财富，以诚信、客观和公正的态度，处理企业业务和职工的关系，建立一套共同的目标，以之作为企业一切政策和措施的基础，打造具有竞争力的企业文

化，建立以人为本的管理哲学。积极开展健康向上的文体活动，形成一种生动活泼的文化氛围。同时，企业也要参与各种社会公益活动，宣扬回报于社会的企业公民意识，并在各种不同的场合中，使企业的产品商标品牌形象更加鲜明突出，以提高企业的知名度，充分开发、探索文化资源。

（三）改善企业环境，培养职业道德

企业要尽可能营建良好的劳动工作环境，努力改善生产和生活条件，建立文化、安全、科学的作业程序，提高办公现代化程度，不断提高企业的凝聚力和吸引力；加强职工的民主管理意识，开展群众性的合理化建议活动，为企业的改革和发展创造良好的工作氛围。优化企业的人际环境，发展"团结、友爱、互帮、互助"的新型人际关系，构筑政通人和、仁爱团结的上下关系，使企业成为职工融洽和谐的大家庭和命运的共同体。

职业道德是企业形象的内在要素，因此，企业应注重企业职业道德的建设，并在生产经营过程中成为主体职工的自觉行为，区别不同层次、不同岗位，制定具体的规范，使之制度化。同时，培养其热爱国家、热爱企业的观念，遵纪守法、廉洁奉公的社会观念，敬业爱岗、乐于奉献的事业观念。

（四）加强组织落实，培育企业文化"个性"

企业要建立健全企业文化建设的领导体系和办事事务机构，定期研究制订推进企业文化建设的规划，特别是领导者要高度重视，大力倡导，要提出企业的价值观，作出表率，通过行动向职工灌输企业的价值准则，要高瞻远瞩，在不断创新的情况下坚持企业文化的相对稳定性和长期连续性，并及时根据情况的变化，调整和完善企业文化内容。

同时必须根据自己企业本身的性质和其活动内容以及企业的历史存在所积累的一些风格、模式，真正挖掘出反映本企业的本质特点和鲜明的个性特征，努力培育本企业的个性，围绕形成企业职工共同的价值观念、经营哲学、行为规范等开展活动，要对现实问题进行科学的研究和理论的论证，不断总结，认真深化、创新，使企业文化建设爆发出长久而旺盛的生命力。

（五）以人为本，提高职工素质

企业的竞争归根到底是人才的竞争，是人才素质的竞争。以人为本是科学发展观的本质和核心，也是企业文化的核心之一。企业文化应当是以人为本的文化，把人看作是最宝贵的，以人作为价值的核心，把人的生存和发展作为最高的价值目标，把满足人们的需要作为企业发展的目的。企业要根据市场和自己的发展要求，制订出提高职工素质的规划，分期逐步加以实施，促进职工政治思想和文化技术素质的全面提高。同时企业要建立起各种机制：包括人才知识更新的培训机制，人尽其才的使用机制，优胜劣汰的

第五章 企业文化

竞争机制，合理配置的流动机制。企业常常要制定自己独特超常规的激励机制，才能调动影响企业发展的关键人才的积极性，使企业改革与发展步伐加快。

高层管理者拥有整合文化，中层拥有差别文化，而底层的工人拥有零碎文化。解决这一问题的最有效的方式就是文化整合。整合的原则是"求同存异"，立足民族文化，借鉴外来文化，博采众长，融合提炼，自成一家。把来源于民族文化又脱颖而出的适应企业管理要求的、优良的文化，再重新灌输到企业中的每个成员身上，以统一员工的行为，实现企业目标。

小看板

某多元化集团公司企业文化建设实例

某集团公司是国内第八大综合性的汽车集团，是所在省份十五家重点企业集团之一，产品涵盖轻卡、重卡、大中型客车、商务车、客车底盘及挖掘机、叉车等领域。该集团已连续14年以50%的速度高速成长，各项经济指标增长率处在中国汽车行业前茅，在行业内形成了令人瞩目的"××现象"。

该集团已经在汽车产业形成相关多元化发展的业务格局，拥有多家参股、控股的子公司及两家上市公司。总体战略要求集团总部必须要在文化上形成相对统一的体系，把文化的统一作为和战略管理、预算管理、投资管理、绩效管理等一样的重要管控手段之一，这也是多元化集团公司管控的必然要求。

同时，根据战略规划的要求和该集团本身在该省份的特殊地位，势必还会在相关领域进行兼并收购，而文化又是实施成功并购的关键手段之一。但是，该集团的文化到底是什么？如何让该集团的文化可以得到很好的理解和传承？如何使得该集团的企业文化可以得到有效的传播和复制？等等问题的解决都是该集团发展的需要。

正是在这样的背景下，客户的决策层决定聘请中和正道管理咨询进行集团公司的企业文化整合，中和正道项目组历时半年对该集团公司的文化进行了梳理、整合、提炼、结晶。

问题诊断

1. 企业文化比较散乱，系统性不强：该集团的企业文化"珍珠"散落在各个子公司，集团文化缺乏系统性，各下属企业对集团文化的认识不统一；系统性的缺乏也表现在文化建设只局限于精神层面，企业文化的制度层面及行为层面的建设落后于企业文化的精神层面，导致集团企业文化的精神得不到真正的实施，结果影响到整个集团企业文化的建设。

2. 文化与企业外部环境的不协调：经过项目组的研究发现，该集团在每一个业务细分市场上都呈现强手如林的国际化竞争态势，该集团尽管取得了不俗的业绩，但与国际级的竞争对手相比，仍然是大敌当前，立足未稳。在这种形势下，必须在该集团原有的"家园文化"内涵中赋予新的适应行业竞争特点要求的文化元素。

3. 文化的结构化程度不深，文化的发展与企业的发展不平衡、不协调：该集团连续14年以50%的速度高速成长，企业的发展规模膨胀，但企业文化还是矮子；企业文化内部的组成不平衡，与企业的特点不协调；文化不符合发展战略、组织结构等企业内部要素要求；管理、经营、企业文化不协调的现象在很大程度上存在。

4. 与人力资源管理工作的结合不强：人力资源管理与企业文化的结合不强，人力资源管理不能为企业文化建设和执行提供可靠的保障；同时，集团文化建设未能很好地指导人力资源管理的建设，文化建设未能贯穿于人力资源管理的全过程。

5. 文化有形载体的缺失：集团文化理念体系未能以形象化、直观化、艺术化的手段表现出来，集团未将文化理念传达给公众，以达到提升集团的知名度、美誉度、忠诚度的目的，即集团通过媒介向外向内传播文化信息的手段与方法不完善。文化载体是文化建设中的重要部分，集团急需强化对文化载体的建设与管理。

中和正道解决方案

1. 整合集团文化，使其统一化系统化：中和正道管理咨询公司认为，对该集团公司的文化整合提升不仅仅局限于企业文化诊断、塑造、深耕，价值观或者理念层面的梳理提升，更是要形成包括价值观和核心理念在内的，涉及集团对下属公司管理的不同层面以及各个业务运作的不同环节的原则或者指导思想的集成，也就是要形成《×××宪章》，用以指导形成集团管理团队统一的核心理念、员工统一的价值取向和职业化行为方式。

2. 分析企业外部环境，文化理念创新：咨询团队在充分理解该集团原有的"家园文化"的基础上，认为该集团的企业文化必须要在创新导向、规则导向、目标导向和支持导向等不同类型文化之间取得平衡，即在"家园文化"和"狼文化"之间取得平衡，为了更好地贯彻集团公司的战略意图，达到文化和战略的匹配，使得文化成为战略实施的润滑剂和催化剂。

3. 平衡企业文化建设与企业发展：针对集团内部管理、经营的新特点，对员工行为方式及思维方式以各种研讨营的形式进行研讨，提炼出新的发展形式下、新的组织结构与运行模式下文化建设的方式方法，使得集团的组织变革和流程再造获得深层次的文化支持，使得更加紧密地与企业管理和经营实践结合，有利于提升企业的核心竞争力。

4. 强化人力资源管理与企业文化的结合：围绕企业文化建设的核心，采取在人力资源管理中融入集团文化的各项要求，以培养员工的企业精神、注入企业价值理念的内容、

第五章 企业文化

强调协作和团队精神等手段来强化两者的结合；同时，发挥企业文化在人力资源管理中的导向作用，坚持以人为本的理念，使个体人格与企业文化协调一致。

5. 出台文化建设制度、明确文化载体：通过多次研讨，统一了集团中高管理团队、基层员工对文化的认识，确定了集团的愿景、使命、企业精神、核心价值观、核心理念等精神层面的内容；以《×××宪章》、《×××文集》、《×××员工手册》作为企业文化建设的制度，亦用于指导企业文化落地。同时，明确了在日常管理实践中文化传播的物质实体和手段。

咨询成果

《×××宪章》

《×××文集》

《×××员工手册》

咨询效果

1. 《×××宪章》回答了该集团的文化是什么，对该集团的经验理念和管理哲学进行系统的总结，形成包括核心价值观、经营理念在内的基本法系统，达到强力塑造企业形象，整合企业无形资产的目的。

2. 准确把握该集团的企业文化现状（优势和不足），明确企业的共同行为准则，全面规范企业员工行为，实现全员对企业精神、理念、价值的高度认同。

3. 对于涉及技术研发、采购、制造、销售、服务等不同环节的原则进行归纳提炼。明确了该集团的企业文化内涵，对该集团的经营理念和管理哲学等进行全面总结提升。

4. 形成明确的成果——一系列化文化传播形式文件和相关的制度，并制订该集团企业文化宣传报告和传播纲要，确保该集团的企业文化得以总结提升，并可以得到有效的理解和传承、推广。

资料来源：中和正道网站，2007-07-24

 本章小结

在市场经济中，企业文化发挥着无可替代的作用，是企业管理的重要部分，更是企业的核心竞争力。打造和谐企业文化，对企业长期经营业绩有重大作用，这个作用不是促进，而是直接提高。

本章主要从三个方面阐述企业文化的内容：（1）企业文化的含义、特征和功能；（2）企业文化的结构、内容和类型；（3）企业文化的建设，包括企业文化建设的原则和途径。

了解大师

埃德加·H. 沙因

埃德加·H. 沙因是享有国际声誉的管理学大师，横跨社会心理学、管理学领域，是企业文化和组织心理学的开创者与奠基人。现为麻省理工大学斯隆商学院荣誉教授。

沙因于1947年毕业于芝加哥大学教育系，1949年在斯坦福大学取得社会心理学硕士学位，1952年在哈佛大学取得博士学位，此后一直任职于斯隆学院。在组织文化领域中，他率先提出了关于文化本质的概念，对于文化的构成因素进行了分析，并对文化的形成、文化的进化过程提出了独到的见解。在组织发展领域中针对组织系统所面临的变革课题，开发出了组织咨询的概念和方法。他的主要研究著作包括《组织文化和领导力》、《组织心理》、《职业动力学》、《咨询过程》、《重新思考咨询过程》、《企业文化生存指南》等，其中《企业文化生存指南》已被译为9种文字出版。另外他还发表了几十篇研究论文。

沙因认为文化是一个特定组织在处理外部适应和内部融和问题中所学习到的，由组织自身所发明和创造并且发展起来的一些基本的假定类型，这些基本假定类型能够发挥很好的作用，并被认为是有效的，由此被新的成员所接受。他认为真正的文化是隐含在组织成员中的潜意识，而且文化和领导者是同一硬币的两面，当一个领导者创造了一个组织或群体的同时就创造了文化。

沙因认为文化由以下三个相互作用的层次组成。

1. 物质层：可以观察到的组织结构和组织过程等。
2. 支持性价值观：包括战略、目标、质量意识、指导哲学等。
3. 基本的潜意识假定：潜意识的、暗默的一些信仰、知觉、思想、感觉等。

目前的文化研究大多停留在物质层面和支持性价值观的层面，对于更加深层的事物挖掘不够。

思考与讨论

1. 如果你是企业的领导者，你会重视企业文化的建设吗？为什么？
2. 如何构建和谐的企业文化？
3. 如何理解"重视企业文化的公司，其经营业绩远远胜于那些不重视企业文化建设的公司"？

4. 你同意企业文化是老板文化吗？为什么？
5. 根据自身的性格特点，判断你更适合于哪一种企业文化类型？

五个同学一组，调查一个比较熟悉的企业文化建设的情况，然后分析该企业文化建设的特色以及过程。

沃尔玛企业文化

沃尔玛百货有限公司由美国零售业的传奇人物山姆·沃尔顿先生于1962年在阿肯色州成立。经过四十余年的发展，沃尔玛百货有限公司已经成为美国最大的私人雇主和世界上最大的连锁零售商。目前沃尔玛在全球十多个国家开设了5 000多家商场，员工总数160多万，每周光临沃尔玛的顾客近1.4亿人次。

2004年沃尔玛全球的销售额达到2 852亿美元，连续多年荣登《财富》杂志世界500强企业和"最受尊敬企业"排行榜。同时，沃尔玛在全球多个国家被评为"最受赞赏的企业"和"最适合工作的企业"之一。2006年沃尔玛年度销售收入3 156.54亿美元，2006年度《财富》世界500强排名第二。沃尔玛为何在短短的几十年内发展如此之迅速？其中与沃尔玛独特的企业文化有密切的关系。沃尔玛独特的企业文化主要有以下几点。

一、重视企业文化建设的传统是造就辉煌的保证

沃尔玛公司虽然仅有四十多年的历史，但一直非常重视企业文化的作用，充分发挥企业文化对形成企业良好机制的促进和保障作用，增强企业的凝聚力和战斗力。沃尔玛公司创始人山姆·沃尔顿，为公司制定了三条座右铭："顾客是上帝"、"尊重每一个员工"、"每天追求卓越"。这也可以说是沃尔玛企业文化的精华。

沃尔玛公司重视对员工的精神鼓励。总部和各个商店的橱窗中，都悬挂着先进员工的照片。各个商店都安排一些退休的老员工，身穿沃尔玛工作服，佩戴沃尔玛标志，站在店门口迎接顾客，不时有好奇的顾客同其合影留念。这不但起到了保安员的作用，而且也是对老员工的一种精神慰藉。公司还对特别优秀的管理人员，授予"山姆·沃尔顿企业家"的称号。公司以沃尔玛的每个字母打头，编了一套口号，内容是鼓励员工时刻争取第一。公司每次召开股东大会、区域经理会议和其他重要会议时，每个商店每天开门营业前，都要全体高呼这些口号，并配有动作，以振奋精神，鼓舞士气。

二、提出"员工是合伙人"的企业口号

山姆将"员工是合伙人"这一概念具体化的政策是三个计划：利润分享计划、雇员购股计划、损耗奖励计划。

1971年，山姆开始实施第一个计划，保证每个在沃尔玛公司工作了一年以上，以及每年至少工作1000个小时的员工都有资格分享公司利润。山姆运用一个与利润增长相关的公式，把每个够资格的员工工资的一定百分比归入这个计划，员工们离开公司时可以取走这个份额（或以现金方式，或以沃尔玛股票方式）。

雇员购股计划的内容就是让员工通过工资扣除的方式，以低于市值15%的价格购买股票，现在，沃尔玛已有80%以上的员工借助这两个计划拥有了沃尔玛公司的股票，而其他的20%员工基本上都是不够资格参与利润分享。

损耗奖励计划的目的就是通过与员工共享公司因减少损耗而获得的赢利来控制偷窃的发生。损耗，或者说偷窃是零售业的大敌，山姆对有效控制损耗的分店进行奖励，使得沃尔玛的损耗率降至零售业平均水平的一半。

三、充满朝气和活力的沃尔玛文化

"山姆可以称得上是本世纪最伟大的企业家。他所建立起来的沃尔玛企业文化是一切成功的关键，是无人可以比拟的。"——美国Kmart连锁店创始人哈里·康宁汉这样评论他的竞争对手山姆·沃尔顿。无论到世界各地的任何一间沃尔玛连锁店中，你都会感受到一种强烈的震动。这是长期以来形成的企业文化，是沃尔玛精神——勤恳、节俭、活跃、创新。正因为此，每一位公司同仁都热爱着沃尔玛，默默地为顾客服务的事业而奉献。

长期以来，沃尔玛的企业文化使沃尔玛公司的同仁紧紧团结在一起，他们朝气蓬勃，团结友爱。下面是沃尔玛公司特有的欢呼口号，从中可以感受到一种强烈的荣誉感和责任心。

"来一个W！来一个M！我们就是沃尔玛！来一个A！来一个A！顾客第一沃尔玛！来一个L！来一个R！天天平价沃尔玛！我们跺跺脚！来一个T！沃尔玛，沃尔玛！呼—呼—呼！"

通过这些有趣的游戏，不仅使沃尔玛员工和领导人员之间更加亲密，使他们觉得情趣盎然，而且还是一种最好的宣传公司和促销的手段。沃尔玛的企业文化是在小镇上发展时就逐渐形成的，公司成长之后，沃尔玛仍然不忘鼓励人们在店里制造欢乐气氛，共同为社区增添生活的乐趣。培养团队意识，即使有时与宣传和促销商品没有关系。

四、别开生面的"周六例会"

沃尔玛的"周六例会"最能体现其企业文化。每周六早上七点半,公司高级主管、分店经理和各级同仁近千人集合在一起,由公司总裁带领喊口号,然后大家就公司经营理念和管理策略畅所欲言、集思广益。作出优良成绩的员工也会被请到本特维拉总部,并被当众表扬。这一周一次的晨间例会被视为沃尔玛企业文化的核心。参加会议的人个个喜笑颜开,在轻松的气氛中彼此间的距离被缩短了,沟通再不是一件难事,公司各级同仁也了解到了各分公司和各部门的最新进展。

星期六的晨间例会上,与会者通常会花上一些时间来讲述一些似乎不可能达成的创新构想,大家不会马上否决这些构想,而是先认真思考如何让不可能的事情变为可能。一位公司的管理人员阿尔·迈尔斯说:"周六晨间会议的真正价值在于它的不可预期性。"

独特的企业文化,使每一位员工有一家人的亲切感。为共同目标奋斗,使沃尔玛保持着强劲的竞争能力和旺盛的斗志。这种企业文化的建立充分展示了沃尔顿领导网络的艺术。

五、培训,经常的培训

沃尔玛的经营者在不断的探索中,领悟到人才对于企业成功的重要性。如果想要发展,就必须引进受过教育的人才并给予他们进一步培训的机会。

沃尔玛公司把如何培养人才、引进人才以及对既有人才的培训和安置看成一项首要任务。沃尔顿先生和妻子海伦在阿肯色大学专门成立了沃尔顿学院,使一些早年没有机会受到高等教育的经理有一个进修充电的机会。沃尔玛为员工制订培训与发展计划,让员工们更好地理解他们的工作职责,并鼓励他们勇于迎接工作中的挑战。

此外,沃尔玛还通过培训加强了企业与员工之间的沟通。培训不仅是员工提高的途径,也是他们了解公司的一种方法。沃尔玛公司设立培训图书馆,让员工有机会了解公司资料和其他部门的情况。所有员工进入沃尔玛公司后,经过岗位培训,员工对公司的背景、福利制度以及规章制度等都会有更多的了解和体会。沃尔顿这位出色的领导者始终坚信员工是推动企业发展的原动力,并把这个道理传授给沃尔玛现在和未来的经营者,推广至世界各地的沃尔玛。

资料来源:世界企业文化网,http://www.wccep.com,2010-06-08

案例分析题:

1. 沃尔玛的企业文化有何特色?该企业文化的核心是什么?
2. 沃尔玛发展如此迅速,你认为与它的企业文化有关吗?请简述理由。
3. 请结合沃尔玛的企业文化,谈谈企业建立和谐的文化可从其借鉴之处。

 看图说事

适得其反的管理

● 管理过度和制度太多，可能会适得其反

要求：结合上述漫画内容，谈谈你的感悟。

第六章 领　　导

领导者的唯一定义就是其后面有追随者。

——彼得·德鲁克

【学习目标】

① 理解领导的概念以及领导与管理的关系。
② 了解领导者应具备的基本素质。
③ 掌握一些典型的领导理论并能运用于实际问题分析。

【技能目标】

初步具备提高自身权威与有效运用权力的能力；实施有效指挥的能力。

导言

> 要想中奖，至少要先买一张彩票。
> 有个中年人不断地到教堂祈祷，而且他的祷告词几乎每次都一样。
> 第一次他到教堂时，跪在圣坛前，虔诚地低语："上帝啊，请念在这么多年来敬畏您的份上，让我中一次彩票吧！阿门。"
> 几天后，他又垂头丧气地回到教堂，同样跪着祈祷："上帝啊，你为何不让我中彩票？我愿意更谦卑地来服侍您，求您让我中一次彩票吧！阿门。"
> 又过了几天，他再次出现在教堂，同样重复他的祈祷。如此周而复始，不间断地祈祷着。
> 到了最后一次，他跪着说："我的上帝，你为何不垂听我的祈求？让我中彩票吧！只要一次，让我解决所有困难，我愿意终身奉献，专心侍奉您——"
> 就在这时，圣坛上发出一阵宏伟庄严的声音："我一直在垂听你的祈祷。可最起码，你也应该先去买一张彩票吧！"

从员工的角度讲，想得到期望中的激励——奖金、提升、褒奖等，但必须付出十二分的努力，只知道羡慕、嫉妒别人，抱怨自己，于事无补；从领导的角度讲，必须让员工明白：你付出后这一次不一定得到期望的东西，但如果不付出，你就永远不会得到。

在一个组织中，尽管管理者在组织中拥有指挥下属行动的特权，但下属并不会自动地服从命令。有些下属甚至会公然反抗他们的管理者，或者不认真执行管理者的命令，"出工不出力"。因此，要使组织正常运作，并充分调动组织成员的积极性，管理者就必须掌握如何有效地进行领导这一基本技能。

第一节　领导的概念

领导是管理的重要职能，是贯穿于管理活动中的一门非常奥妙的艺术。领导能力、水平的高低直接决定着组织的生存与发展。因此，在管理学的学习中，对领导进行研究，对于培养人的管理能力具有十分重要的意义。

一、领导的含义与本质

关于领导一词，不同学者从不同的角度给出了不同的解释。可以通过这些解释了解其本质。有人认为领导是一个过程，它是对组织内团队和个体施加影响的过程；有人认为领导是一种能力，是影响组织目标实现的能力，这种能力可能是组织任命的，也可能是非正式赋予的；有人认为领导是一门艺术，是促进下级以高度的热情和信心来完成他们任务的艺术；还有人认为领导就是领导者的简称，这些人能够带领组织实现共同的目标。

从这些观点可以看出，领导实际上有两种具体含义。一种是动词属性的"领导"，即"领导行为"，领导是指具有影响力的个人和集体，在特定的结构中通过示范、说服、命令等途径，动员和激励下级实现群体目标的过程；另一种是名词属性的"领导"，即"领导者"的简称，而领导者是指担负领导责任、负责实施管理过程的人。

管理学研究的领导是一个行为过程。所以，**领导**是组织的领导者通过各种激励措施指挥或带领组织成员来实现组织目标的过程。一般而言，领导概念包括以下几个要素。

（1）领导是通过领导者来实现的。一个组织必须有一个领导者，它是领导这一管理要素得以完成的必要条件。当然，这一领导者可能是一个人，也可能由若干人组成的领导集体。

（2）领导者必须有部下或组织成员。部下或组织成员是实现领导过程、实现组织目标的人力资源保障。彼得·德鲁克认为，"领导者的唯一定义就是其后面有追随者"，充分揭示了部下或成员的重要性。

(3) 领导者拥有影响组织成员共同努力的能力和力量。这些能力和力量一方面可以通过上一级组织授予，另一方面也可以是领导者自身具有的，如人格、知识、技术等方面的影响力。

(4) 领导的目的是通过激励与影响部下来实现组织目标。领导与激励是密切相关的。一方面，领导者要对下属的激励因素作出反应；另一方面，领导者还要应用他们所建立的组织气氛来激发或抑制这些激励因素。

二、领导与管理的关系

一个人可能是领导者但不是管理者，也不一定具有管理的才能，非正式组织中最具影响力的人就是典型的例子：组织并没有赋予他们正式的管理职位和职权，他们也没有义务去负责组织的计划和组织的工作，但他们却能引导、激励甚至命令自己的追随者。

领导与管理这两个概念常常容易被混淆，很多人认为管理者就是领导者，领导过程就是管理过程。其实领导与管理是既有联系又有区别的一对概念，领导者与管理者之间既存在某些相似的地方，也有着较大的不同。

（一）领导与管理的共同点

1. 都以组织为基础

领导和管理都是一种在组织内部通过影响他人协调活动，实现组织目标的过程。如果没有组织，而只是单独的个人，则不存在领导和管理。

2. 都与组织层级的岗位设置有一定联系

组织内部的管理岗位往往也是领导岗位。

（二）领导和管理的区别

1. 管理者与领导者发挥作用的方式不同

管理是建立在合法的、有报酬的和强制性的权力基础之上的对下属命令的行为。一般情况下，管理只能发挥组织成员能力的 60%，而领导更多的是建立在个人影响及能力等方面的基础之上的。因此，一个人可能既是管理者，又是领导者，但二者也可以分离。如非正式组织中最具影响力的人并不一定是管理者，而起着领导者的作用。管理者不是领导者的原因可能是管理者不具有影响力，从而没有服从的部下，当然也谈不上领导了。

2. 管理者与领导者发挥作用的时机不同

在较平稳的时期，管理者的任务是维持组织现行的活动，主要靠规章制度及政策等来规范员工的行为。而在变革加速的时代，领导的作用就比较明显了，它要求领导者指明组织的前进方向，并引导组织成员共同努力来实现组织目标。

3. 管理者与领导者采用的方法不同

管理者通过采用有条理的、有组织的、规范的方法来解决问题，而领导者通常采用灵活、创新的方式，在组织中倡导变革与创新，并通过规划组织的前景来激励员工努力工作。

4. 管理者与领导者在组织中的地位不同

领导者一般只有一个，而管理者则可能为一个群体，由若干人组成。

从以上对领导与管理关系的理解来看，管理是执行，是对某一计划活动的过程的完成。领导则是为实现远景目标制定变革战略，不断推动企业进行各种改革。

【案例6-1】　　　　　　　领导而非管理

一位真正的领导必须同时是两种截然不同的大师：他是思想大师，善于把握高度抽象的思维逻辑，又是行动大师，善于处理最精细的实际事务。

张瑞敏说，海尔要想实现国际化的远大目标，就必须"用牢固的基础管理保证战略管理的实施"。这句话的含义可以这样来理解：海尔在向世界一流公司迈进的过程中，既需要精细的管理，又需要强有力的领导。

管理与领导的含义是不同的。从根本上来说，管理是计划预算组织和控制某些活动的过程。管理的主要职能是维护一个复杂的企业组织的秩序，使组织高效运转。领导则是保证组织拥有明确的前进方向，并使相关的人员理解和坚信它的正确性。领导的基本职能在于为实现远景目标制定变革战略，不断推动企业进行各种改革。

多年来，在海尔不断进行的企业变革中，张瑞敏就扮演着上述领导的角色。他从不"事必躬亲"，从不亲自抓生产，抓建设，抓销售；他抓管理工作从不抓具体管理，而只做一件事，那就是抓管理之魂：管理体制和管理文化的建构与拓展。他不是一个管家，而是一个洞察现实与预测未来的战略策划者，是一个具有哲学家素养的设计者。

许多企业家真心佩服海尔的管理方法，但具体学起来就是学不像，甚至不少人反映学不了。分析其中的原因，企业家个人素质是一个关键因素。1997年6月30日，张瑞敏接受记者采访时说：为什么海尔的经营管理模式在一些企业推行不开？为什么一些企业效仿海尔的管理模式达不到预期效果？其中一个最根本问题没有解决，即企业领导人在企业应该扮演什么角色的问题。在计划经济向市场经济转轨的过程中，企业领导人不应该是舵手或船长，应该是船的设计者——船主。

张瑞敏认为，企业领导者应把自己的角色从企业的监管人进一步拓展为企业制度的创建者。表明他们的基本职能发生了重大变化，即从控制战略内容转向构筑战略背景。他们创新价值并不是依靠把企业领向新产品市场和新技术领域以激发新一轮增长，而是依靠提出驱动企业自我更新的战略挑战，形成一套能支持协作和信任的观念和价值体系，以及培育员工的目标感、责任感。

举例来说，现在企业谈论最多的是人才的问题，人才决定企业的成败，谁拥有高素质人才谁就可以在竞争中脱颖而出。但作为一个企业的领导者，他的任务不是去发现人才，领导者的职责是建立一个可以出人才的机制，这个人才机制自身就能够源源不断产生人才。

海尔设有人力资源本部，他们的任务不是去发掘领导，而是研究现在机制能不能把所有人的潜能发挥出来。海尔的管理人员每年都有调整，有人上去，又有人下去。

优秀的领导者可以具有不同的风格，但在不同的风格背后蕴藏着一种共同的特质：激励和促进他人。在某种意义上来说，制订远景目标为企业找出一条正确的前进道路，为已经联合起来的人们创造良好的条件，推动企业沿这条道路前进，而有效的激励可以保证这些人有力量战胜前进道路上的障碍。管理系统和组织的唯一目的，就是帮助普通人日复一日地用普通方式成功地完成日常工作，"日清日高"就运用了这个思想。

领导行为则不同。要战胜障碍实现远大的目标，就需要不时激发出非凡的力量，而激励和鼓动过程则能带来这种力量。海尔管理不是被动控制，而是主动进取，才意味着更高的管理境界，现在还在推行的OEC管理，将工作中的偏差减至最小，达到持续效果。如海尔的合理化建议明星、自主管理班组活动就是为了促使员工自发地把事情做好。

海尔文化从无到有，从零散到规范，形成独树一帜的体系，作为海尔文化的设计师，张瑞敏堪称思想的大师；但他同时也是一个实干家，懂得如何用牢固的基础管理保证战略管理的实施。

想一想：

1. 领导和管理有何区别？
2. 海尔的领导有何特点？

三、领导的权力基础

领导者通过行使权力来指挥下级以实现组织目标。因此，领导者的权力对于实现领导的作用、完成组织的目标是非常重要的。

（一）领导者权力的来源

领导者权力的来源主要包括以下两个方面：一方面是来自于职位权力，另一方面是来自于个人权力。

1. 职位权力

从字面上就可以看出职位权力是由职位本身而产生的权力，与领导者在组织中所处的职位密切相关,且随着职务的变动而变动。职位权力的产生一般而言来自于两个途径:一个是由选举产生的职位权力,如国外全民直接或间接选出总统、总理等,我国经由全国人民代表大会选举产生国家领导人,也包括由选举产生的董事会领导等;另一个来源就是由上级组织或个人任命的权力。职位权力不论其来源如何,均需向赋予其权力的组织或个人负责。

职位权力的一个重要的特点是有职就有权,不在职即没有权力。作为一名领导者,要正确运用职位权力,利用权力更好地为实现组织目标服务。

2. 个人权力

领导者权力的另一个来源是个人权力。个人权力是由领导者个人的因素而带来的权力,与组织的任命或选举无关。个人权力的来源主要有:领导者具有高尚的品德、丰富的经验、卓越的工作能力及良好的人际关系;领导者对下属的关心与爱护,在下属的心目中具有良好的个人形象,使下属感觉愿意与之交往,自觉地服从其领导与指挥。

个人权力一般不随着职位的消失而消失,并且这种权力对人的影响是发自内心的、长远的。

作为一名领导者,应当注意将职位权力与个人权力有机地结合起来,以达到更好地实现领导的目的。只有职位权力而不注意个人权力的建立,会在下属的心目中失去亲和力,使下属敬而远之,这种权力是难以长久的。个人权力一般必须与职位权力结合起来,没有职位权力支持的个人权力其力量必然有局限性,甚至会有权力是否合法的问题。作为一名领导者,应当注意在组织中树立自己的个人权力,树立自己在组织中的良好形象,这样才能更好地领导组织完成任务。

(二)领导者权力的分类

领导者的权力可以分为以下五类。

1. 指挥权

这一权力来自传统的下级对上级的服从关系,认为上级有权指挥下级来完成工作任务。这种权力的产生与职位有关,是社会习惯、社会意识与社会责任感产生的权力。

2. 奖励权

奖励权是领导者对下属奖励的权力,是领导者权力的一个重要组成部分。作为下属的人有希望奖励的愿望,而组织的领导者有通过奖励使这种愿望得到满足的权力,因此,下属通过努力工作而获得这种奖励。奖励一般分为物质奖励与精神奖励,领导者要将二者很好地结合起来,以便更好地行使这一权力。应当注意,对下属的提升或提升建议也可以认为是奖励权的一个重要组成部分。

3. 惩罚权

这是与奖励权相对应的属于领导的权力之一。这种权力使下属产生某种恐惧感,从而因避免惩罚而完成工作任务。但应注意，下属因惩罚权而产生的服从是表面的、暂时的，因而其效果也具有某种局限性。领导者应尽量避免使用惩罚权，而通过其他手段调动员工的工作积极性，以使其心情愉快地工作。当然，必不可少的惩罚还是需要的。

4. 信任权

这一权力来自下级对上级的信任，即下级相信上级具有相当的智慧与品质，以及带领组织员工完成组织任务、实现组织目标的能力，从而对其敬佩、信任，进而服从其领导与指挥，积极主动地完成工作任务。

5. 专长权

由于领导具有某种与本组织核心工作有关的技术专长，因而得到所属成员的尊敬，相信领导能为员工指明工作方向，提出解决问题的办法。这是一种由于领导者具有的专长而产生的权力。这种权力对于领导者而言是比较重要的，是领导者在一个组织内部立足的基础。当然，领导者也不可能对组织内部所有核心工作具有专长，特别是较大型的企业中更不可能，但必须在某一方面拥有专长。

领导者要对以上几种权力综合考虑，权衡使用。任何一种权力的过度使用都会对组织的工作造成损害，进而影响领导者工作的效果。

（三）领导者正确权力观的树立

作为领导者，要树立正确的权力观。领导者首先要明白自己肩负的重任，明白自己既对完成组织任务负有责任，又对组织内部员工的利益及发展负有责任。领导者肩负的责任要求领导者树立正确的权力观，正确对待权力。

1. 正确认识权力的来源

领导者应当正确认识权力的来源。表面上看，有些领导者的权力似乎来自于上级的任命，但归根到底是来自于其所领导的下属的信任，来自于组织的员工。

2. 正确对待权力的作用

权力是用来为实现组织的目标而存在的，不是为了实现领导者个人的利益而存在的。因此，领导者应当利用权力为实现组织的目标而工作，为企业员工的利益而努力，而不是以权谋私，或培养自己的私人小圈子。

3. 正确使用权力

权力的正确使用是任何一个领导者都必须面对的问题。作为领导者，要有高度的责任感和良好的敬业精神，要全身心地投入工作，在工作需要的正确的时间与正确的地点正确地使用权力。在使用权力前要虚心听取下级及各方面的意见和建议，以便提高权力的使用效率。

总而言之，作为一名领导者，要树立正确的权力观，在组织内部建立良好的工作环境，以使自己能更好地应用权力为实现组织的目标而努力。

第二节 领导者与领导集体

一、领导者素质

如何才能成为一个领导者？如何才能成为一个好的领导者？这是每一个管理者甚至每一个人应当考虑的问题。

在关于领导者素质的研究过程中，有人认为领导者的素质是天生的，而不是后天学习得到的，因而领导者特别是杰出的领导者被称为"伟人"。而也有人认为领导者的素质是后天经过学习、实践与培训逐步培养、锻炼出来的。领导者的素质既有先天的因素，更是后天努力的结果。先天的因素是成为领导者的基本条件，而后天的努力、实践与训练才是成为卓越领导者的关键。

西方国家的管理学者们对领导者的素质进行过较长时间的研究，这些研究包括领导者的体质特征（如身高、外表、健康情况等）、智力与才干特征、个性特征（如适应性、进取心、热情与自信心等）、社会特征（合作精神等）等。

美国普林斯顿大学的包莫尔教授提出了作为一个领导者应该具备的十个条件，对领导者的素质提出了如下要求。

（1）合作精神。即领导者应具有与人合作的精神，领导其工作班子完成任务。

（2）决策能力。领导者应具有在关键时刻进行决策的能力，以确定组织的目标，为下一步的工作指明方向。

（3）组织能力。善于运用组织所拥有的人力、财力、物力等资源，以完成工作任务。

（4）精于授权。根据任务需要及工作性质，进行合理的授权，以充分发挥部属的才能。

（5）善于应变。即根据具体情况进行决策，以应对不断变化的社会经济、政治环境，而不是墨守成规、抱残守缺。

（6）敢于求新。勇于创新，不断创新，对新事物、新观念、新环境有敏锐的感受能力，善于开创工作的新局面。

（7）勇于负责。对社会、用户、同事有高度的责任心。

（8）敢担风险。敢于承担企业发展过程中的风险，有创造新局面的雄心与信心。

（9）尊重他人。在工作中要尊重同事，重视并采纳别人的意见。

(10) 品德高尚。具有良好的个人品质。

由于领导者的素质特性包罗万象，因此要得出一个大家公认的领导者的素质条件也不是很容易的。然而研究表明，领导素质与领导有效性之间必定是有一定联系的，具有高度的聪明才智、广泛的社会兴趣、强烈的成功愿望、对员工的尊重与信任的领导，取得成功的概率是比较高的。

我国是一个有五千多年历史的文明古国，在领导与管理方面也积累了丰富的实践经验。目前，我国正在进行改革开放的伟大实践，迫切需要一批具有卓越领导能力的领导者。为培养适应时代需要的领导者，从以下几个方面来讨论我国领导者应具有的素质。

（一）道德素质

作为一名领导者，尤其是企业等经济组织的领导者，必须具有良好的道德素质。首先，应当具备做人的基本的道德要求，如明礼诚信，不谋私利，谦虚谨慎，实事求是；其次，要关心群众，与组织员工同甘共苦，以组织发展为工作目标，正确处理好国家、企业、员工三者的关系，严格遵守国家的法律与法规，将国外先进的管理思想与中国的实际相结合，发扬我们民族文化中的管理思想精华，形成具有中国特色的管理与领导模式。

（二）知识素质

组织的领导者应当具备一定的知识素质。具体体现在以下几方面。

（1）领导者应当是所属组织或行业中具有较高专业水平的技术或业务专家，精通本职业务，了解本行业的科研和技术业务发展趋势，而不是不懂业务知识的"门外汉"。

（2）领导者应懂得管理的基本原理、方法及各种专业管理知识，掌握经济理论、市场营销理论，具有统计学、会计学、经济法、财政金融和国际贸易等方面的基本知识，了解国内外现代管理理论的发展方向。

（3）领导者应具有人才学、心理学、行为科学、社会学等方面的基本知识，并能将之应用到组织的领导管理实践中，以调动组织员工的工作积极性，协调好组织内部的人事关系，建设和谐的组织内部人际关系体系。

（三）能力素质

除了以上的素质要求以外，成功的领导者还应具备以下能力素质。

（1）分析、判断与决策能力。领导者要在错综复杂的社会环境中，透过现象看清问题的本质，抓主要矛盾，运用严密的逻辑思维方法，进行有效的归纳与总结，进行正确的决策，以有效地实现组织目标。

（2）组织、指挥与控制能力。组织、指挥与控制是管理的重要职能，也是领导者应当具备的重要能力。领导者应当根据组织的实际情况，设计符合业务需要的组织结构，善于运用组织的力量，指挥与协调组织的人力、财力、物力，及时发现组织运行中存在的问题，并予以解决，以获得最佳的工作成果。

（3）沟通、协调组织内外各种关系的能力。组织或企业具有相当强的社会属性，因此不可避免地与社会各个方面有着千丝万缕的联系。作为组织的领导者，必须具有沟通、协调组织内外各种关系的能力，以为组织营造良好的生存与发展环境。

（4）探索与创新能力。领导者要善于并及时总结经验教训，善于听取不同意见，以做到"兼听则明"。另外，作为领导者，还应对新生事物具有强烈的敏感性，富有想象力，不断有新的思想与新的方案，不断创新。

（5）知人善任的能力。人力资源的建设与管理是领导者的一项重要任务。要充分调动和利用组织的人力资源，善于发现、培养和使用人才，发挥每个员工的能力与专长，使员工为组织的发展而尽力工作。

（四）身体素质

作为领导者，必须具有健康的身体与充沛的精力，以适应组织管理的繁重的任务需要。

以上总结了作为领导者应当具备的一些基本素质，这些素质对于成为一个成功的领导者是比较重要的。当然，并不是说具备了以上素质就是一个成功的领导者，还需要在实践中综合运用、融会贯通。对于一般的管理人员而言，要想成为一名管理者，在事业成功的道路上有所突破，更需要注重个人素质的综合提高，博览群书，博古通今，为自己的发展与提高进行全面的素质准备。

【案例 6-2】　　　　　齐宁媛的领导风格

中兴票券金融公司副总经理齐宁媛，是一位杰出的经理人，她从不打官腔，也不为难部属，对于犯错的部属，也不会疾言厉色，总是婉转地规劝，使部属能够心悦诚服地改正错误。

在部属心目中，她是一位难得的好上司，因为她有容忍部下犯错的雅量，不断地训练部属，而且能够发觉部属的优点与潜能，并予以有效的诱导与激发。

她这种领导部属的方法，是受了一幅画的影响。

在她的孩子念小学时，有一天她去参加学校的家长会。老师带着她参观孩子们所画的图画，她看到了一幅取名为"妈妈带我去逛街"的图画，上面除了许多条腿之外，什么也没有。

齐宁媛看了这张画，心中十分纳闷，为什么逛街的画上，只有腿而没有别的东西呢？老师笑着解释说："小朋友个子小，在逛街时所看到的当然只有许多大人的腿了。"

这件小事给她很大的启示。如果你要小孩看清街上的情景，就得把他抱到与大人相同的高度；同样地，你要部属能够达成工作目标，就得容忍部属的错误，并竭尽所能训练他们、帮助他们，使他们逐渐地进步与成长，否则部属就会像那小孩一样，永远只看到别人的腿。

一幅小朋友的画，带给齐宁媛重大的启示，并塑造了她领导部属的风格。

想一想：
1. 齐宁媛作为一位领导者，具备了哪些素质？
2. 你认为齐宁媛是什么风格的领导者？该种领导风格有什么优点？

二、领导集体的构成

组织中的领导者并非一个人，而是由一群人组成。现代企业的生产经营活动异常复杂，单靠一个人的聪明才智很难有效地组织和指挥企业的生产经营活动，只有把具有各种专业才能的一群人组织在一起，才能构成全才的领导集体。一个具有合理结构的领导班子，不仅能使每个成员人尽其才，做好自己的工作，而且能通过有效的组合，发挥巨大的集体力量。领导班子的结构，一般包括年龄结构、知识结构、能力结构、专业结构等。

（一）年龄结构

不同年龄的人具有不同的智力、不同的经验。因此，寻求领导班子成员的最佳年龄结构是非常重要的。领导班子应该是老、中、青三结合，向年轻化的趋势发展。现代社会处于高度发展之中，知识更新的速度越来越快。尽管随着年龄的增长，也会增加知识数量的积累，但吸收新知识的优势无疑属于中青年人，人的知识水平的提高与年龄的增长没有必然的联系。

领导班子的年轻化，是现代社会的客观要求，是组织现代化大生产的需要。但年轻化绝不是青年化，不是说领导班子中成员的年龄越小越好，而是指一个领导集体中应有一个合理的老、中、青比例，有一个与管理层次相适应的平均年龄界限。在不同管理阶层中，对年龄的要求，对年轻化的程度，应有所不同。

（二）知识结构

知识结构是指领导班子中不同成员的知识水平构成。

领导班子成员都应具有较高的知识水平。没有较高的文化知识素养，就胜任不了管理现代化企业的要求。在现代企业中，大量的先进科学技术被采用，在复杂多变的经营环境中,为了使企业获得生存,求得发展,企业领导人员必须具备广博的知识。随着我国社会经济的发展,职工的文化水准在不断提高,各类组织的各级领导都在向知识型转变。

(三) 能力结构

领导的效能不仅与领导者的知识有关,而且与他们运用知识的能力有密切的关系。这种运用知识的能力对于管理好一个企业是非常重要的。能力是一个内容十分广泛的概念,它包括决策能力、判断能力、分析能力、指挥能力、组织能力、协调能力等。每个人的能力是不相同的,有的人善于思考分析问题,提出好的建议与意见,但不善于组织工作;有的人善于组织工作,但分析问题的能力较差等。因此,企业领导班子中应包括不同能力类型的人物,既要有思想家,又要有组织家,还要有实干家,这样才能形成最优的能力结构,在企业管理中充分发挥作用。

(四) 专业结构

专业结构是指在领导班子中各位成员的配备应由各种专门的人才组成,形成一个合理的专业结构,从总体上强化这个班子的专业力量。在现代企业里,科学技术是提高生产经营成果的主要手段,因此,领导干部的专业化是搞好现代企业经营的客观要求。

以上所述的领导班子的结构仅是主要方面的。此外,还有其他一些结构,如性格结构等也是需要注意的。按照这些要求形成的领导集体将是一个结构优化、富有效率的集体。

三、领导的艺术

领导应具有一定的艺术性,不同的领导风格会产生不同的效果。领导者可划分为不同的类型。

(一) 按制度权力的集中与分散程度划分

1. 集权式领导者

所谓集权式领导者,就是指把管理的制度权力相对牢固地进行控制的领导者。由于管理的制度权力是由多种权力细则构成的,如奖励权、强制权和收益的再分配权等,这就意味着对被领导者或下属而言,受控制的力度较大。在整个组织内部,资源的流动及其效率主要取决于集权领导者对管理制度的理解和运用,同时,个人专长权和影响权是他行使上述制度权力成功与否的重要基础。这种领导者把权力的获取和利用看成是自我的人生价值。这种领导者的优势在于,通过完全的行政命令,管理的组织成本在其他条件不变的情况下，要低于在组织边界以外的交易成本。这对于组织在发展初期和组织面临复杂突变的变量时，是有益处的。但是，长期将下属视为某种可控制的工具则不利于他们职业生涯的良性发展。

2．民主式领导者

与集权式领导者形成鲜明对比的，是民主式领导者。这种领导者的特征是向被领导者授权，鼓励下属的参与，并且主要依赖于其个人专长权和影响权影响下属。从管理学角度看，意味着这样的领导者通过对管理制度权力的分解，进一步通过激励下属的需要，去实现组织的目标。不过，由于这种权力的分散性使得组织内部资源的流动速度减缓，因为权力的分散性一般导致决策速度降低，进而增大了组织内部的资源配置成本。但是，这种领导者对组织带来的好处也十分明显。通过激励下属的需要，组织发展所需的知识，尤其是意会性或隐性知识，能够充分地积累和进化，员工的能力结构也会得到长足提高。因此，相对于集权式领导者，这种领导者更能为组织培育21世纪越来越需要的智力资本。

（二）按领导工作的侧重点不同划分

1．事务型领导者

事务型领导者通过明确角色和任务要求而指导或激励下属向着既定的目标活动，并且尽量考虑和满足下属的社会需要，通过协作活动提高下属的生产率水平。他们对组织的管理职能推崇备至，对勤奋、谦而而且公正地把事情理顺、工作有条不紊地进行引以为豪。这种领导者重视非人格的绩效内容，如计划、日程和预算，对组织有使命感，并且严格遵守组织的规范和价值观。

2．变革型领导者

变革型领导者鼓励下属为了组织的利益而超越自身利益，并能对下属产生深远而且不同寻常的影响。他们关怀每一个下属的日常生活和发展需要；他们帮助下属用新观念看待老问题，从而改变了下属对问题的看法；他们能够激励、唤醒和鼓舞下属为达到群体目标而付出更大的努力。

3．战略型领导者

战略型领导者的特征是用战略性思维进行决策。战略型领导者是将领导的权力与全面调动组织的内外资源相结合，实现组织长远目标，把组织的价值活动进行动态调整，在市场竞争中站稳脚跟的同时，积极抢占未来商机的制高点。战略型领导者认为组织的资源由有形资源、无形资源和有目的地整合资源的能力构成。管理人力资本的能力是战略型领导者最重要的技能。战略型领导者行为的有效性，取决于他们愿意进行坦荡、鼓舞人心但却是务实的决策。他们强调同行、上级和员工对于决策价值的反馈信息，讲究面对面的沟通方式。战略型领导者一般是指组织的高层管理人员，尤其是首席行政长官

（CEO）。其他战略型领导者还包括企业的董事会成员、高层管理团队和各事业部门的总经理。

4. 领袖魅力型领导

领袖魅力是指远远超出一般的尊重、影响、钦佩和信任的，对追随者的情感具有震撼力的一种力量和气质。富于领袖魅力的领导者对下属具有某种影响力，这种影响力来自：（1）为下属建立一个令人憧憬的目标，例如马丁·路德·金有一个对更美好世界的梦想；肯尼迪宣称要把人类送上月球等。（2）形成某种公司价值体系。（3）信任下属从而赢得下属的尊重。他们总是创造一种变革的环境，努力为追随者建立起一种富于竞争、成功与信任并传递高度期望值的氛围。他们都是善于雄辩的演讲者，显示出高超的语言技巧，而这种技巧能够帮助他们激励和鼓舞群众。如沃特·迪斯尼能用讲故事的方式迷倒人们，他具有巨大的创造才能，并把高品位、甘冒风险和创新所具有的重要价值观逐渐灌输到组织中去。拥有这些品质的领导者能激发起其追随者的信任、信心、接受服从、同喜同悲、钦佩及他们更高的工作绩效。

小看板

《孙子兵法》领导观

《孙子兵法》是世界上现存成书最早的一部古典军事名著，产生于奴隶制向封建社会过渡的大变革时期。在这种形势下，代表新的封建制生产关系的新兴地主阶级向奴隶主阶级展开了激烈的斗争。孙武在这样的社会历史背景下，用当时比较进步的观点和方法，创立了新兴地主阶级的军事学说。本文对《孙子兵法》中的领导决策思想进行探讨。

一、预测的思想

决策是领导者的一项最重要的职能，决策的失误是领导者最大的失误。孙子对决策十分重视。而决策时必先进行预测，没有预测也就没有决策。

《计篇》中说："夫未战而庙算胜者，得算多也；未战而庙算不胜者，得算少也。多算胜，少算不胜，而况于无算乎！吾以此观之，胜负见矣。"其意是说，凡是没有开战之前，就应在庙堂中进行策划，策划得好的，是因为预见的因素准确，这样就可以打胜仗；策划得不好的，是因为不能很好进行预见，就不能打胜仗；对于那些根本就不进行预见而匆匆交战的，失败更是必然的了。

事实说明，历史上有名的决策者都是预测能力很强的人，诸葛亮为什么敢对司马懿摆下空城计？这是因为他对司马懿的心理进行了预测：司马懿此人生性多疑，见我如此，肯定怀疑其中有诈，不敢进城。大军必然退去。诸葛亮草船借箭之所以成功，不也是与预测紧密相关吗?

我们过去在工作中的失误,很重要的一个原因就是违背了事物的本质和规律而造成的。

所以,中央近年来一直强调,领导干部在工作中必须加强工作的预见性,也就是这个道理。为了加强预见性,必须去把握事物现实的状况,把握事物的本质和规律。

二、决策的系统思想

孙子在《计篇》中还论述到:"兵者,国之大事,死生之地,存亡之道,不可不察也。故经之以五事,较之以计而索其情:一曰道,二曰天,三曰地,四曰将,五曰法。道者,令民与上同意也,可与之死,可与之生,而不畏危。天者,阴阳、寒暑、时制也。地者,高下、远近、险易、广狭、死生也。将者,智、信、仁、勇、严也。法者,曲制、官道、主用也。凡此五者,将莫不闻;知之者胜,不知之者不胜。"

这段话的意思是说,战争是国家的大事,关系到军与民的生死、国家的存亡,是不可以不认真研究的。要从五个方面进行考察:一是道,即指政治,要使民众和君主的意愿一致,不能违抗君主的命令;二是天,天时,指昼夜、阴晴、寒冬、酷暑等气候季节的变化情况;三是地,地利,指高低、远近、宽窄、水陆、死地、生地等各种地形;四是将,将帅应具备才智、诚信、仁慈、勇敢、威严等主观条件;五是法,法制,指军队的组织编制,职权责的确定及各种奖罚制度等。在决策的时候,如果能考虑到以上几个方面,就能创造胜利的条件。

孙子兵法这段话,关系到决策的系统性问题。所谓系统,是一个有机联系、相互作用的整体。决策必须从系统出发,有了系统思想,就会事半功倍,没有系统思想,就可能事倍功半。而领导者要能把握系统,必须对实际情况进行认真分析,否则,工作中就会出现盲点,而盲点的危害是很大的,它会导致决策的失败。

三、决策中的比较

孙子兵法《九变篇》中说,"是故智者之虑,必杂于利害。杂于利。而务可信也;杂于害,而患可解也。"这句话的意思是说,聪明的将帅在考虑问题的时候,总是从利与弊两个方面进行比较,能够看到有利的方面,任务就可以完成,目标就可以实现;能看到有害的方面,祸患就可以解除。

决策的本质是一种选择活动,而选择必须进行比较,而要进行科学的比较,就必须从利与弊两个方面进行考虑。因此,领导者要有辩证的眼光,不能好大喜功,不能急功近利。应当乐于接受负反馈,对负反馈的接受,才能自觉分析决策过程中的不利之处,也才可能制订出正确的决策方案,做到"上兵伐谋"。

《孙子兵法》还就博弈型决策讲了其中的比较,要看哪一方的国君比较开明,哪一方的主将比较精明而有能力,哪一方取得了天时地利等有利于己的客观条件,哪一方能严格执行法令严明纪律，哪一方兵众强大而有战斗力，哪一方的士兵训练有素，哪一方的赏罚比较公正严明而不徇私情。

四、决策执行中的协调

组织是领导活动的载体，不善于驾驭组织的领导者是难以实现决策目标的。孙子提出了决策实施过程中组织协同的思想。他在《九地篇》中讲，"故善用兵者，譬如率然，率然者，常山之蛇也。击其首则尾至，击其尾则首至，击其中则首尾俱至"。"故善用兵者，携手若使一人，不得已也。"其意是说，善于用兵的人，就像常山那个地方的蛇一样，打它的尾巴，头就来救应，打它的中间，头和尾部都来救应。用兵也要这样协同，统帅三军要像一个人一样，这是两军交战不得不如此，否则，组织就要崩溃。

这也正如布赖恩·L.乔伊纳（美）在《第4代管理》中描述的那样："比赛中的赛船就如一个系统，当每个队员都尽力表现以突出个人时，小船的速度就会减慢，而当每个队员都尽力使自己与其他队员合拍同步时，小船速度就会快得多。正是追求这种同步合拍，才能使小船以最快的速度向同一方面疾驶"。

五、决策中的主动权

《虚实篇》中说，"故善战者，致人而不致于人"。就是说，要善于调动敌人，而不能被敌人调动。《形篇》中又说，"先为不可胜，以待敌之可胜。"就是说，要先消灭自己的弱点，立于不败之地，以寻求消灭敌人的机会。《孙子兵法》所说，是决策者的主动权问题。所谓主动权，是由于认识了客观对象的必然性而获得的行动自由权。

主动权对于决策者来讲十分重要，不能在决策中把握主动权，就不可能真正实施领导权。孙子十分清醒地看到了这一点。只要把握了决策中的主动权，才能做到"出其所不趋，趋其所不意"。

如何把握主动权？孙子在《谋攻篇》中说：要"知己知彼"，只要如此，才能百战不殆，立于不败之地。这也正如毛泽东讲，主动权不是任何天才家所固有的，只是聪明的领导者，虚心研究和正确估计客观情况，正确地处置军事政治行动所产生的东西。所以，决策者为了把握主动权，必须深入细致地进行调查研究，否则，主动权就是一句空话。

汶川大地震，中央领导很快深入灾区，了解情况，体察民情，在此基础上作出了一系列重要的正确的决策。

六、决策中的权变

孙子在《虚实篇》中讲，"夫兵形象水，水之形避高而趋下，兵之形避实而击虚，水因地而制流，兵因敌而制胜。故兵无常势，水无常形，能因敌变化而取胜者，谓之神。"就是说，用兵的方式就像水的流动一样，水运动的规律是避开高处而向下奔流，作战的规律是避开敌人坚固的地方而攻击其薄弱的地方。所以，军队组织的运行没有一个固定的模式，这就像水的流动一样，是千变万化的，能够根据敌情的变化而决定用兵的方式，这就叫用兵如神。

决策没有一个固定的模式，因为决策对象是千变万化的，这就需要领导者进行随机处理。过去的经验固然有用，但如果不与具体情况结合，不从实际出发，所谓的经验只会变成束缚思想的桎梏，使决策失败。

总之，《孙子兵法》内含着辩证的领导观、主动的领导观、权变的领导观和智慧的领导观，正由于此，所以对决策者有所启迪。

资料来源：汤新明，http://blog.sina.com.cn/rgtxm，2009-10-27

【案例6-3】　　　　　　　　苏·雷诺兹的职业生涯

22岁的苏·雷诺兹，即将获得哈佛大学人力资源管理的本科学士学位。在之前的两年里，她每年暑假都在康涅狄格互助保险公司打工，填补去度假的员工的工作空缺，因此她在这里做过许多不同类型的工作。目前，她已接受该公司的邀请，毕业之后将加入互助保险公司成为保险单更换部的主管。

康涅狄格互助保险公司是一家大型保险公司，苏所在的总部就有5 000多名员工。公司奉行员工的个人开发，这已成为公司的经营哲学，公司自上而下都对所有员工十分信任。苏将要承担的工作要求她直接负责25名职员。他们的工作不需要什么培训而且具有高度的程序化，但员工的责任感十分重要，因为更换通知要先送到原保险单所在处，要列表显示保险费用与标准表格中的任何变化；如果某份保险单因无更换通知的答复而将被取消，还需要通知销售部。

苏工作的群体成员全部为女性，年龄跨度从19~62岁，平均年龄为25岁。其中大部分人是高中学历，以前没有过工作经验，她们的薪金水平为每月1 420~2 070美元。苏将接替梅贝尔·芬彻的职位。梅贝尔为康涅狄格互助保险公司工作了37年，并在保险单更换部做了17年的主管工作，现在她退休了。苏去年夏天曾在梅贝尔的群体里工作过几周，因此比较熟悉她的工作风格，并认识大多数群体成员。她预计除了丽莲·兰兹之外，其他将成为她下属的成员都不会有什么问题。丽莲今年50多岁，在保险单更换部工作了10多年，而且作为一个"老太太"，她在员工群体中很有分量。苏断定，如果她的工作得不到丽莲·兰兹的支持，将会十分困难。

苏决心以正确的步调开始她的职业生涯。因此，她一直在认真思考一名有效的领导者应具备什么样的素质。

资料来源：百度文库

想一想：
1. 影响苏成功地成为领导者的关键因素是什么？
2. 你认为苏能够选择领导风格吗？如果可以，请为她描述一个你认为有效的风格。如果不可以，请说明原因。

第三节　领　导　理　论

领导理论就是关于领导的理论，即把领导活动纳入到科学的研究程序中，通过一些实证式的研究和逻辑化的推理，得到一些普遍式的结论。领导理论大致可分为三大主要理论学派：领导特质理论、领导行为理论和领导权变理论。

一、特质理论

领导特质理论重点研究领导本身的特质，包括领导的品行、素质、修养，目的是要说明好的领导者应具备的品质和特征。该理论认为领导工作效率的高低与领导者的素质、品质和个性有密切的关系。这种理论最初是由心理学家开始研究的，他们的出发点是根据领导效果的好坏，找到好的领导者与差的领导者在个人品质和特性方面的差异，由此确定优秀的管理者应具备的特性。

按照其对领导品质和特性来源认识的不同，可分为传统领导特质理论和现代领导特质理论。传统领导特质理论认为，领导的品质和特性是人先天就存在的，它来自遗传。现代领导特质理论则认为领导的品质和特性是一种动态的过程，是在后天的学习、实践、培养过程中形成的。领导特质理论认为，为了使管理者成为有效的管理者，对管理者的选择就要有明确的标准，对管理者的培训就要有具体的方向，对管理者的考核要有严格的标准。

传统领导特质理论认为领导者是天生的，只要是领导者就一定具备超人的素质。斯托格迪尔考察了 124 项研究，查阅整理了 5 000 多种有关领导者素质的书籍和文章后，把领导者的素质归纳为 5 项体质特征、16 项个性特征、6 项工作特征和 9 项社会特征，其中包括精力、外貌、年龄、适应性、进取心、独立性等。在这里，斯托格迪尔确实发现了某些领导者都具备的一些共同特性，但和其他有关领导特性的研究一样，斯托格迪尔的研究结果存在的同样问题是这些共同特性总有许多例外。

与传统领导特质理论不同，现代领导特质理论认为先天的素质只是人的心理发展的生理条件，素质是可以在社会实践中得以培养与发展的。因此，他们主要是从满足实际工作需要和胜任领导工作所需的要求方面来研究领导者应具备的能力、修养和个性。巴斯通过研究认为，有效领导者的特性是："在完成任务中具有强烈的责任心，能精力充沛地执著追求目标，在解决问题中具有冒险性和创造性，在社会环境中能运用首创精神，富于自信和特有的辨别力，愿意承受人与人之间的压力，愿意忍受挫折和耽搁，具有影响其他人行为的能力。"

还有一些类似的研究，但总的来说，领导特质理论并未取得多大的成功，也有人认为，这不是一种研究领导的好方法，因为：各研究者所列的领导者特性包罗万象，这些研究大都是描述性的，并没有说明领导者应在多大的程度上具有某种品质；进一步地，并非所有的领导者都具备所有的品质，而许多非领导者也可能具备大部分这样的品质。

尽管如此，这些理论并非一无是处，一些研究表明了个人品质与领导有效性之间存在着相互联系。如一些研究表明，领导者的才智、广泛的社会兴趣、强烈的成就欲望及对员工的关心和尊重，确实与领导的有效性有很大关系。此外，现代领导特质理论从领导者的职责出发，系统地分析了领导者应具备的条件，向领导者提出了要求和希望，这对于培养、选择和考核领导者也是有帮助的。

 小看板

领导是天生的还是造就的

关于领导，到底是天生的，还是造就的？

我们先来分析一下成功的领导人最常见的特征和本质。

1. 特色：适应形势，对社会环境警觉，雄心勃勃（有领导欲）并且总想取得成就；有主见，善于合作，有决断，值得信赖；有支配力（总想影响他人），朝气勃发（活动能力强）；诚实、正直、执著、自信（情绪稳定），耐受压力，乐于承担责任。

2. 本领：聪明（有智慧），精于制定策略；有创造性，有外交能力，机智，说话流利；深谙团队任务，有组织力（管理能力），有说服力，善于社交。

综合起来，表现杰出的领导有如下七个特征：（1）精通业务；（2）善于与人交往；（3）精于制订策略；（4）有一定人生阅历；（5）有品位；（6）有判断力；（7）品格值得信赖。

那么这一切是天生的，还是造就的？读者自有自己的判断。

比较认同的观点是，优秀的领导等于天赋加培训。一个有高敏悟力、有天赋的领导者，如果有好的学习机会，会成为一个优秀的领导者，反之，如果缺少学习机会，则会造成潜能的浪费；一个缺乏天赋、敏悟力低的领导者，如果有好的学习机会，可以培养成一个有中等水平的领导者，如果没有学习机会，则会在领导岗位上做出错误的选择，并遭到淘汰。

在智力水平相差不大的前提下，一个想成为出色领导的员工，必须有意识地提高情商。情商的五要素是：自我意识、自我调节、自我激励、同情、社交技巧。前面三项是自我行为，自我意识包括自我的内外部扫描、价值观的反省、情感的驱动；自我调节能力则反映了一个人社会化的程度，所谓的社会化，通俗地说，就是成熟、掩饰真实情感的能力。后面两项是社交方面的能力。

出色的领导管理是获得最佳成效的前提和保障。70%的员工的动机来自领导力行为。商业的成功来自如下几个方面：（1）优秀的经理和领导者；（2）积极热情的员工；（3）客户的满意。动机强的员工的工作效率可以提高一倍或者更多。

资料来源：新浪财经，2002-11-13

二、行为理论

领导特质理论注重的是领导者的个性特点对领导有效性的影响，领导行为理论则把重点放在研究领导者的行为风格对领导有效性的影响上。在管理思想发展史上，比较典型的领导行为理论有以下几个。

（一）勒温理论

关于领导作风的研究最早是由心理学家勒温进行的，他以权力定位为基本变量，通过各种试验，把领导者在领导过程中表现出来的工作作风分为三种基本类型：专制作风、民主作风、放任自流作风。

1. 专制作风

专制的领导作风是指以力服人，靠权力和强制命令让人服从的领导作风，它把决策权力定位于领导者个人手中。专制领导作风的主要行为特点有以下几项。

（1）独断专行，从不考虑别人的意见，所有的决策由领导者自己作出。领导者亲自设计工作计划，指定工作内容和进行人事安排，从不把任何消息告诉下属，下属没有参与决策的机会，而只能察言观色、奉命行事。

（2）主要靠行政命令、纪律约束、训斥和惩罚来管理，只有偶尔的奖励。

（3）领导者很少参加群体活动，与下属保持一定的心理距离，没有感情交流。

2. 民主作风

民主的领导作风是指以理服人、以身作则的领导作风，它把决策权力定位于群体。

其主要的行为特点有以下几项。

（1）所有的政策是在领导者的鼓励和引导下由群体讨论决定的。

（2）分配工作时尽量照顾到个人的能力、兴趣，对下属的工作也不安排得那么具体，下属有较大的工作自由、较多的选择性和灵活性。

（3）主要以非正式的权力和权威，而不是靠职位权力和命令使人服从，谈话时多使用商量、建议和请求的口气。

（4）领导者积极参与团体活动，与下属无任何心理上的距离。

3．放任自流作风

放任自流的领导作风是指工作事先无布置，事后无检查，权力定位于组织中的每一个成员，一切悉听尊便的领导作风，实行的是无政府管理。

勒温在试验中发现：在专制型领导的团体中，各成员之间攻击性言论显著；成员对领导服从但表现自我或引人注目的行为较多；成员多以"我"为中心；当受到挫折时，常彼此推卸责任或进行人身攻击；当领导不在场时，工作动机大为下降，也无人出来组织工作。而在民主型团体中，成员间彼此比较友好；很少使用"我"字而具有"我们"的感觉；遇到挫折时，人们团结一致以图解决问题；在领导不在场时一样继续工作；成员对团体活动有较高的满足感。

根据试验结果，勒温认为，放任自流的领导作风工作效率最低，只达到社交目标而完不成工作目标；专制的领导虽然通过严格的管理达到了工作目标，但群体成员没有责任感，情绪消极，士气低落，争吵较多；民主型领导作风工作效率最高，不但完成工作目标，而且群体作风之间关系融洽，工作积极主动，有创造性。因此，最佳的领导行为风格是民主领导作风。

（二）管理系统理论

利克特和他的密执安大学的同事研究了工业、医院和政府中的领导们，并从几千名雇员中取得了相关数据。经过广泛的分析，他们把领导者分为以工作为中心和以雇员为中心两大类。在上述领导方式两分法的基础上，提出了以下四种领导形态。

1．专制式的集权领导

在这种领导形态中，管理层对下级缺乏信心，下级不能过问决策的程序。决策由管理上层作出，然后以命令宣布，强制下属执行。上下级之间互不信任。组织中的非正式组织对正式组织的目标通常持反对态度。

2．仁慈式的集权领导

在这种领导形态中，管理层对下属有一种谦和的态度，但决策权力仍控制在最高层，下层能在一定的限度内参与，但仍受高层的制约。对职工有奖励也有惩处。上下级相处态度谦和，但下属小心翼翼。机构中的非正式组织对正式组织的目标一般不会反对。

3．商议式的民主领导

在这种领导形态中，上下级有相当的信任，但不完全信任。主要的决策权仍掌握在高层手里，但下级对具体问题可以决策。双向沟通在相当信任的情况下经常进行。机构中的非正式组织一般对正式组织的目标持支持态度。

4．参与式的民主管理

在这种领导形态中，管理阶层对下属完全信任，决策采取高度的分权化，随时进行上下沟通和平行沟通。上下级之间在充分信任和友好的状态下交往，分不出正式组织和非正式组织。

利克特认为企业领导者的领导方式对生产率的高低有着极为重要的影响。一个企业的领导者，在管理中如果以职工为中心，较多地关心职工的需要和愿望等，则该企业的生产率就高；如果以工作为中心，则该企业的生产率就低。一个企业的领导者同该企业职工接触较多，生产率就高；反之，生产率就低。一个企业领导方式越民主、合理，职工参与度越高，生产率就高。

（三）四分图理论

1945 年，美国俄亥俄州立大学商业研究所发起了对领导行为研究的热潮。一开始，研究人员设计了一个领导行为描述调查表，列出了 1 000 多种刻画领导行为的因素；后来霍尔平和维纳将冗长的原始领导行为调查表减少到 130 个项目，并最终将领导行为的内容归结为两个方面，即以人为重和以工作为重。

以人为重，是指注重建立领导者与被领导者之间的友谊、尊重和信任的关系。包括尊重下属的意见，给下属以较多的工作自主权，体察他们的思想感情，注意满足下属的需要，平易近人，平等待人，关心群众，作风民主。

以工作为重，是指领导者注重规定他与工作群体的关系，建立明确的组织模式、意见交流渠道和工作程序。包括设计组织机构，明确职责、权力、相互关系和沟通办法，确定工作目标和要求，制定工作程序、工作方法和制度。

他们依照这两方面的内容设计了领导行为调查问卷，就这两方面各列举 15 个问题，发给企业，由下属来描述领导人的行为如何。调查结果表明，以人为重和以工作为重并不是一个连续带的两个端点，这两方面常常是同时存在的，只是可能强调的侧重点不同，领导者的行为可以是这两个方面的任意组合，即可以用两个坐标的平面组合来表示，如图 6-1 所示。由这两个方面可形成四种类型的领导行为，这就是所谓的领导行为四分图。

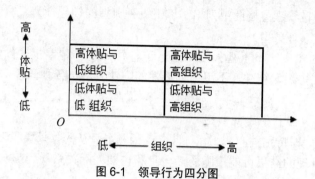

图 6-1　领导行为四分图

研究者认为，以人为重和以工作为重的领导方式是相互联系的。一个领导者只有把两者相结合起来，才能进行有效的领导。即最佳的领导行为是既要以人为重，又要以工作为重。

（四）管理方格图理论

在四分图理论基础上，美国心理学家布莱克和莫顿提出了管理方格图理论。他们将四分图中以人为重改为对人的关心度，将以工作为重改为对生产的关心度，将关心度各划分为九个等分，形成 81 个方格，从而将领导者的领导行为划分成许多不同的类型，如图 6-2 所示，在评价管理人员的领导行为时，就按他们这两方面的行为寻找交叉点，这个交叉点就是其领导行为类型。纵轴的积分越高，表示他越重视人的因素，横轴上的积分越高，就表示他越重视生产。

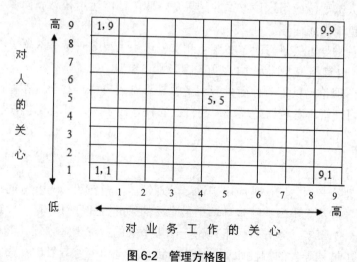

图 6-2　管理方格图

布莱克和莫顿在管理方格图中列出了以下五种典型的领导行为。

1. 9.1 型方式（任务型）

只注重任务的完成，不重视人的因素。这种领导是一种专权式的领导，下属只能奉命行事，职工失去进取精神，不愿用创造性的方法去解决各种问题，不能施展所有的本领。

2. 1.9 型方式（乡村俱乐部型）

与 9.1 型相反，即特别关心职工。持此方式的领导者认为，只要职工精神愉快，生产自然会好。这种管理的结果可能很脆弱，一旦和谐的人际关系受到影响，生产成绩会随之下降。

3. 5.5 型方式（中庸之道型）

既不过于重视人的因素，也不过于重视任务因素，努力保持和谐和妥协，以免顾此失彼。遇到问题总想敷衍了事。此种方式比 1.9 型和 9.1 型强些。但是，由于牢守传统习惯，从长远看，会使企业落伍。

4. 1.1 型方式（贫乏型）

对职工的关心和对生产任务的关心都很差。这种方式无疑会使企业失败，在实践中很少见到。

5. 9.9 型方式（团队型）

对生产和人的关心都达到了最高点。在 9.9 型方式下，职工在工作上希望相互协作，共同努力去实现企业目标；领导者诚心诚意地关心职工，努力使职工在完成组织目标的同时，满足个人需要。应用这种方式的结果是，职工都能运用智慧和创造力进行工作，关系和谐，出色地完成任务。

到底哪一种领导方式最好呢？布莱克和莫顿组织了很多研讨会。绝大多数参加者认为 9.9 型最佳，也有不少人认为 9.1 型好，其次是 5.5 型。

管理方格图理论提供了一种衡量管理者领导形态的模型，对于培养管理者是一种有用的工具，它可使管理者较清楚地认识到自己的领导行为，并明确改进的方向。

三、权变理论

权变管理理论产生之后，被应用于许多管理领域，但应用最为普遍的还属领导理论研究。权变领导理论集中研究特定环境中最有效的领导方式和领导行为。这种理论的产生来源于这样一个事实：领导者性格理论无法用个人的特性来区分领导者和非领导者。行为理论忽略了被领导者的特性和环境因素，而孤立地研究领导者的行为，即某一具体的领导方式是否能在所有情况下都有效。为了克服这些理论的行为，人们广泛接受了权变领导理论。该理论认为,没有一种领导方式对所有的情况都是有效的,没有一成不变的、普遍适用的"最好的"管理理论和方法,管理者做什么、怎样做完全取决于当时的情况。

(一)费特勒权变理论

伊利诺大学的费特勒从 1951 年开始,首先从组织绩效和领导态度之间的关系着手进行研究,经过长达 15 年的调查试验,提出了"有效领导的权变模式",简称费特勒模型。他认为任何领导形态均可能有效,其有效性完全取决于是否与所处的环境相适应。

如果对其最不喜欢的同事都能给予好的评价,就被认为对人宽容、体谅,注重人际关系和个人的声望,是以人为主的领导;如果领导者对其不喜欢的同事批评得体无完肤,则被认为惯于命令和控制,只是关心工作的领导者。与此同时,费特勒经过试验,把影响领导有效性的环境因素归结为以下方面。

1. 领导者与下属之间的相互关系

指领导者得到被领导者拥护和支持的程度,即领导者是否受下属的喜爱、尊敬和信任,是否能吸引并使下属愿意追随他。领导者与下属之间相互信任、相互喜欢的程度越高,领导者的权力和影响力就越大;反之,其影响力就越小。

2. 职位权力

指组织赋予领导者正式地位所拥有的权力。职权是否明确、充分,在上级和整个组织中所得到的支持是否有力,直接影响到领导的有效性。一个领导者对其下属的雇用、工作分配、报酬、提升等的直接决定权越大,其对下属的影响力也越大。

3. 任务结构

指下属所从事的工作或任务的明确性。如果所领导的群体要完成的任务是清楚的,组织纪律明确,成员有章可循,则工作质量比较容易控制,领导也可以更加有的放矢;反之,工作规定不明确,成员不知道如何去做,领导者就会处于被动地位。

费特勒的研究结果表明:根据群体工作环境,采取适当的领导方式可以把群体绩效提高到最大限度。当情境非常有利或非常不利时,采取工作导向型领导的方式是合适的;但在各方面因素交织在一起且情境有利程度适中时,以人为重的领导方式更为有效。

(二)不成熟—成熟理论

不成熟—成熟理论是由美国学者克里斯·阿吉里斯提出的,其目的在于探索领导方式对个人行为和下属在环境中成长的影响。阿吉里斯认为,一个人由不成熟转变为成熟,主要表现在以下七个方面。

(1)被动转变为主动。

(2) 由依赖转为独立。
(3) 少量的行为转为多种行为。
(4) 由错误而浅薄的兴趣转为较深和较强的兴趣。
(5) 由只知眼前到能总结过去、展望未来。
(6) 由附属地位转为同等或优越的地位。
(7) 由不明白自我到能明白自我、控制自我。

阿吉里斯认为，每个人随着年龄的增长，会逐步从不成熟走向成熟，但成熟的进程不尽相同。领导方式是否得当对人的成熟进程有很大的影响。如果把成年人当小孩对待，总是指定下属从事具体的、过分简单或重复性的劳动，使其无法发挥也不必发挥创造性、主动性，就会束缚他们对环境的控制能力，从而阻碍下属的成熟进程；反之，如能针对下属不同的成熟程度采取不同的领导方式，对不成熟的人适当指点，促其成熟，对较成熟的人创造条件，增加其责任，给予更多的机会，则能激励其更快地成熟。

（三）应变领导理论

由何塞和布兰查提出的应变领导模式理论把注意力放在对下属的研究上，认为成功的领导者要根据下属的成熟程度选择合适的领导方式。

在领导有效性研究中注重下属正是反映了下属决定接受或拒绝领导者这一事实。不管领导者做什么，有效性取决于下属的行为，但在很多领导理论中都没有注意到这一因素的重要性。

所谓**成熟度**是指人们对自己的行为承担责任的能力和愿望的大小。它取决于两个方面：任务成熟度和心理成熟度。任务成熟度是相对于一个人的知识和技能而言的，若一个人具有无须别人的指点就能完成其工作的知识、能力和经验，那么他的工作成熟度就是高的；反之则低。心理成熟度则与做事的愿望或动机有关，如果一个人自觉地去做，而无需外部的激励，就认为他有较高的心理成熟度；反之则低。

（四）途径—目标理论

加拿大多伦多大学教授罗伯特·豪斯把激发动机的期望理论和领导行为理论结合起来，提出了途径—目标理论。该理论认为，领导者可以而且应该根据不同的环境因素来调整自己的领导方式和作风。领导方式是由环境因素决定的，环境因素包括两个方面：一是下属的特点，包括下属受教育的程度，下属对于参与管理、承担责任的态度，对本身独立自主性的要求程度等，领导者对于改变下属的特点一般是无能为力的，但可以通过改变工作环境来充分发挥下属的特长；二是工作环境特点，主要是指工作本身的性质、组织性质等。

途径—目标理论认为，对于一个领导者来说，没有什么固定不变的领导方式，要根据不同的环境选用适当的领导方式。领导方式可分为以下四种。

1. 指令型领导方式

给下属明确任务目标、明确职责，严密监督，通过奖惩控制下属的行为。当工作任务模糊不清、变化大或下属对工作不熟悉，没有把握，感到无所适从时，这种方式是最合适的。

2. 支持型领导方式

对下属友好，平等对待，关心下属的生活福利。这种领导方式特别适用于工作高度程序化，让人感到枯燥乏味的情境。既然工作本身缺乏吸引力，下属就希望上司能成为满意的源泉。

3. 参与型领导方式

鼓励下属参与任务目标决策和解决具体问题。当任务相当复杂需要组织成员间高度的相互协作时，或当下属拥有完成任务的足够能力并希望得到尊重和自控制时，采用这种方式是合适的。

4. 目标导向型领导方式

这是参与领导方式的一种特殊类型，它主要强调目标设置的重要性，领导者通过为下属设置富有挑战性的目标和鼓励下属完成这些任务来管理下属。只要下属能完成目标，他们就有权自主决定怎么做。

途径—目标理论强调领导的有效性取决于领导行为、下属、任务之间的协调配合，其基本观点是：领导者的职责在于帮助其下属实现个人目标，并确定这些个人目标与组织目标或群体目标相一致。

 小看板

领导者的六种领导方式

愿景式。当一个组织需要有新的方向时，这种方式最为合适。它的目的是鼓励人们朝着一系列新的共同愿景而前进。戈尔曼写道，愿景式领导者为团队指明前进目标，而不是到达目标的方式，这让人们能够充分地创新、历练、承担可能的风险。

辅导式。这种一对一的方式侧重的是人员的培养，教他们学会怎样提升绩效，并帮助他们把个人目标与组织目标结合起来。在显示出主动性、希望在专业上进一步提升的员工身上，辅导发挥的作用最大。但如果被视为一种婆婆妈妈的管理方式，可能会适得其反，并损伤员工的自信心。

亲和式。这种方式强调团队协作的重要性，并在人与人之间建立一种纽带，形成一个和谐的团体。当你需要在组织中增进和谐、提高士气并修复沟通或受损的信任关系时，这种方式尤其有用。但它也有缺点。过分倚重对团队的表扬，可能会放任低劣的绩效得不到改正，并让员工相信他们是可以碌碌无为的。

民主式。这种方式充分发挥团队的知识和技能，共同形成目标，并树立一种实现目标的共同意志。当组织的前进方向不明确、领导者需要利用团队的集体智慧时，这种方式最为有效。但在危急时刻，紧急事件需要有迅速决策，这种建立共识的方式可能带来灾难性的后果。

标杆式。根据这种方式，领导者制定出很高的绩效标准，对更好、更快有着一种执著的追求，并要求人人都像自己一样。但戈尔曼警告说，这种方式应当少用，因为它可能打击士气、让人产生挫败感。他写道，我们的数据显示，标杆式领导行为多半会损害氛围。

命令式。这是"军事化"领导方式的典型，或许是用得最多但奏效机会最少的方式。由于很少涉及表扬，并不断地采取批评方法，它有可能打压士气和工作满意度。但在危机情形下需要紧急扭转局势时，这可能是一种有效的办法。

【案例 6-4】　　　　　　　如何实施有效领导

> 根据调令，A 前往 B 公司担任经理。在交接班时，前任经理特意对领导班子中的一位副手的情况作了详细介绍，说这位副手个性强，不好合作，凡事都要听他的，有时经理决定了的事，如果他不同意，经理的决策就很有可能得不到有效的实施。前任经理还对 A 说，要不是他知道自己要调离，一定会建议上级想办法把这位副手撤掉。前任经理的介绍在 A 的心理上造成了很大的阴影。
>
> 后来，A 正式接任工作，在与这位副手的接触中，发现这位副手确实很有个性，如自尊心很强，人很正直，对工作很有主见，也敢于负责，好胜心强，总希望自己分管的工作做得比别人好。

想一想：对于这位副手，A 应该怎样做，才能既调动其积极性，又能实现有效的领导，保证组织整体目标的实现？

 本章小结

所谓领导，是指领导者带领和指导组织成员实现共同确定的目标的各种活动的总和过程。领导和管理不同，管理是建立在合法的职务权力基础上对下属的行为进行指挥的过程,而领导更多的是通过其个人的魅力与专长来影响追随者的行为。领导的影响力有两个基本来源:一是领导者的地位权利,即职权的影响力;二是下属服从的意愿,即威信的影响力。所谓领导理论,是关于领导的有效性的理论。对领导有效性的研究主要是从三个方面进行:领导特质理论着重研究领导的品行、素质、修养,目的是要说明好的领导者应具备怎样的素质;领导行为理论着重分析领导者的领导行为和领导风格对其组织成员的影响,目的是找出最佳的领导行为和风格;领导权变理论则着重研究影响行为和领导有效性的环境因素,目的是要说明在不同情况下,哪一种领导方式才是最好的。领导特质理论着重于研究领导者的个人特性对领导有效性的影响。领导特质理论按其对领导特性来源所作的不同解释,可分为传统领导特质理论和现代领导特质理论。领导行为理论一般包括勒温理论、管理系统理论、四分图理论和管理方格理论。领导权变理论主要包括费特勒权变理论、不成熟—成熟理论、应变领导理论和途径—目标理论。

了解大师

"领导大师第一人":约翰·P. 科特

约翰·P. 科特是举世闻名的领导力专家,世界顶级企业领导与变革领域最权威的代言人。科特1947年出生于美国圣地亚哥,早年先后就读于麻省理工学院及哈佛大学,1972年开始执教于哈佛商学院,1980年,年仅33岁的科特成为哈佛商学院的终身教授,他和"竞争战略之父"迈克尔·波特是哈佛历史上此项殊荣最年轻的得主。

科特的写作生涯始于20世纪70年代,代表作有《变革之心》、《领导者应该做什么》、《松下领导学》、《领导变革》、《新规则》、《企业文化和经营业绩》及《变革的力量》等。行销全球的《领导变革》勾勒出了成功变革的八个步骤,具有极强的可操作性,已经成为全世界经理人的变革指南。科特的最近新书是《冰山在融化》(2006),作者在书中告诉我们,无论是企业还是个人,当生活空间日益逼仄,市场空间日渐萎缩的时候,唯一的出路在于摒弃旧观念,寻找新视角,以不懈的变革来开拓新的生存空间。《谁动了我的奶酪》一书的作者为此书作序,他说:"借助《冰山在融化》这本书,人们可以在如今飞速发展的时代收获更多的成功。"科特的著作曾经被翻译成五十多种文字,销量过千万册。

科特还是蜚声全球的演讲家,他曾经为数十家企业提供过演讲和咨询服务,其中包括了花旗集团、百事可乐、通用电气等世界顶级公司。进入21世纪,科特也将他广受欢迎的讲座开到了中国。科特的演讲声情并茂,极富感染力,他的目标是激发听众的积极性,所以在个人演讲之外鼓励以互动的方式参与讨论,录像、幻灯片、案例研究,当然

还有幽默和戏剧化的效果组成了科特式演讲的成功因素。

教学、写作和演讲是科特事业上的三驾马车，它们不仅奠定了他在领导和变革方面不可取代的地位，也带给了他无上的荣誉。他曾经因为改革哈佛商学院研究生课程设计而获得"埃克森奖"，因提出企业领导的新观点而获"JSK 奖"，因撰写最佳《哈佛商业评论》文章而两次获"麦肯锡奖"，因著作《松下领导学》而获《财经时代》的"全球商务书籍奖"等。《商业周刊》在2001年将科特评选为"领导大师第一人"。他发表于《哈佛商业评论》上的《领导者应该做什么》一文，被2004年1月号《哈佛商业评论》中文版评选为"管理史上的奠基之作"中八篇文章之首，与"竞争战略之父"迈克尔·波特、"现代管理之父"彼得·德鲁克等管理大师并驾齐驱。

科特事业生涯的起点是研究管理者的行为。在转向对领导艺术的研究之前，科特写了大量有关综合管理学的文章。他认为，管理者能否进行有效管理，很大程度上取决于他们能否与他人建立某种联系。

思考与讨论

1. 作为大学生，你认为怎样才能使自己更容易成为一个领导者？
2. 一位经理这样说："走得正，行得端，领导才有威信，说话才有影响，群众才能信服，才能对我行使权力颁发通行证。"这位经理在这里强调了领导的力量来源于哪方面？
3. 某公司经理被批评"管理得太多，而领导得太少"。该经理在工作中可能存在什么问题？
4. 如果让你来领导一家劳动密集型企业，你会采取什么样的领导方式？如果是高新技术企业呢？
5. 分成若干小组，由每一个组员描述一个对其学习生活产生过重大影响的人员的例子，从中归纳这些曾对成长产生重大影响的人的特征，并分析归纳其影响力来源。

实训题

1. 测试你的领导作风

请阅读下列各个句子，对于（a）句最能形容你时，请打√；对于（b）句若对你来说最不正确时，请打〇。请你务必详答，以便求得更正确的积分。

1. （a）你是个大多数人都会向你求助的人。
   （b）你很激进，而且最注意自己的利益。
2. （a）你很能干，且比大多数人更能激发他人。
   （b）你会努力去争取一个职位，因为你可以对大多数人和所有的财务，掌握更大的职权。
3. （a）你会试着努力去影响所有事件的结果。
   （b）你会急着降低所有达成目标的障碍。
4. （a）很少人像你那么有自信。
   （b）你想取得世上有关你想要的任何东西时，你不会有疑惧。
5. （a）你有能力激发他人去跟随你的领导。
   （b）你喜欢有人依你的命令行动；若必要的话，你不反对使用威胁的手段。
6. （a）你会尽力影响所有事件的结果。
   （b）你会做全部重要的决策，并期望别人实现它。
7. （a）你有吸引人的特殊魅力。
   （b）你喜欢处理必须面对的各种情况。
8. （a）你会喜欢面对公司的管理人，咨询复杂问题。
   （b）你会喜欢计划、指挥和控制一个部门的人员，以确保最佳的福利。
9. （a）你会与企业群体和公司咨询，以改进效率。
   （b）你对他人的生活和财务，会作决策。
10. （a）你会干涉官僚的推拖拉作风，并施压以改善其绩效。
    （b）你会在金钱和福利重于人情利益的地方工作。
11. （a）你每天在太阳升起前就开始了一天的工作，一直到晚上六点整。
    （b）为了达成所建立的目标，你会定期而权宜地解雇无生产力的员工。
12. （a）你会对他人的工作绩效负责，也就是说，你会判断他们的绩效，而不是你们的绩效。
    （b）为求成功，你有废寝忘食的习性。
13. （a）你是一位真正自我开创的人，对所做的每件事充满着热忱。
    （b）无论做什么，你都会做得比别人好。
14. （a）无论做什么，你都会努力求最好、最高和第一。
    （b）你具有驱动力、积极性人格和奋斗精神，并能坚定地求得有价值的任何事情。
15. （a）你总是参与各项竞争活动，包括运动，并因有突出的表现而获得多项奖牌。

(b) 赢取和成功对你来说，比参与的享受更感重要。

16. (a) 假如你能及时有所收获，你会更加坚持。
    (b) 你对所从事的事物，会很快就厌倦。
17. (a) 本质上，你都依内在驱动力而行事，并以实现从未做过的事为使命。
    (b) 作为一个自我要求的完美主义者，你常强迫自己有限地去实现理想。
18. (a) 你实际上的目标感和方向感，远大于自己的设想。
    (b) 追求工作上的成功，对你来说，是最重要的。
19. (a) 你会喜欢需要努力和快速决策的职位。
    (b) 你是坚守利润、成长和扩展概念的。
20. (a) 在工作上，你比较喜欢独立和自由，远甚于高薪和职位安全。
    (b) 你是安于控制、权威和强烈影响的职位上的。
21. (a) 你坚信凡是对自身本分内的事，最能冒险的人，应得到金钱上的最大报偿。
    (b) 有少数人判断你应比你本身更有自信些。
22. (a) 你被公认为是有勇气的、生气蓬勃的和乐观主义者。
    (b) 作为一个有志向的人，你能很快地把握住机会。
23. (a) 你善于赞美他人，而且若是合宜的，你会准备加以信赖。
    (b) 你喜欢他人，但对他们以正确的方法行事之能力，很少有信心。
24. (a) 你通常宁可给人不明确的利益，也不愿与他人公开争辩。
    (b) 当你面对着"说出那像什么时"，你的作风是间接的。
25. (a) 假如他人偏离正道，由于你是正直的，故你仍会无情地纠正他人。
    (b) 你是在强调适者生存的环境中长大的，故常自我设限。

结论检测：你的得分：计算一下你选（a）的数目，然后乘以 4，就是你领导特质的百分比。同样地，选（b）所得的分数，就是你管理特质的百分比。

领导人（a 的总数）×4=　　　　%

管理者（b 的总数）×4=　　　　%

2. 假设管理情景为：晚上十一点多钟，男生宿舍一楼的卫生间上水管突然爆裂，此时楼门和校门已经关闭（水闸门手轮锈住），人们都沉睡在梦中，只有邻近的几个学生宿舍的学生惊醒。水不断地从卫生间顺着走廊涌出，情况非常紧急，假如你身处其中，如何利用你的指挥能力化险为夷。

课下先进行分组讨论，然后各小组分别表述本组应急方案，看看谁的方案最好。

 综合案例

ABC 公司部门经理的领导类型

ABC 公司是一家中等规模的汽车配件生产集团。最近,对该公司的三个重要部门经理进行了一次有关领导类型的调查。

一、安西尔

安西尔对所在本部门的产出感到自豪。他总是强调对生产过程、产量控制的必要性,坚持下属人员必须很好地理解生产指令以得到迅速、完整、准确的反馈。当安西尔遇到小问题时,会放手交给下级去处理,当问题很严重时,他则委派几个有能力的下属人员去解决问题。通常情况下,他只是大致规定下属人员的工作方针、完成怎样的报告及完成期限。安西尔认为只有这样才能更好地合作,避免重复工作。

安西尔认为对下属人员采取敬而远之的态度对一个经理来说是最好的行为方式,所谓的"亲密无间"会松懈纪律。他不主张公开谴责或表扬某个员工,相信他的每一个下属人员都有自知之明。据安西尔说,在管理中的最大问题是下级不愿意接受责任。他讲到,他的下属人员可以有机会做许多事情,但他们并不是很努力地去做。他表示不能理解在以前他的下属人员如何能与一个毫无能力的前任经理相处,他说,他的上司对他们现在的工作运转情况非常满意。

二、鲍勃

鲍勃认为每个员工都有人权,他偏重于管理者有义务和责任去满足员工需要的学说,他说,他常为他的员工做一些小事,如给员工两张下月在伽利略城举行的艺术展览的入场券。他认为,每张门票才 15 美元,但对员工和他的妻子来说却远远超过 15 美元。通过这种方式,也是对员工过去几个月工作的肯定。

鲍勃说,他每天都要到工厂去一趟,与至少 25% 的员工交谈。

鲍勃不愿意为难别人,他认为安西尔的管理方式过于死板,安西尔的员工也许并不那么满意,但除了忍耐别无他法。鲍勃说,他已经意识到在管理中有不利因素,但大都是由于生产压力造成的。他的想法是以一个友好、粗线条的管理方式对待员工。他承认尽管在生产率上不如其他单位,但他相信他的雇员有高度的忠诚与士气,并坚信他们会因他的开明领导而努力工作。

三、查理

查理说他面临的基本问题是与其他部门的职责分工不清。他认为不论是否属于他们的任务都安排在他的部门,似乎上级并不清楚这些工作应该让谁做。查理承认他没有提

出异议，他说这样做会使其他部门的经理产生反感。他们把查理看成是朋友，而查理却不这样认为。查理说过去在不平等的分工会议上，他感到很窘迫，但现在适应了，其他部门的领导也不以为然了。

查理认为纪律就是使每个员工不停地工作，预测各种问题的发生。他认为作为一个好的管理者，没有时间像鲍勃那样握紧每一个员工的手，告诉他们正在从事一项伟大的工作。他相信如果一个经理声称为了决定将来的提薪与晋职而对员工的工作进行考核，那么，员工则会更多地考虑他们自己，由此而产生很多问题。

查理主张，一旦给一个员工分配了工作，就让他以自己的方式去做，取消工作检查。他相信大多数员工知道自己把工作做得怎么样。如果说存在问题，那就是他的工作范围和职责在生产过程中发生的混淆。查理的确想过，希望公司领导叫他到办公室听听他对某些工作的意见。然而，他并不能保证这样做不会引起风波而使情况有所改变。他说他正在考虑这些问题。

案例分析题：

1. 你认为这三个部门经理采取的分别是什么领导方式？试预测它们各自将产生什么结果。
2. 是否每一种领导方式在特定的环境下都有效？为什么？

看图说事

太爱你了，老板

● 有时一点小小的关怀都能让下属感恩戴德，何乐而不为？

要求：结合上述漫画内容，谈谈你的感悟。

第七章　激励与沟通

老板所犯的最糟错误就是不说干得好。

——约翰·阿士克沃特

为了激励员工的成长，身为主管，应对他们所提出的建议，有专心倾听的雅量。

——松下幸之助

【学习目标】

① 了解人际关系处理中激励与沟通的含义、作用、过程等问题。
② 掌握激励理论与激励方法。
③ 熟悉沟通的过程和类型。
④ 了解沟通障碍对有效沟通的影响，把握有效沟通的技术与方法。

【技能目标】

能够使用适当的激励方法完成工作目标；能够分析激励措施的妥当与否；具备倾听的基本技巧；能完成基本的沟通任务。

导言

> 某建筑公司经理来到一个新工地视察，看到3个工人在不同的位置砌墙。
> 经理对第一个工人漫不经心地说："我们砌一道墙。"
> 他对第二个工人说："我们要建一座房子。"
> 来到第三个工人的面前时，经理放眼周围，心情十分愉快。他带着一种豪气说："我们要建设一个美丽的城市。"
> 工程结束的时候，他发现第一个工人把墙修得歪歪斜斜，经理责问他的时候，他满不在乎地说："不过是一堵墙嘛。"
> 第二个工人把墙修得中规中矩，经理很满意，问他怎么做到的。他说："因为这堵墙将来是房子的一部分，墙修不好，房子倒了可不是好玩的。"
> 来到第三个工人完成的工程面前，他发现墙不仅修得平整笔直，而且每个细节也处

理得近乎完美。不仅如此，那工人还把那些变形缺角的砖块都挑了出来，没有一块用到墙上。

十年后，第一个工人依然在砌墙；第二个工人坐在办公室里面画图纸——他成了工程师；而第三个工人，已经成为前两个人的老板。

在新经济时代，企业管理尤重激励机制，不只是那种给予赞赏、表扬或荣誉的传统式精神激励，而是一种新型的精神激励，即赋予更大的权力和责任，使员工意识到自己是组织的一员，从而更好地发挥自己的自觉性、能动性和创造性。

星星之火可以燎原；给我一颗树苗，我会还你一片森林；给员工一个目标，他会还你一个奇迹。

第一节 激励概述

一、激励的含义

从心理学角度讲，**激励**是指激发人的行为动机的心理过程，是一个不断朝着期望的目标前进的循环的动态过程。简言之，就是在工作中调动人的积极性的过程。

人们加入一个组织或群体，都是为了达到他们个人单干所不能达到的目标。然而，进入组织的人不一定会努力工作，因为人们为组织服务的意愿程度是有高低之分的，有的表现为强烈，有的中等，有的则一般，还有的却是消极。如何使组织中的各类成员为实现组织的目标而热情高涨地工作，最大限度地发挥自己的聪明才智，是现代管理要研究的重要内容。

激励是对人的一种刺激，是促进和改变人的行为的一种有效手段。激励的过程就是管理者引导并促进工作群体或个人产生有利于管理目标行为的过程。它可以激发人的内在潜力，挖掘人的能力，充分发挥人的积极性和创造性。在管理中，每一个人都需要激励，其中包括自我激励以及来自同事、群体、领导和组织方面的激励。一个人的行为，必须受到外界的推动力或吸引力的影响，并通过个体自身的消化和吸收，产生出一种自动力，使个体由消极的"要我做"转化为积极的"我要做"。

我们可以从以下三个方面来理解激励这一概念。

（一）激励是一个过程

人的很多行为都是在某种动机的推动下完成的。对人的行为的激励，实质上就是通过采用能满足人需要的诱因条件，引起行为动机，从而推动人采取相应的行为，以实现目标，然后再根据人们新的需要设置诱因，如此循环往复。

（二）激励过程受内外因素的制约

激励从创造和设置满足需要诱因开始，其最终结果是通过员工工作行为的积极性来完成的。制约员工工作行为的内外因素有很多，因此，管理者所采取的各种管理措施，应与被激励者的需要、理想、价值观和责任感等内在的因素相吻合，才能产生较强的合力，激发和强化工作动机，否则不会产生激励作用。

（三）激励具有时效性

各项激励措施对员工增强工作动机都会有重要意义。但是，每一种激励手段的作用都有一定的时间限度，超过时限就会失效。同时，由于人的主导需要经常处于变化之中，同样的激励方式对同一个人在不同时期也会产生不同的激励效果。因此，激励不能一劳永逸，需要持续进行。

二、激励的过程

激励是一个非常复杂的过程，它从个人的需要出发，引起欲望并使内心紧张（未得到满足的欲求），然后引起实现目标的行为，最后在通过努力后使欲望达到满足。激励过程如图 7-1 所示。

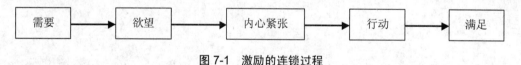

图 7-1　激励的连锁过程

（一）需要

激励的实质就是通过影响人的需要或动机达到引导人的行为的目的，它实际上是一种对人的行为的强化过程。研究激励，先要了解人的需要。需要是人们在社会生活中对某种目标的渴求和欲望，是人们行为积极性的源泉。人的需要一旦被人们所意识，它就会以动机的形式表现出来，从而驱使人们朝着一定的方向努力，以达到自身的满足。需要越强烈，它的推动力就越强越迅速。人的需要有三个方面：一是生理状态的变化引起的需要，如饥饿时对食物的需要；二是因外部因素影响而诱发的需要，如对某种新款商品的需要；三是心理活动引起的需要，如对事业的追求等。

（二）动机

动机是建立在需要的基础上的。当人们有了某种需要而又未能满足时，心理上便会产生一种紧张和不安，这种紧张和不安就成为一种内在的驱动力，促使个体采取某种行动。从某种意义上说，需要和动机没有严格的区别。需要体现一种主观感受，动机则是内心活动。实际上，一个人会同时具有多种动机，这些动机不仅有强弱之分，而且相互之间会有矛盾，一般来说，只有最强烈的动机才可以引发行为，这种动机称为优势动机。

（三）行为

在企业组织中，员工的行为与工作、生活环境相互作用。任何一种行为的产生，都是有其内在原因的。动机对于行为有着重要的功能，表现为三个方面：一是始发功能，即推动行为的原动力；二是选择功能，即它决定个体的行为方向；三是维持和协调功能，行为目标达成时，相应的动机就会获得强化，使行为持续下去或产生更强烈的行为，趋向更高的目标，相反，则降低行为的积极性，或停止行为。

（四）需要、动机、行为和激励的关系

通过分析可以知道，人的任何动机和行为都是在需要的基础上建立起来的，没有需要，就没有动机和行为。人们产生某种需要后，只有当这种需要具有某种特定的目标时，需要才会产生动机，动机才会成为引起人们行为的直接原因。但并不是每个动机都必然引起行为，在多种动机下，只有优势动机才会引发行为。员工之所以产生组织所期望的行为，是组织根据员工的需要来设置某些目标，并通过目标导向使员工出现有利于组织目标的优势动机，同时按照组织所需要的方式行动。管理者实施激励，就要想方设法做好需要引导和目标引导，强化员工动机，刺激员工的行为，从而实现组织目标。

三、激励的原则

激励是一门学问，科学地运用激励理论，可以有效地激发员工的潜力，使组织目标和个人目标在实现中达到统一，进而提高组织的经营效率。正确地激励应遵循以下原则。

（一）组织目标与个人目标相结合的原则

在激励中设置目标是一个关键环节。目标设置必须以体现组织目标为要求，否则激励将偏离组织目标的实现方向。目标设置还必须能满足员工个人的需要，否则无法提高员工的目标效价，达不到满意的激励强度。只有将组织目标与个人目标结合好，才能收到良好的激励效果。

（二）物质激励与精神激励相结合的原则

员工存在物质需要和精神需要，相应地，激励方式也应该是物质激励与精神激励相结合。随着生产力水平和人员素质的提高，应该把重心转移到满足较高层次需要，即社

第七章 激励与沟通

交、自尊、自我实现需要的精神激励上去，但也要兼顾好物质激励。物质激励是基础，精神激励是根本，在两者结合的基础上，逐步过渡到以精神激励为主。

（三）外在激励与内在激励相结合的原则

凡是满足员工对工资、福利、安全环境、人际关系等方面需要的激励，叫做外在激励；满足员工对自尊、成就、晋升等方面需要的激励，叫做内在激励。实践中，往往是内在激励使员工从工作本身取得了很大的满足感。如工作中充满了兴趣、挑战性、新鲜感；工作本身具有重大意义；工作中发挥了个人潜力、实现了个人价值等，对员工的激励最大。所以要注意内在激励具有的重要意义。

（四）正激励与负激励相结合的原则

在管理中，正激励与负激励都是必要而有效的，通过树立正面的榜样和反面的典型，扶正祛邪，形成一种良好的风气，产生无形的压力，使整个群体和组织行为更积极、更富有生气。但鉴于负激励具有一定的消极作用，容易产生挫折心理和挫折行为，因此，管理人员在激励时应把正激励和负激励巧妙地结合起来，以正激励为主，负激励为辅。

（五）按需激励的原则

激励的起点是满足员工的需要，但员工的需要存在着个体的差异性和动态性，因人而异，因时而异，并且只有满足最迫切需要的措施，其效价才高，激励强度才大。因此，对员工进行激励时不能过分依赖经验及惯例。激励不存在一劳永逸的解决方法，必须用动态的眼光看问题，深入调查研究，不断了解员工变化了的需要，有针对性地采取激励措施。

（六）客观公正的原则

在激励中，如果出现奖不当奖、罚不当罚的现象，就不可能收到真正意义上的激励效果，反而还会产生消极作用，造成不良的后果。因此，在进行激励时，一定要认真、客观、科学地对员工进行业绩考核，做到奖罚分明，不论亲疏，一视同仁，使得受奖者心安理得，受罚者心服口服。

第二节　激励理论与激励方法

一、激励理论

（一）期望理论

期望理论是美国心理学家弗鲁姆在 20 世纪 60 年代提出来的。该理论认为，人之所以愿意从事某项工作并完成组织目标，是因为这些工作和组织目标会帮助他们实现自己的目标、满足自己某些方面的需要。具体而言，当员工认为努力会带来良好的绩效评价时，他就会受到激励进而付出更大的努力，同时良好的绩效评价会带来诸如奖金、加薪或晋升等组织奖励，这些组织奖励会实现员工的个人目标，满足其某些需求，从而产生激励作用，促使员工的行为继续朝着有利于组织目标实现的方向努力。

弗鲁姆认为，激励是个人寄托于一个目标的预期价值与他对实现目标的可能性的看法的乘积。用公式表示为

$$M = V \cdot E$$

其中，M——激励力，表示个人对某项活动的积极性程度，希望达到活动目标的欲望程度。V——效价，即活动结果对个人的价值大小。E——期望值，即个人对实现这一结果的可能性的判断。

从激励力的计算公式可以看出，促使人们做某件事的激励力依赖于效价和期望值这两个因素。效价和期望值越高，激励力就越大。公式同时还表明，在进行激励时要处理好三个方面的关系，这三个关系也是调动人们工作积极性的三个条件。

（1）努力与绩效的关系。人们总是希望通过一定的努力能够达到预期的目标，如果个人主观认为通过自己的努力达到预期目标的概率较高，就会有信心，就可能激发出很强的工作力量。但是如果他认为目标太高，通过努力也不可能会有很好的绩效时，就会失去内在的动力，从而导致工作消极。

（2）绩效与奖励的关系。人们总是希望取得成绩后能得到奖励，这种奖励是广义的，既包括提高工资、多发奖金等物质方面的，也包括表扬、自我成就感、得到同事或领导认可和信赖等。如果他认为取得绩效后能够获得合理的奖励，就有可能产生工作热情，否则就没有积极性。

（3）奖励与满足个人需要的关系。人们都希望自己所获得的奖励能满足自己某方面的需要。然而，由于人们在年龄、性别、资历、社会地位和经济条件等方面都存在着差异，他们对各种需要要求得到满足的程度不同，因而对于不同的人，采用同一种奖励办法能满足的需要程度不同，能激发出来的工作动力也不同。

下面以一个简单的例子来说明效价、期望值与激励力之间的关系。

一位公司销售经理对他的一位销售员说：如果你今年完成1 000万元的销售额，公司将奖励你一套住房。这时组织的目标是1 000万元的销售额，个人的目标是一套住房，效价和期望值可能会这样影响这个销售员的激励力。

效价——销售员可能的反应是：

A．"天哪！一套住房！哈哈，这正是我梦寐以求的，我一定要努力争取！"

B. "住房？我现在住的已经够好的了，没有必要再来一套，况且如果我一人拿了一套住房，同事们肯定会不满的，呃，这对我来说没什么吸引力！"

期望值——他可能的反应是：

A. "1 000 万元的销售额，照今年的行情，如果我比去年再努力一点，是能做到的。"

B. "'1 000 万元'？简直是天方夜谭，经理要么疯了，要么就是压根儿不想把住房给我，我才不会白花力气呢！"

激励力——他可能的反应是：

A. "只要销售到 1 000 万元就能得到一套住房，我一定好好努力！"

B. "经理向来说话不算数，我打赌经理到时一定能找出 10 条理由说：'我也不想说话不算数，但我实在是无能为力'。"

从上述例子中可以很明显地看到，效价和期望值越高（在所有 A 的情况下），则对人的激励力越强；而反之（在所有 B 的情况下），则对人的激励力越弱。从中至少可以得到以下两点启示：一是要有效地进行激励就必须提高活动结果的效价，要提高效价就必须使活动结果能满足个人最迫切的需要。二是要注意目标实现的期望值，即组织目标实现的概率不宜过低，以免让个人失去信心，当然也不宜过高，过高则会影响激励工作本身的意义。

【案例 7-1】　　皮格马利翁效应——你希望员工成为怎样的人

古希腊神话中有这样一则故事：有位叫皮格马利翁的国王，把自己全部的热情和希望投注于自己雕刻的美丽少女雕像上，对其产生了爱恋之情。日复一日，为他的真情所感，雕像居然活了，皮格马利翁如愿以偿地与之结成伉俪。

神话传说当然不足为信，但以这位国王名字命名的"皮格马利翁效应"却向我们揭示了这么一个有趣的心理现象：暗示者有意无意地通过各种态度、表情与行动，把暗含的期望微妙地传递给被暗示者，一旦对方出现与期望相同的行为，便会强化暗示者的期望，刺激进一步的期望行为，使被暗示者向暗示目标逐步接近。如此反复循环，形成正向反馈，最终会使被暗示者达到或超越期望目标。

老李奉命调任电机维护班班长，这个班是车间有名的后进班组，纪律松弛，工作效率低下，人员关系紧张……老李到任后欣喜地发现，班组成员虽有这样那样的毛病，但却都有一个共同的优点：头脑灵活。从这一点入手，他带着大伙儿搞技改、挖潜力，对工作出色的职工给予奖励并要求车间通报表扬。慢慢地，这个班的设备运转率、完好率开始直线上升，车间上下逐渐对这个班组改变了看法。在厂里开展的合理化建议活动中，他们又夺得六项大奖，成为全厂之最。厂工会、职工读书自学领导小组以及车间都给予他们嘉奖。荣誉纷至沓来，班组成员再也不愿继续散漫下去，主动遵守各项规章制度，大家都在一门心思搞工作，人际关系也自然缓和起来。终于，这个昔日的落后班组一跃成为全厂闻名的模范班组。

员工表现得如何，在很大程度上取决于领导者对他们的期望。如果您希望员工个个出类拔萃，那么，请多注视他们的闪光点，多给他们一些关爱，您一定会如愿以偿的。

想一想：管理者对员工的期望过高或过低会对员工积极性产生什么影响？

（二）公平理论

美国的斯达西·亚当斯在20世纪60年代提出公平理论。亚当斯通过大量的研究发现：员工对自己是否受到公平合理的待遇十分敏感。员工首先思考自己收入与付出的比率，然后将自己的收入—付出比与其他人的收入—付出比进行比较，如果员工感觉到自己的比率与他人的相同，则为处于公平状态；如果感到二者的比率不相同，则产生不公平感，也就是说，他们会认为自己的收入过低或过高。

员工的工作积极性不仅受到其所得报酬的绝对值的影响，更受到相对值的影响。相对值来源于横向比较与纵向比较。横向比较是将自己所做的付出和所得的报酬，与一个和自己条件相当的人的付出和所得的报酬进行比较，从而对此作出相应的反应。纵向比较是指个人对工作的付出和所得与过去进行比较时的比值。比较的结果有以下三种可能。

（1）感到报酬公平。当企业员工经过比较感到相对值相等时，其心态就容易平衡。有时尽管他人的结果超过了自己的结果，但只要对方的投入也相应地大，就不会有太大的不满。他会认为激励措施基本公平，积极性和努力程度可能会保持不变。

（2）感到报酬不足。在比较中，当员工发现自己的报酬相对低了，就会感到不公平，他们就会设法去消除不公平，并有可能采取以下的措施来求得平衡：一是曲解自己或他人的付出或所得；二是采取某种行为使得他人的付出或所得发生改变；三是采取某种行为改变自己的付出或所得；四是选择另外一个参照对象进行比较；五是辞去工作。员工感到不公平时，工作的积极性往往会下降。

（3）感到报酬多了。当员工感到自己相对于他人而言，报酬高于合理水平时，多数人认为不是什么大问题，他们可能会认为这是自己的能力和经验有了提高的结果。但有关研究也证明，处于这种不公平的情况下，工作积极性不会有多大程度的提高，而有些人也会有意识地减少这种不公平。例如：通过付出更多的努力来增加自己的投入；有意无意曲解原先的比率；设法使他人减少投入或增加产出。

公平理论表明，公平与否源于个人的感觉。人们在心理上通常会低估他人的工作成绩，高估别人的得益，由于感觉上的错误，就会产生心理不平衡。这种心态对组织和个人都很不利。所以管理人员应有敏锐的洞察力来体察职工的心情，如确有不公，则应尽快解决，如是个人主观的认识偏差，也有必要进行说明解释，做好思想工作。

【案例 7-2】　　　　　　公平与激励

> 小刘去年进入一家小有名气的外资企业。这家公司实行工资保密制度，一般情况下，员工之间都不知道彼此的收入。但小刘对这份工作还是很满意的，一方面公司人际关系和谐，气氛轻松，工作虽累却挺舒心；另一方面薪水也不错，底薪每月 3 000 元，还有不固定的奖金。
>
> 小刘一门心思扑到了工作上，经常加班加点，有时还把工作带回家做，而且也确实取得了显著的成效。如，上次湖北的一个设备安装项目，在小刘的努力下只用了 1/3 的时间就完成了，为公司节约了大量成本。项目负责人为此还专门写了一份报告表扬小刘。同事们都很佩服他，主管也很赏识他。
>
> 年终考核，人力资源主管对小刘的工作给予了高度评价，并告诉小刘公司将给他加薪 15%。听到这个消息，小刘高兴极了。这不仅是钱的问题，也是公司对他的业绩的肯定。
>
> 同年进入公司的小李却开心不起来，因为他今年的业绩并不好。午饭时两人聊了起来，小李唉声叹气地说："你今年可真不错，不像我这么倒霉，薪水都加不了，干来干去还是 3 900 元，什么时候才有希望啊。"猛然间小刘才意识到，原来小李的底薪比他高 900 元。他对小李并没有意见，可是他想不通，即使不考虑业绩，他们俩同样的职务，小李的学历、能力都不比他强，为什么工资却比他高这么多呢？他不仅感到不公平，而且有一种上当的感觉：我一直以为自己的工资不低了，应该好好干，原来别人的工资都比我高。他马上就往人力资源部跑去……

想一想：你能预测小刘到人力资源部都会说些什么吗？这个问题不解决，他以后的工作表现将会怎样？

（三）强化理论

强化理论是由美国心理学家斯金纳首先提出的。该理论认为人的行为是其后果的函数。如果这种后果对他有利，则这种行为就会重复出现；若对他不利，则这种行为就会减弱直至消失。因此管理要采取各种强化方式，以使员工的行为符合组织目标。

根据强化的性质和目的，强化可以分为以下四类。

（1）正强化。这是一种增强行为的方法，是指用某种具有吸引力的结果，对某一行为进行鼓励和肯定，使其重视和加强，从而有利于组织目标的实现。例如，看到员工工作表现出色领导立即加以表扬，实际上就是对行为做了正强化。在管理中，正强化表现为奖酬，如认可、赞赏、增加工资、职位提升、高奖金、提高满意的工作条件等。为了使强化达到预期的效果，还必须注意实施不同的强化方式。正强化方式主要有连续的、固定的正强化和间断的、不固定的正强化两种。前者是指对每一次符合组织目标的行为都给予了强化，或每隔一段固定时间就给予一定数量的强化。尽管这种强化有及时刺激、立竿见影的效果，但久而久之，人们就会对这种正强化有越来越高的期望，或者认为这种正强化是理所应当的。企业管理者有时不得不经常加强这种正强化，否则其作用会减弱甚至不再起到刺激行为的作用。后者是指管理者根据组织的需要和个人行为在工作中的反映，不定期、不定量实施强化，使每次强化都能起到较大的效果。实践证明，后一种正强化更有利于组织目标的实现。

（2）负强化。负强化也是一种增强行为的方法，是指预先告知某种不符合要求的行为或不良绩效可能引起的不愉快的后果，使员工的行为符合要求，从而保证组织目标的实现不受干扰。负强化包含有减少奖酬或给予罚款、批评和降级等，让员工知道做了不符合规定的事会受到批评或惩罚，如能够避免或改正，则不会受到惩罚，以此来引导、强化员工的行为，使之转向符合组织的要求。例如，员工知道随意迟到、缺勤会受到处罚，不缺勤、按时上班则不会受到处罚，于是员工会避免迟到、缺勤，学会按组织要求行事。实际上，不进行正强化也是一种负强化。例如，过去对某种行为进行正强化，现在组织不再需要这种行为，但基于这种行为并不妨碍组织目标的实现，这时就可以取消正强化，使行为减少或不再重复出现。实施负强化的方式与正强化有所差异，应以连续负强化为主，即对每一次不符合组织的行为都应及时予以负强化，消除人们的侥幸心理，减少直至消除这种行为重复出现的可能性。

（3）惩罚。惩罚是指用某种令人不快的结果，来减弱某种行为。如当有员工工作不认真、不负责任，经常出差错或影响他人工作时，领导们就可以用批评、纪律处分、罚款等措施，以制止该行为的再次发生。但是，惩罚也会有副作用，如会激起员工的愤怒、敌意等。因此，管理者们最好尽可能用其他强化手段。

（4）自然消退。自然消退是指通过不提供个人所愿望的结果来减弱一个人的行为。自然消退有两种方式，一种是对某种行为不予理睬，以表示对该行为的轻视或某种程度上的否定使其自然消退；另一种是指原来用正强化手段鼓励的有利行为由于疏忽或情况发生变化，不再给予正强化，使其逐渐消失。研究表明，一种行为如果长期得不到正强化，就会逐渐消失。如员工由于某种原因使工作出现小的差错，上级管理者不予追究，而是给机会使该员工及时自觉改正。

（四）归因理论

所谓归因，就是指观察者为了预测和评价人们的行为，并对环境和行为加以控制，而对他人或自己的行为过程所进行的因果解释和推论。人们行为的原因包括内部原因和外部原因两种。内部原因是指个体自身所具有的、导致其行为表现的品质和特征，包括个体的人格、情绪、心境、动机、欲求、能力和努力等。外部原因是指个体自身以外的、导致其行为表现的条件和影响,包括环境条件、情境特征和他人的影响等。

归因理论研究的主要内容有以下三个方面。

(1)对人们行为的归因。这是根据人的外在行为和表现对其心理活动所作的解释与推论,是社会知觉归因的主要内容。

(2)心理活动的归因。它研究的是人们产生某种心理活动应归结为什么原因。

(3)对人们未来行为的预测。它是根据人们过去的行为表现来预测他们在以后的有关情境中将会产生什么样的行为。

归因理论在管理领域中涉及的一个讨论是关于把人的行为归结为外因还是内因。人们对某种行为之所以会作出这样那样不同的归因,在于归因的依据和角度各不相同。一般来说,认识归因的确定要依据一贯性、共同性和独特性这三个标准。一贯性指的是认知对象(所要了解的人或人们)的反应、行为在不同时间是否前后一贯,换言之,就是要自问,某人如此的行为经常出现吗?如果行为的发生前后不一致,则要换个思考角度,从情境方面考虑归因。共同性是指在一定的情境中,认知对象的表现、行为是否与其他人的表现、行为一样。在某一情境下大多数人会那么说或那么做吗?像这样的思考所依据的就是归因的共同性标准。如果某员工与大多数员工一样,劳动定额都完不成,就不可以把该员工这种不理想的工作效果,简单地归结为他个人工作不够努力。独特性是指认知对象在另一情境中是否也有同样的行为或以同样的方式作出反应。如果认为某人在今天这个场合下的行为是偶然的、十分反常的(即高独特性),那么,从情境方面考虑对他的今日行为归因未必不可。如果此人今天的行为并非少见,少闻,应首先从个人因素方面去作归因考虑。

某位员工反对某项工作规定,是受他自身原因的影响,还是受外部原因的影响,可以依据上述三个标准加以判定。在认知过程中,影响正确归因的因素很多,例如,有的是由于观察者本人造成的归因偏差,有的则缘于被观察者的行为具有掩饰性,他的行为并不反映自己内心的真实状态。归因是一个复杂而不易区分的过程,但它对做好管理工作来说却是十分重要的。通过归因找到问题产生的真正原因,才能有的放矢地找到解决问题的途径和方法。

归因理论在管理领域中涉及的第二方面内容,是对人们获得成功和遭到失败(挫折)的归因倾向的研究。人的成功和失败归因归结于努力、能力、任务难度和机遇四个因素。这四个因素可按三个方面来划分:第一,内因或外因。努力和能力属于内因,任务难度和机遇则属于外因。第二,稳定性。能力和任务难度属于稳定因素,努力和机遇归属于不稳定因素。第三,可控性。努力是可控因素,能力因素只具有一定的可控性,而任务难度和机遇是不由人控制的。

研究表明，人们对成功和失败的归因，对他们以后的工作积极性有很大影响。例如：把成功归结为内因，使人感到满意和自豪；而归结为外因，则使人感到幸运和感激。把失败归结为内因，会使人产生内疚和无助感；而归结于外因，会使人产生气愤和敌意。把成功归因于稳定因素，会提高以后工作的积极性；归因于不稳定因素能否提高，以后的工作积极性则不一定。把失败归因于稳定因素，会降低以后的工作积极性；归因于不稳定因素，可能会提高以后的工作积极性。对于高成就需要的人，多会把成就归因于自己的努力，把失败归因于自身努力不够。相反，成就需要不高的人认为努力与成就没有多大关系，成功多会被他们看成是外因作用的结果，失败则更多的是由其他因素所致。从这个意义上分析，对于没有或缺乏成就需要的人来说，用激励高成就需要的人的方法来调动他们从事工作的积极性，就可能是低效或无效的。另外，教育和培训可使人在成就方面产生激励变化。这方面的工作重点是教育人相信努力工作与否与取得的成就有很大的关系。总的来说，归因理论对于管理者了解人们的归因倾向，掌握归因的规律，指导管理者本人正确进行认知归因，从而有效地激发起人们的工作积极性，具有重要的现实意义。

 小看板

利用归因理论激励学生

每次考试之后，我经常找学生谈话，谈话的过程中，我深切地感受到，在激励学生上，归因理论还是比较好用的一个理论。通常我和学生之间的对话是这样发生的。

"你觉得你这次考试考得怎么样啊？"

"不好，老师。"

"那你有没有分析一下自己为什么考得不好啊？"那么通常就有如下几种情况。

A 同学："老师，我觉得我就是比别人笨，我觉得我已经挺努力的了。"针对这种情况我一般分两种情况区别对待。

（1）这个学生根本不用功，那么我通常说："你怎么能这么说呢？你把你学习不好的原因归结到你笨上，可我觉得你挺聪明的，根本就不笨！只是你不好好学，你根本就不用功。你要是笨，我根本就不找你来谈，我找你来谈，就是因为我觉得你还有进步的余地！以后好好学吧！"

（2）这个学生的确挺用功的。那么我说："不是不是，你不笨。虽然你挺用功，但是你的方法不够灵活，考试的时候发挥得不够好"。当然我也有可能说："你其实不笨，只是学习的效果还没有体现出来,一定要坚持,不要放弃!"

B同学:"老师,我不努力"。当然,这样的孩子一般真的就是不努力了。我会说:"我要是你我就哭,都什么时候了你还不好好学习,就知道玩游戏!"

C同学:"老师,我就是不喜欢生物。"这样的孩子让我最无奈,我只能说:"你不喜欢你也得学,谁让高考还得考呢,语文再重要,不也就150分,而且差距不大,想拿语文与别人拉开差距不容易,综合最易拉开差距,你自己看着办吧!"

老师在教学过程中不仅要对学生进行积极的归因训练,还要教育他们用积极的态度去解决眼前的问题,临时抱佛脚是行不通的。

(五)挫折理论

挫折理论专门研究人们遇到挫折后会有一些什么行为反应,管理人员应如何针对员工的挫折采取相应措施以及如何引导员工走出挫折的阴影,积极努力地对待工作。挫折是指人们从事有目的的活动,在环境中遇到障碍和干扰,使需要和动机不能获得满足时的情绪。它是一种普遍存在的社会心理现象。任何人一生中都不可能事事一帆风顺,所以在人生历程中遇到一些障碍和干扰是难免的。某一目标能否实现,某一需要和动机能否得到满足,既取决于这种目标、需要和动机是否具备实现的客观条件,也取决于人们的主观认识与客观事物相吻合的程度。

引起挫折的原因是多种多样的,人们受挫的程度也各不相同,但总的来说,挫折不外乎是由主观因素和客观因素造成的。由主观因素引起的挫折叫做个人起因的挫折。例如,由于个人体力和智力的限制,不能达到目标;或由于个人健康状况不佳及生理上的缺陷,不能胜任某种工作;或经验不足、智力水平较差,在工作中遭到失败等。由客观因素引起的挫折叫做环境起因的挫折,这是由于外界事物或情况阻碍人们达到目标而产生的挫折。历史发展的不平衡、社会变革的影响、新生事物发展的不完善、不良的社会风气、不良的小环境(如人们之间的关系紧张,工作岗位不能使人充分发挥才能,教育方法不当,管理方式不妥等)、偶然事件的发生等,都可能成为挫折的原因。许多研究表明,受挫的大小与个体的动机密切相关,当重要动机受挫时,感受到的挫折就大,打击也大。由于心理发展层次的不同、认识方法的差异、抱负水准的高低等原因,不同个体会具有不同的重要动机,因而挫折的感受因人而异。一般来说,一个人遭受挫折后,在生理上、心理上均会产生种种反应;而反应的强烈程度和方式则往往根据受挫的性质、强度及个体自身当时的情况而异。一个人的行为受挫后,目标不能达成,动机无法兑现,需要得不到满足,在个体和环境之间便产生了冲突,从而导致内心的紧张和心理上的不安,乃至陷入痛苦之中。此时,个体会自觉不自觉地采取一种防卫性的对抗行为,以适应行为受挫后的新情况。行为受挫后所产生的防卫行为,其效果可能是积极的、建设性的，也可能是消极的、破坏性的。所以说，挫折既是坏事，也是好事。一方面，挫折使人失望、痛苦、消极、颓废，甚至一蹶不振，也会引起粗暴的消极对抗行为，导致矛盾激化；还可能使某些意志薄弱者因此失去生活的希望等。另一方面，挫折又可能给人以教益，使人变得聪明起来，使犯错误的人猛醒，认识错误，接受教训，改弦更张；它还可以磨砺人的意志，使之更加成熟、坚强；它还能激发人的斗志，使之从逆境中奋起。

挫折理论之所以能归结于激励范畴，就是因为成功与挫折是个体行为的两种可能结果。目标达成了，要加以积极引导从而保持激励的效果；遭受挫折了，同样要积极引导，保护积极性，使之不产生消极的、对抗性的行为。

【案例 7-3】　　　　　　　　人事主管小王的苦恼

小王是 M 公司的行政人事部主管，主要负责处理公司内部行政及人力资源事务。他是北方某名牌大学毕业的研究生，工作能力较强，理论功底也十分深厚，但他的缺点也十分明显，孤僻而自负，因此和各部门及其他部门员工的关系十分紧张，再加上负责的是行政人事工作，需要经常和其他部门及员工打交道，因此小王和同事经常发生冲突。最近，行政人事部门出台了一项新的考勤制度，遭到许多人的反对。为此，小王和几个员工代表进行沟通，然而，效果并不理想，指责小王的声音在公司内部此起彼伏，小王为这件事非常苦恼，经常和其他部门的领导争吵。小王回家后也和从前不一样了，经常和妻子、孩子发脾气，甚至打骂孩子，家庭气氛因此受到了影响。最后，小王终于向公司老板递交了一份辞职书。

想一想：试用挫折理论对小王的行为进行分析并帮助小王想出适当的办法。

二、激励方法

激励机制不是先于管理而存在的，而是在管理活动过程中不断形成的。管理者恰当而有效地运用激励手段和方法，一方面直接影响员工积极性的发挥，另一方面也是在构建合理的激励机制。激励方法主要有以下几种。

（一）物质利益激励法

物质利益激励法就是以物质利益（如工资、奖金、福利、晋级和各种实物等）为诱因对员工进行激励的方法。最常见的物质利益激励方法有奖励激励和惩罚激励两种。奖励激励是指组织以奖励作为诱因，驱使员工采取最有效、最合理的行为。物质奖励激励通常是从正面对员工进行引导。组织首先根据组织工作的需要，规定员工的行为，如果符合一定的行为规范，员工可以获得一定的奖励。员工对奖励追求的欲望，促使他的行为必须符合行为规范,同时给企业带来有益的活动成果。物质惩罚激励是指组织利用惩罚手段,诱导员工采取符合组织需要的行动的一种激励。在惩罚激励中,组织要制定一系列的员工行为规范,并规定逾越了行为规范的不同的惩罚标准。物质惩罚手段包括扣发工资、奖金、罚款和赔偿等。人们避免惩罚的需求和愿望促使其行为符合特定的规范。

实施物质激励要注意保持组织成员的公平感,充分体现"多劳多得,少劳少得"的分配原则。虽然这种激励是直接满足组织成员的低级需要的,但也能间接地满足组织成员的高级需要,因为物质利益可以看作是自己受到尊重,或自己的成就为组织所赏识的标志。

(二) 目标激励方法

管理中常说的目标管理,不仅是一种管理活动,也是一种有效的目标激励方法。所谓目标激励方法就是给员工确定一定的目标,以目标为诱因驱使员工努力工作,以实现自己的目标。任何组织的发展都需要有自己的目标,任何个人在自己需要的驱使下也会具有个人目标。目标激励必须以组织的目标为基础,要求把组织的目标与员工的个人目标结合起来,使组织目标和员工目标相一致。

目标管理通过广泛的参与来制定组织目标,并将其系统地分解为每一个人的具体目标,然后用这些目标来引导和评价每个人的工作。在目标管理中目标是最重要的,组织目标是组织前进的目的地,个人目标则是个人奋斗所实现的愿望。目标管理的特点之一是把组织的目标分解为各个行动者的目标,而分解过程又充分吸收了行动者参与。按照这一特点,只要使个人的目标及奖酬与个人的需要一致起来,就提高了目标的效价。而实现目标信心的增加也就是实现目标的期望值的提高。目标管理充分发挥了每个人的最大能力,实行自我控制,更容易发挥每个人的潜能和创造力,增加激励力量。

(三) 榜样激励法

榜样激励法是指通过组织树立的榜样使组织的目标形象化,号召组织内成员向榜样学习,从而提高激励力量和绩效的方法。

运用榜样激励法,首先要树立榜样,榜样不能人为地拔高培养,要自然形成,但不排除必要的引导。选择榜样时要注意榜样的行为确实是组织中的佼佼者,这样才能使人信服。其次要对榜样的事迹广为宣传,使组织成员都能知晓,也就是让组织成员知道有什么样的行为才能荣登榜样的地位,使学习的目标更明确。还有非常重要的一环就是给榜样以明显的使人羡慕的奖酬,这些奖酬中当然包括物质奖励,但更重要的是无形的受人尊敬的奖励和待遇,这样才能提高榜样的效价,使组织成员学习榜样的动力增加。

使用榜样激励方法时还需要注意两点,一是要纠正打击榜样的歪风,否则不但没有多少人愿当榜样,也没有多少人敢于向榜样学习。二是不要搞榜样终身制,因为榜样的终身制会压制其他想成为榜样的人,并且使榜样的行为过于单调,有些事迹多次重复之后可能不再具有激励作用,而原榜样又没有新的更能激励他人的事迹,这时就应该考虑物色新的榜样。

(四)内在激励法

日本著名企业家道山嘉宽在回答"工作的报酬是什么"时指出:"工作的报酬就是工作本身!"这句话深刻地指出了内在激励的重要性。尤其在今天,当企业解决了员工基本的温饱问题之后,员工就更加关注工作本身是否具有乐趣和吸引力,在工作中是否会感受到生活的意义;工作是否具有挑战性和创新性;工作内容是否丰富多彩,引人入胜;在工作中能否取得成就、获得自尊、实现自身价值等。要满足员工的这些深层次需要,就必须加强内在激励。

(五)形象与荣誉激励法

一个人通过视觉感受到的信息占全部信息量的 80%,因此,充分利用视觉形象的作用,激发员工的荣誉感、成就感、自豪感,也是一种行之有效的激励方法。常用的方法是照片、资料张榜公布,借以表彰企业的标兵、模范。在有条件的企业,还可以通过闭路电视系统传播企业的经营信息,宣传企业内部涌现的新人、新事、优秀员工、劳动模范、技术能手、爱厂标兵和模范家庭等。这样可以达到内容丰富、形式多样、喜闻乐见的效果。

(六)信任关怀激励法

信任关怀激励法是指组织的管理者充分信任员工的能力和忠诚,放手、放权,并在下属遇到困难时,给予帮助和关怀的一种激励方法。这种激励方法没有什么固定的程序,总的思路是为下属创造一个宽松的工作环境,给员工以充分的信任,使其充分发挥自己的聪明才智;时时关心员工疾苦,了解员工的具体困难,并帮助其解决,使其产生很强烈的归属感。这种激励法是通过在工作中满足组织成员的信任感、责任感等需要,从而达到激励的效果。

(七)兴趣激励法

兴趣对人的工作态度、钻研程度、创新精神的影响是巨大的,往往与求知、求美、自我实现密切联系。在管理中只要能重视员工的兴趣因素,就能实现预期的精神激励效果。国内外都有一些企业允许甚至鼓励员工在企业内部双向选择,合理流动,包括员工找到自己最感兴趣的工作。兴趣可以导致专注,甚至于入迷,而这正是员工获得突出成就的重要动力。

业余文化活动是员工兴趣得以施展的另一个舞台。许多企业组织并形成了摄影、戏曲、舞蹈、书画、体育等兴趣小组，使员工的业余爱好得到满足，增进了员工之间的感情交流，感受到企业的温暖和生活的丰富多彩，大大增强了员工的归属感，满足了社交的需要，有效地提高了企业的凝聚力。

【案例7-4】　　　　坦丁姆计算机公司的激励制度

坦丁姆计算机公司是詹姆士·特雷比格于1970年创建的。人们一直认为，该公司的管理是极为成功的。目前，它每年的销售额达到3亿美元，预计10年以后的销售额将达到10亿美元。

詹姆士在斯坦福大学获得工程硕士学位后曾在德克萨斯仪器公司工作过几年，随后便在硅谷区创建了坦丁姆计算机公司。

该公司一开始就以生产其第二计算机继续工作系统而著称。第二计算机继续工作系统就是在一个系统中同时使用两台计算机，在正常的情况下，两台计算机都工作，如果其中一台出了故障，另一台就会自动地承担全部的工作，使工作不间断地继续下去，同时对系统中的计算机数据和程序还有各式各样的保护措施。有了这种第二计算机继续工作系统，工作就可以畅通无阻，避免不必要的损失。例如，旅馆用的计算机系统出问题，就会因无法给顾客预先订房而遭受巨大损失，银行也可能因其计算机系统出故障而倒闭。但是，如果使用了这种第二计算机系统，就可以排除各种故障，使工作在任何情况下都可以顺利地进行。

坦丁姆公司地处加州硅谷地区，受到各方面的有力竞争，由于剧烈的竞争环境，也由于詹姆士本人的管理天才，他创造了一套有效而独特的管理方法。

他为职工创建了极为良好的工作环境。在公司总部设有专门的橄榄球场地、游泳池，还有供职工休息的花园和宁静的散步小道等。他规定每周五下午免费给职工提供啤酒，公司还经常定期举办各种酒会、宴会。同时还举办由女职工为裁判的男职工健美比赛等活动；除此之外，他还允许职工有自由选择灵活机动的工作时间的自由。

他也很注意利用经济因素来激励职工。他定期在职工中拍卖本公司的股票，目前，该公司职工已拥有该公司的10万美元股票了，这样就大大地激发了大家为公司努力工作的热情。

詹姆士要求每个职工都要制订出一个公司五年期战略计划。这样，每个人都了解公司，对公司有强烈的感情和责任心，平时用不着别人来监督就能自觉地关心公司的利益。因为许多职工手中都有公司的股票，所以他们对公司的利益及其成功极为关心。

詹姆士本人又是一个极为随和、喜欢以非正式的身份进行工作的有才能的管理者。由于他在公司内对广大管理干部、技术人员和职工都能平等地采用上述一系列措施，公司的绝大多数人员都极为赞成他的做法。公司人员都把自己的成长与公司的发展联系起来，并为此而感到满意和自豪。

当然，詹姆士深深地知道，要长期维持住这样一批倾心工作的职工确实不是一件容易的事。随着公司的飞速扩大，它的生产增长速度自然会放慢，也会出现一个更为正式而庞大的管理机构。在这种情况下，又应如何更有效地激励职工呢？这自然是人们所关心的问题。

想一想：
1. 你认为坦丁姆计算机公司使用了何种激励理论来调动员工的工作积极性？
2. 为什么坦丁姆计算机公司的激励方法能够有效地激励员工的工作？

第三节 沟 通 概 述

一、沟通及其过程

（一）沟通的概念

在组织中，无论管理者还是被管理者，进行有效的信息沟通不容忽视。为什么这么说？因为管理过程中的每一件事都包含着沟通的任务。管理者没有信息就不可能作出决策，而一旦作出决策，没有沟通就不可能实现目标。因此领导者和员工都要从各自的角度认识沟通的重要性，掌握沟通的有效方法，否则就会陷入无穷的问题与困境之中。

那么，什么是沟通呢？**沟通**是指信息从发送者到接收者的传递和理解的过程。首先，沟通包含着意义的传递。如果信息或想法没有被传送到，则意味着沟通没有发生。也就是说，说话者没有听众或写作者没有读者都不能构成沟通。其次，要使沟通成功，信息不仅需要被传递，还要被理解。例如，我收到一封来自美国的英文信件，但我本人对英语一窍不通，那么不经翻译我就不能看懂，也就无法称之为沟通。所以根据上述定义，沟通有以下三个方面的含义。

（1）沟通是双方的行为，必须有信息的发送者和接收者。其中，双方既可以是个人，也可以是群体或组织。

（2）沟通是一个传递和理解的过程。如果信息没有被传递到对方，则意味着沟通没有发生。而信息在被传递之后还应该被理解，一般来说，信息经过传递之后，接收者感知到的信息与发送者发出的信息完全一致时,才是一个有效的沟通过程。

(3)沟通要有信息内容,并且这种信息内容不像有形物品一样由发送者直接传递给接收者。在沟通过程中,信息的传递是通过一些符号来实现的,例如语言、身体动作和表情等,这些符号经过传递,往往都附加了传送者和接收者一定的态度、思想和情感。

良好的沟通常常被错误地理解为沟通双方达成协议,而不是准确理解信息的意义。如有人与我们意见不同,不少人认为此人没有完全领会我们的看法,换句话说,很多人认为良好的沟通是使别人接受我们的观点。事实上,我可以很明白你的意思却不同意你的看法。当一场争论持续了相当长的时间,旁观者往往断言这是由于缺乏沟通导致的,然而,调查表明恰恰此时正进行着大量有效的沟通,他们中的每一个人都充分理解了对方的观点和见解,存在的问题是人们把有效的沟通与意见一致混为一谈了。

(二)沟通的重要性

沟通不仅与人们的日常生活密切相关,它在管理的各个方面也得到了广泛的运用。良好的管理沟通首先表现在它与管理者的工作密切相关,并随着管理层次的递增,管理者用于沟通上的时间也就越多。一项研究表明,一个基层管理人员工作时间的20%~50%用于言语沟通;而中、高层管理人员工作时间的 66%~87%用于面对面和电话形式的沟通。沟通体现在不同的管理职能方面,如计划的制订与安排,部门之间的协调,人与人之间的交往,领导者与下属的联络,控制中的纠偏矫正工作,企业间的交流等。

一般来说,沟通的重要性体现在以下几个方面。

(1)沟通是实现组织目标的重要手段。组织中的个体、群体为了实现一定的目标,在完成各种具体工作的时候都需要相互交流,统一思想,自觉地协调。信息沟通使组织成员团结起来,把抽象的组织目标转化为组织中每个成员的具体行动。没有沟通,一个群体的活动就无法进行,特别是管理者通过与下属的沟通可以使员工了解和明确自己的工作任务,以保证目标的实现。

(2)沟通使管理决策更加合理有效。对信息的收集、处理、传递和使用是科学决策的前提。在决策过程中利用信息传递的规律,选择一定的信息传播方式,可以避免延误决策时间而导致的失败。管理人员通过一定的方式推行决策方案,赢得上级的支持和下级的合作,没有有效的沟通是不会达到这一目标的。

(3)沟通成为组织中各个部门、各成员之间密切配合与协调的重要途径。由于现代组织是建立在职能分工基础上的,不同职能部门之间"隔行如隔山",不易相互了解和协作配合。通过有效的沟通,可以使组织内部分工合作更为协调一致,从而保证整个组织体系的统一指挥,统一行动,实现高效率的管理。

(4)沟通是管理人员激励下属、影响和改变别人的态度和行为、实现领导职能的基本途径。沟通不仅能增进员工彼此之间的了解，促进彼此之间的合作，改善人与人之间的关系，也是最大限度地调动员工积极性的一种方式。管理者与员工的定期沟通会提高员工的满意度，从而提高工作效果，降低组织的缺勤率和流动率。

（5）沟通也是与外部环境建立联系的桥梁。以企业为例，企业外部环境处于不断变化之中，企业为了生存和发展就必须适应这种变化。因此必然要和顾客、政府、公众、原材料供应商、竞争者等发生各种各样的关系，如按照顾客的要求调整产品结构，遵守政府的法规法令，担负自己应尽的责任，获得适用、廉价的原材料，试图在激烈的竞争中取得一席之地等，都迫使企业不断地和外部环境进行有效的沟通，否则就会面临危局。

（三）沟通的过程

沟通是信息从发送者到接收者的传递和理解的过程。沟通过程中，有一位发送者，他制作信息，传递给接收者。接收者收到信息后，立即将信息加以破解，然后再采取行动，如果他的行动符合信息发送者的原意，就可以说沟通成功了，如图7-2所示。

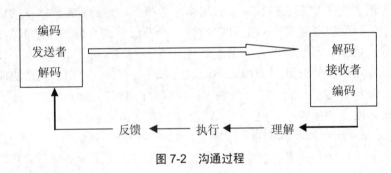

图 7-2 沟通过程

需要指出的是，反馈是接收者将对信息的了解、接收和执行情况返回给发送者，使发送者发现信息是否被接收和执行。

沟通应包括以下要素。

（1）发送者需要向接收者传送信息。这里所说的信息范围很广，诸如想法、观点和资料等。

（2）发送者需将信息做成接收者能够理解的一系列符号。为了有效地沟通，这些符号必须能够符合适当的媒体。例如，如果媒体是书面报告，符号的形式应选择文字、图表或照片。

（3）将上述符号传递给接收者。由于选择的符号种类不同，传递的方式也不同。传递的方式可以是书面的，也可以是口头的，甚至还可以通过形体动作来表示。

（4）接收者接收这些信息。接收者根据这些符号传递的方式，选择相应的接收方式。

（5）接收者破译、理解信息的内容。但由于接收者接收和破译水平的差异，信息的内容和含义经常被曲解。

（6）接收者执行理解后的信息内容。

（7）通过反馈完成双向沟通，从而了解信息是否被准确无误地接受。

二、沟通的类别

（一）按照沟通方法划分，沟通可分为口头沟通、书面沟通、非语言沟通、电子媒介沟通等

这是组织中最普遍使用的沟通方式。它们之间的比较如表 7-1 所示。

表7-1　沟通方式的比较

沟通方式	举例	优点	缺点
口头	交谈、讲座、讨论会、电话	快速传递、快速反馈、信息量很大	传递中经过层次越多，信息失真越严重，核实越困难
书面	报告、备忘录、信件、文件、内部期刊、布告	持久、有形、可以核实	效率低，缺乏反馈
非语言	声、光信号、体态、语调	信息意义明确、内涵丰富、含义隐含灵活	传递距离有限，界限模糊，只能意会，不可言传
电子媒介	传真、闭路电视、计算机网络、电子邮件	快速传递、信息容量大、一份信息可以同时传递给多人、廉价	信息交流对技术、网络依赖较强

1. 口头方式

人们之间最常见的交流方式是交谈，也就是口头沟通。常见的口头沟通包括演说、正式的一对一讨论或小组讨论、非正式的讨论，以及传闻或小道消息的传播等。口头沟通的优点是快速传递和快速反馈。在这种方式下，信息可以在最短的时间内被传送，并在最短的时间内得到对方的回复。如果接收者对信息有所疑问，迅速的反馈可以使发送者及时检查其中不够明确的地方并进行改正。但是，当信息经过多人传送时，口头沟通的主要缺点便会暴露出来。在这个过程中卷入的人越多，信息失真的潜在可能性就越大。原因是每个人都以自己的方式解释信息，当信息到达终点时，其内容常常与最初大相径庭。如果组织中的重要决策通过口头方式在权力金字塔中上下传递，则信息失真的可能性相当大。

2. 书面方式

书面沟通包括备忘录、信件、组织内发行的期刊、布告栏及其他任何传递书面文字或符号的手段。为什么信息的发送者会选择书面沟通？因为它持久、有形、可以核实。

一般情况下,发送者与接收者双方都拥有沟通记录,沟通的信息可以无限期地保存下去。如果对信息的内容有所疑问,可以过后查询。这对于复杂或长期的沟通来说,尤其重要。例如,一个新产品的市场推广计划可能需要好几个月的大量工作,以书面的形式记录下来,可以使计划的构思者在整个计划的实施过程中有一个参考。所以书面沟通比口头沟通显得更为周密,而且逻辑性强,条理清楚。但是,书面沟通也有自己的缺陷。如耗时,同样是一个小时的测验,通过口试学生们向老师传递的信息远比笔试来得多。事实上,花费一个小时写出来的东西,往往只需15分钟左右就能说完。书面沟通的另一个主要缺点是缺乏反馈。口头沟通能使接收者对其所听到的东西提出自己的看法,而书面沟通则不具备这种内在的反馈机制。其结果是无法确保所发出的信息能被接收到,即使被接收到,也无法保证接收者对信息的解释正好是发送者的本意。

3. 非语言方式

一些沟通既非口头形式也非书面形式,而是通过非文字的信息加以传递。如上课时,学生们无精打采或在做其他事情,传达给老师的信息是学生们已经开始厌倦了;同样,当大家纷纷把笔记本开始合上时,则意味着该下课了。还有如一个人的办公室和办公桌的大小,一个人的穿衣打扮都向别人传递着某种信息。非语言沟通中最常见的是体态语言和语调。体态语言包括手势、面部表情和其他的身体动作。例如,一副怒吼咆哮的面孔所表达的信息显然与微笑不同。手部动作、面部表情及其他姿态能够传达的信息意义有攻击、恐惧、腼腆、傲慢、愉快和愤然等。语调指的是个体对词汇或短语的强调。我们可以从下面的例子中体会语调对信息的影响。假设一名学生问老师一个问题,老师听完后,反问了一句:"你这是什么意思?"发问的声调不同,学生的理解和反应也不一样。轻柔、平稳的声调和刺耳尖利、重音放在最后一词所产生的意义完全不同。一般人们会认为第一种语调表明某人在寻求更清楚的解释,第二种语调则表明了这个人的攻击性或防卫性。

任何口头沟通都包括了非语言的信息,这一事实应引起极大的重视。这是因为非语言要素有可能造成极大的影响:一名研究者发现,在口头交流中,信息的55%来自于面部表情和身体姿态;38%来自于语调;而仅有7%来自于真正的词汇。

4. 电子媒介

当前,人们还依赖各种各样复杂的电子媒介来传递信息。除了常见的媒介(如电话电报、邮政等)之外,还拥有闭路电视、计算机、静电复印机、传真机等一系列电子设备。将这些设备与言语和纸张结合起来就产生了更有效的沟通方式,其中发展最快的应该是互联网。人们可以通过计算机网络快速传递书面及口头信息,如电子邮件迅速而廉价,并可以同时将一份信息传递给若干人。

（二）按照组织系统划分，沟通可分为正式沟通和非正式沟通

1. 正式沟通

正式沟通是通过组织明文规定的渠道所进行的信息传递与交流。正式沟通畅通无阻，组织的生产经营活动及管理活动才会井然有序，反之，整个组织将陷入紊乱甚至瘫痪状态。因此，正式沟通渠道必须灵敏而高效。正式沟通的优点是正规、权威性强、沟通效果好，参与沟通的人员普遍具有较强的责任心和义务感，从而保持所沟通信息的准确性及保密性。管理系统的信息都应采用这种沟通方式。正式沟通的缺点是对组织机构依赖性较强而造成速度迟缓，沟通形式刻板，如果组织管理层次多，沟通渠道长，容易形成信息损失。

2. 非正式沟通

非正式沟通是指在正式沟通渠道以外信息的自由传递与交流。这类沟通主要是通过个人之间的接触来进行的，它不受组织监督，是由组织成员自行选择途径进行的，比较灵活方便。员工中的人情交流、生日聚会、工会组织的文娱活动、走访、议论某人某事、传播小道消息等都属于非正式沟通。非正式沟通中往往能表露人们的真实想法和动机，还能提供组织无法预料的或难以获得的信息。与正式沟通相比，非正式沟通具有以下特点。

（1）信息交流速度较快。由于这些信息与职工的利益相关或者是他们比较感兴趣的问题，再加上没有正式沟通的那种程序，信息传播速度大大加快。

（2）非正式沟通的信息比较准确。据国外研究表明，它的准确率可高达95%。一般来说，非正式沟通中信息的失真主要来源于形式上的不完整，而不是无中生有的谣言。人们常把非正式沟通与谣言混为一谈，这是缺乏根据的。

（3）可以满足职工的需要。由于非正式沟通不是基于管理者的权威，而是出于职工的愿望和需要，因此，这种沟通常常是积极的，卓有成效的，并且可以满足职工安全的需要、社交的需要、尊重的需要。

（4）沟通效率较高。非正式沟通一般是有选择地、针对个人的兴趣传播信息，正式沟通则常常将信息传递给本人不需要它们的人。

（5）非正式沟通有一定的片面性。非正式沟通中的信息常常被夸大、曲解，因而需要慎重对待。

【案例7-5】　　　　　　　智明公司的管理

郑总经理："听说你们要集体辞职，能把你们的想法告诉我吗？"

甲开口："从进公司的第一天起，我们只是接受任务，一天到晚埋头干活，干得不

明不白的，无从了解我们工作是为了什么。"

乙说："招聘的时候，林经理答应的月工资是1 600元。我们来报到了，报到后方知试用期工资仅850元/月，月底拿到的第一次工资是按天计算的，8天总计是213元，这无疑给我们泼了一盆凉水。第二个月的工资，扣掉办理有关的人事手续费100元，午、晚餐伙食费300元，再扣掉住宿费用100元，到手的仅有300元；工资的高低并不是最重要的，这种计算报酬的方法是对我们的轻视，也是对我们母校的公开蔑视。我们会告诉母校以后不再推荐同学来这里工作。"

丙也开口了："你们这么斤斤计较，按天给我们付酬，我们也只好按小时来计算工作。以往我们为了完成项目，考虑到工作的连续性，经常自愿加班到晚上11点。我们愿意这么做，也从工作中找到不少的乐趣，但我们学乖了，不必那么卖力，到了下班时间，该下班就下班。我们清楚手上的项目要在9月10日前完成，但是现在可以明确告诉你，就是到了11月10日也交不了差。"

听到这里，郑总说："谢谢你们都讲了真心话，公司成立两年来，我和几个副总经理白手起家，奋斗打拼，才有了目前的发展。由于订单都做不完，我们一直没有时间认真考虑管理上的问题。前些日子，我碰巧听了一个有关人力资源的讲座，深受启发。回来后，我马上成立了人力资源部，还聘请了省委机关部门的处长来负责企业管理部，你们看（他指着人力资源部经理），我还请来了一位受过正规MBA教育的研究生来帮助我制定各项规章制度，希望能做到公司所有成员和公司一起发展。现在，管理水平的提高是公司迫在眉睫的事情。请你们相信我，给我一段时间，我会做得让你们满意的。你们先回去安心工作。"

智明公司是专门从事计算机软件开发的民营高科技企业，两年前，郑总经理和另外4名技术人员共同筹资成立了该公司。目前，公司在全国拥有10个分公司，职工417人，几乎所有人员都是技术出身。企业根据项目来设立负责人，形成柔性的组织结构。除了4个副总经理和5个职能部门外，其他成员的责任随项目变化而变化。所有员工均是通过各种渠道招聘来的，部门经理大多数在26～30岁之间。

（1）公司的报酬政策。在报酬管理方面，公司实行保密工资制，由总经理和职工直接商定职工的工资。工资确定后，员工之间不得相互打听，不得泄露各自的工资收入额。基本可以说，整个工资管理完全由总经理控制，除财务部门外，其他人无从了解工资确定的标准和发放的依据。据不完全的数据估计，人员的工资水平大致如下：①试用期间（3～6个月），本科生850元/月，大专生750～850元/月；②试用期合格后，一般技术人员可达2 000元/月；③中层管理人员，每月3 000元左右；④技术骨干及高级管理人员，则因人而异。

第七章　激励与沟通

（2）公司的福利情况。由于年轻职工大多来自于外地，公司就近租用公寓采取补贴的方式为他们提供住宿，每套两房一厅住 4 人，每人每月交 100 元的住宿费。再有，公司提供午餐和晚餐，价值 450 元，收取每人 300 元的伙食费。另外，企业还为员工按国家规定办理了社会保险，并在企业内部建立了医疗互助基金。除此之外，尚未有更多的考虑。

（3）人员考核的管理。公司对人员的考核形式较为简单，到了年终，一张大白纸分两栏，其中一栏由职工自己填写个人鉴定，另一栏则由小组负责人填写小组评价。由此得来的结果是所有人员的考核结果都基本一样。

想一想：

1. 本案例中用到了哪些沟通方式？谈谈你的认识。
2. 智明公司在管理方面是否存在问题？如何改善？

（三）按照信息传递的方向划分，沟通可分为下行、上行、平行和斜向沟通

1. 下行沟通

下行沟通是指信息自上而下的沟通。如上级把企业战略目标、管理制度、政策、工作命令、有关决定、工作程序及要求等传递给下级。下行沟通顺畅可以帮助下级明确工作任务、目标及要求，增强其责任感和归属感，协调企业各层次的活动，增强上下级之间的联系等。但在逐层向下传达信息时应注意防止信息误解、歪曲和损失，以保持信息的准确性和完整性。

2. 上行沟通

上行沟通是指自下而上点面结合的沟通。如下级向上级反映意见、汇报工作情况、提出意见和要求等。上行沟通是管理者了解下属和一般员工意见及想法的重要途径。上行沟通畅通无阻，各层次管理人员才能及时了解工作进展的真实情况，了解员工的需要和要求，体察员工的不满和怨言，了解工作中存在的问题，从而有针对性地作出相应的决策。上行沟通中应防止信息层层"过滤"，尽量保证真实性和准确性。

3. 平行沟通

平行沟通是指组织内部平行机构之间或同一层级人员之间的信息交流。如组织内部各职能部门之间、车间之间、班组之间、员工之间的信息交流。平行沟通是加强各部门之间的联系、了解、协作与团结，减少各部门之间的矛盾和冲突，改善人际关系和群际关系的重要手段。

4. 斜向沟通

斜向沟通是指处于不同层次的没有直接隶属关系的成员之间的沟通。这种沟通方式

有利于加速信息的流动，促进理解，并为实现组织的目标而协调各方面的努力。

日常管理中，上述四种沟通方式缺一不可。纵向的上行、下行沟通应尽量缩短沟通渠道，以保证信息传递的快速与准确；横向的平行沟通应尽量做到广泛和及时，以保证协调一致和人际和谐。同时，为加速信息流动可灵活运用斜向沟通。

（四）按照是否进行反馈，沟通可分为单向沟通和双向沟通

1. 单向沟通

单向沟通是指在沟通过程中，信息发送者与接收者之间的地位不变，一方主动发送信息，另一方主动接收信息，如广播电视信息、报告、演讲、发布指示、下命令等。这种沟通方式速度快，因此，当遇到工作性质简单又急需完成，或遇到紧急情况不需要或根本不允许商讨时，采用单向沟通方式效果较好。但由于接收者对信息内容的理解没有机会表达，单向沟通有时准确性较差。另外，单向沟通缺乏民主性，容易使接收方产生抵触情绪，心理效果较差。

2. 双向沟通

双向沟通是指在沟通过程中，发送者和接收者的地位不断变化，信息在双方间反复流动，直到双方对信息有了共同理解为止，如讨论、谈话、协商和谈判等。其优点是沟通信息的准确性高，接收者有反馈意见的机会，双方可以反复交流磋商，增进彼此的了解，加深感情，建立良好的人际关系。缺点是沟通过程中接收者要反馈意见，有时使沟通受到干扰，影响信息的传递速度。此外，由于要时常面对接收者的提问，发送者会感受到心理压力。

【案例 7-6】 架起组织内部员工沟通的金桥——摩托罗拉的做法及启示

摩托罗拉早在 30 年前就认识到意见沟通的重要性，并不断实践和完善着沟通制度。摩托罗拉的沟通系统建立在这样一个基本原则上：自然人或法人一旦购买了公司股票，他就成为关联者，有权得到包括公司财务报告在内的公司完整资料，甚至涉及某些商业机密的管理资料。

摩托罗拉的管理者注意到不同职位的人需要不同的沟通方式。上司预期下级向他报告，同级希望和同级分享，下级需要上级的指示。配合组织结构，依据信息流通的方向，沟通系统可分为上行沟通、下行沟通和平行沟通。摩托罗拉的沟通系统因此分为三部分：一是每月召开的员工协调例会（上行沟通）；二是每年举办的主管汇报会（下行沟通）；三是每年举办的员工大会（平行沟通）。

一、员工协调例会和意见箱

30 年前，摩托罗拉公司就开始施行员工协调例会制度。在会议中，管理人员和员工

第七章　激励与沟通

聚集一堂，商讨彼此关心的问题。在公司的总部、各分部、各基层都组织协调会议。这看起来有些类似法院，逐层逐级反映上去，以公司总部的首席代表会议为最高机构，员工协调会议是标准的上行沟通途径。公司内共有几百个这样的组织。沟通过程中，如果有些问题不能在基层协调会上得到解决，则会逐级反映上去，直到有圆满答复。基层协调会上讨论的可以是很具体、很现实的琐碎小事。但如果是有关公司的总政策，那就一定要在首席代表会上才能拍板决定。为保证员工意见能迅速逐级反映上去，基层员工协调会议应先于高层协调会议召开。

摩托罗拉员工协调会议上都讨论些什么呢？下面摘编几条纪要。

问：（1）公司规定工作满 5 年后才能有一个月的带薪休假，能否放宽规定将期限缩短？

答：公司在员工福利待遇方面做了很多工作，诸如团体保险、退休金计划、医疗保险制度等。对于员工休假计划，管理层将继续秉承以往精神，仔细考虑这一问题。随后呈报上级，如获批准，将马上实行。

（2）公司自助食堂菜价偏高，味道太过辛辣，可否加以改进？

答：食堂菜价偏高是由于近期本地菜农罢工，菜源紧张所致，公司总务部正加紧联系外地新鲜蔬菜，相信菜价会相应调低。另外，食堂将再招聘一名厨师以丰富品种，满足员工的不同口味。

二、主管汇报会

摩托罗拉公司的下行沟通形式是主管汇报会。它类似于管理层的述职报告会，所不同的是，述职报告会面对公司董事会，主管汇报会面对全部员工。

主管汇报会每年举办一次，公司管理层经过一年的工作，把经营的成果和当前的问题整理成报告，对广大员工作个交代。会上主要报告公司发展状况、经营业绩、财务分析、员工福利改善、面临的挑战以及公司管理，并由上层传至下层。

在 1995 的年主管报告会上，当时的董事长罗伯加尔温通报了以下情况：60%的雇员达不到美国七年级的数学水平，所以管理层下令将工资额的 1.5%用于培训，这一比例后来上升到 4%。投入大量财力，每年向每个员工提供至少 40 小时的培训时间，并在 2000 年，将培训时间增加 4 倍。

三、员工大会

摩托罗拉的员工大会也是比较有特色的。它是一种平等沟通方式，是平等阶层之间的沟通，例如部门经理与部门经理之间，科员与科员之间，大多是不同部门间地位相当的员工。员工大会时间大约 3 小时，由总公司委派代表主持会议，各部门均参加，先由主席作报告，然后开始讨论。员工大会不同于员工协调会，提问一定要有一般性、全局性，有关私人、个人的问题是禁止提出的，对提问一律尽快解答。

下面列举一些纪要，对大会内容可窥一斑。

问：（1）目前经济滑坡，各大公司纷纷裁减员工，摩托罗拉是否也有此打算？

答：目前经济不景气是事实，但通信行业蒸蒸日上，海外市场前景看好，本公司在短时间内并无解雇员工的计划，只要员工勤奋工作，公司会给予公正待遇的。

（2）现在公司将员工的退休保险基金投资于证券市场，是否太过冒险？如果证券市场行情看跌，员工遭受损失怎么办？

答：公司将退休保险基金投资于证券市场是经过深思熟虑的。我们比较了几种常用的投资方式，还是觉得投资于证券市场较易实现保值增值。为规避证券市场风险，公司专门委托了几位财务专家，挑选了几个收益稳定的证券品种进行投资，避开了价格波动较大的股票。正常情况下是可以维护收益的。另外，公司将讨论设定一个最低年收益率，例如7%，来担保员工的利益。

除以上正式沟通外，公司还开辟了其他一些非正式的沟通渠道，例如不定期举办野餐会，了解熟悉每一个员工。

想一想：
1. 摩托罗拉的沟通系统是如何进行有效的沟通的？
2. 结合摩托罗拉的做法，你认为沟通是否应该制度化，为什么？
3. 除正式的沟通外，是否应存在非正式沟通渠道，这对企业有何利弊？

第四节　有效沟通的实现

一、沟通障碍

在人们沟通信息的过程中，常常会受到各种因素的影响和干扰，使沟通受到阻碍。沟通障碍主要来自三个方面，即发送者的障碍、接收者的障碍和沟通通道的障碍。

（一）发送者的障碍

在沟通过程中，信息发送者的情绪、倾向、个人感受、表达能力和判断力等都会影响信息的完整传递。从发送者的角度，沟通的障碍主要表现在以下几个方面。

1. 表达能力不佳

发送信息方如果口齿不清，词不达意或者字体模糊，就难以把信息完整地、准确地表达出来；如果使用方言、土语，会使接收者无法理解。在不同国籍、不同民族人员之间的交流中，这种障碍更明显。

2．信息传送不全

发送者有时人为缩减信息，使信息变得模糊不全。

3．信息传递不及时或不适时

信息传递过早或过晚，都会影响沟通效果。

4．知识经验的局限

信息发送者和接收者如果在知识和经验方面水平悬殊很大，发送者认为沟通的内容很简单，不考虑对方，仅按照自己的知识和经验范围进行编码，而接收者却难以理解，这就会影响沟通效果。

5．对信息的过滤

过滤是指故意操纵信息，使信息显得对接收者更有利。如某管理人员向上级传递的信息都是对方想听到的东西，这位管理人员就是在过滤信息。过滤的程度与组织结构层次以及组织文化有关。组织纵向管理层次越多，过滤的机会也就越多。组织文化则通过奖励系统鼓励或抑制这类过滤行为。如果奖励只注重形式和外表，管理人员便会有意识地按照上级的习惯品位调整和改变信息的内容，现实生活中"报喜不报忧"就是典型的信息过滤行为。

（二）接收者的障碍

从信息接收者的角度看，影响信息沟通的因素主要有以下四个方面。

1．信息译码不准确

接收者如果对发送者的编码不熟悉，就有可能误解信息，甚至得到相反的理解。

2．对信息的筛选

受主观性的影响，接收者在接收信息时，会根据自己的知识经验去理解，按照自己的需要对信息进行选择，从而可能会使许多信息内容被丢失，造成信息的不完整甚至失真。

3．对信息的承受力

每个人在单位时间内接收和处理信息的能力不同，对于承受能力较低的人来讲，如果信息过量，难以全部接收，就会造成信息的丢失而产生误解。

4．心理上的障碍

接收者对发送者不信任，敌视或冷淡、厌烦，或者心理紧张、恐惧，都会歪曲或拒绝接收信息。

5．过早地评价

在尚未完整地接收一项信息之前就对信息作出评价，将有碍于对信息所包含的意义的接收。价值判断就是对一项信息所给予的总的价值的估计，它是以信息的来源、可靠性或预期的意义为基础的。过于匆忙地作出评价，就会使接收者只能听到他所希望听到的那部分内容。

6．情绪

在接收信息时，接收者的感觉会影响到他对信息的理解。不同的情绪感受会使个体对同一信息的解释截然不同。狂喜或悲伤等极端情绪体验都可能阻碍信息沟通，因为这种情况下人们会出现意识狭隘的现象而不能进行客观理性的思维活动，而代之以情绪性的判断。因此，应尽量避免在情绪很激动的时候进行沟通。

（三）沟通通道的障碍

沟通通道的问题也会影响到沟通的效果。沟通通道障碍主要有以下几个方面。

1．选择沟通媒介不当

如对于重要事情，口头传达效果较差，因为接收者会认为"口说无凭"、"随便说说"而不加重视。

2．几种媒介相互冲突

当信息用几种形式传送时，如果相互之间不协调，会使接收者难以理解传递的信息内容。如领导表扬下属时面部表情很严肃甚至皱着眉头，就会让下属感到迷惑。

3．沟通渠道过长

组织机构庞大，内部层次较多，从最高层传递信息到最低层，从低层汇总情况到最高层，中间环节太多，容易使信息损失较大。

4．外部干扰

信息沟通过程中经常会受到自然界各种物理噪声、机器故障的影响或被其他事物干扰所打扰，也会因双方距离太远而沟通不便，影响沟通效果。

（四）沟通障碍在日常管理中的表现

在企业日常的管理中，经常发生一些信息沟通上的障碍，这些障碍的产生都源于上述因素的影响，其具体表现可以做以下罗列。

1．距离

上级与下级之间的物理距离减少了他们面对面的沟通。而较少的面对面的沟通可能会导致误解或不能理解所传递的信息。物理距离还使得上级与下级之间的误解不易澄清。

2．曲解

当一个人分不清实际和自己的观点、感受、情绪的界限时，就容易发生曲解。很多时候，我们不仅在工作层面上进行交流，也在情感层面上进行沟通，但有时上级和下级都倾向于根据自己的观点、价值观念、意见和背景来解释信息，而不是对它做客观的解释。

3．语义

这涉及沟通语言、文字、图像和身体语言等。因为几乎所有的信息沟通都利用符号来表达一定的含义。而符号通常有多种含义，人们必须从中选择一种。有时选错了，就会出现语义障碍。如词语这一符号，会从词的多重含义、专业术语、词语的下意识联想等方面引起沟通障碍。

4．缺乏信任

这种障碍与上下级相处的经历有关。在以往经历的基础上，如果下级觉得把坏消息报告给上级于己无益，他就会隐瞒这些消息。另一方面，如果他觉得上级能体谅并且帮助人，他就不会把坏消息或不利信息过滤掉。

5．不可接近性

在一些企业中，会有这样的管理人员，他们经常外出，或者把自己置身于繁琐的小事，下级没有机会与他们进行商谈、讨论或得到他们的指导。这种难以接近上级的情形会导致沟通的失败。它会挫伤下级从上级那里寻求适当指导的积极性。不可接近并不一定是实体上的，也可以是心理上的。由于上级采取严厉的态度，下级要弄懂他的观点，也许并不容易。

6．职责不明确

当一个下级的职责不明确时，他们就会找替罪羊或者捏造理由。我们常常听人说："我以为这是你要我做的。"或者"我以为该由王伟来做。"职责不明会导致职务和作用的含糊，这恰恰意味着下级对其所处的职位以及所履行的职责感到模糊。

7．个性不相容

上下级的个性不相容，常常发生冲突，并因此而产生沟通障碍。

8．拒绝倾听

一些管理人员，或是自高自大，或是漫不经心，拒绝倾听上级或下级的意见。这种态度阻碍了有效的沟通。拒绝倾听有两种类型：源于"我知道所有事情"的优越情绪，或者源于"我一无是处"的自卑情结。

9．没有利用恰当的媒介

在组织环境下进行沟通，可以利用好几种媒介。沟通的有效性依赖于管理人员如何根据自己的情况选择恰当的媒介。有些管理者以给下级发送充满行话的便条为自豪，却不顾下级缺乏阅读和理解的技巧。

10．沟通缺口

沟通缺口的是指沟通的正式网络中所存在的缺陷与漏洞。在一些规模较大、较复杂的组织中，这种障碍是一种普遍现象。正式沟通网络是沿着组织的权责路线而建立的，随着组织的增长和扩大，这些网络便倾向于变得大而复杂，同时又没有很多的计划工作，在这种情况下，沟通网络便开始出现了缺陷，过分依赖于正式沟通而不利用其他来源和方法，导致沟通系统产生缺口。

二、有效沟通的技术和方法

从上述的沟通障碍可以看出，只要采取适当的措施克服这些沟通的障碍，就能实现管理的有效沟通。因此，无论是人际沟通、组织内的沟通，还是组织与组织之间的沟通，要实现有效的沟通，就必须对沟通技能和方法进行改进和开发。

（一）有效沟通的先决条件

1. 有效沟通的原则

（1）确立问题。问题的明确叙述，便解决了问题的一半。在管理活动过程中，除非管理人员本身建立了清晰的观念，并认清了问题的本质，否则他将无法给人以清晰的印象，只有清楚地认识了问题，才能去收集资料，选择最佳的信息沟通方式。

（2）征求意见。通常，管理所面临的问题都比较复杂，而且牵涉面较广，不是一两个人就能解决得了的，所以，在作出决策之前，管理者最好能与有关的人员磋商，征求部属的意见和建议。这种方式有三个优点：一是可借他人意见观察验证本身意见的正确性；二是可以收集他人的想法和建议，有助于对问题进行周全的设想；三是由于下属有参与机会，可减少措施推行的阻力，赢得更大支持。

（3）双线沟通。管理人员在传达意见时，必须考虑传达的内容、对象、方法等，同时还应该顾及许多组织上与心理上的问题。一般而言，组织内不同的层次对一个问题或一项措施的看法都会有所不同，某种本人能理解的话语，并不一定都能为其他人所理解。所以，双线意见沟通十分重要，它可以使下情有所上达，以此来缩减地位上的障碍，从而增进彼此之间信息的沟通了解。

（4）强调激励。在组织中，信息（尤其是任务）的下达，着重体现激励，要做到使部署不但能了解命令，而且在了解了之后又能欣然产生工作的热情。在意见交流时，管理人员的诚意与表达方式都会直接影响沟通的效果。

2. 有效沟通的先决条件

（1）在自上而下方面。

① 管理者必须了解下级工作人员的工作情况、欲望及每个人的个人问题。

② 管理者应该有主动沟通的态度：一个团队的主管，应该自动地与下属分享团队内的所有消息、新闻、政策及各项工作措施。这样才能使上下一致，培养团队合作精神。

③ 团队内须制订完备的沟通计划。任何政策措施在付诸实施前，须将其内容传达给所有工作人员，以求共同了解，减除工作中的紧张情绪，在人事上产生和谐关系。

④ 主管人员须获得工作人员的信任。工作人员能否了解主管沟通的要义，全赖于其对主管是否信任，对主管的不信任，会导致工作人员对所有的事都发生疑惑，因而往往会曲解主管的用意，使沟通难以达到预期的效果。

（2）在自下而上方面。

① 主管须平等对待下属。领导和蔼可亲、平易近人，是下级向上沟通的主要因素，如果一个领导终日一副严厉的面孔，使别人不敢亲近，望而生畏，也就谈不上什么良好的沟通了。

② 经常与下级举行工作座谈会。让所有的工作人员都有发言的机会，而主管应多听，并注意综合大家的意见，绝不能趁开会的时候训话或表演自己的口才。

③ 建立建议制度。开明的主管为力求团队的不断进步，应经常采纳工作人员的意见和建议，不论建议能否立即得到实施，凡提建议的人都应受到鼓励，主管应定期把实施情况或不能采纳的原因，婉转地向提出人解释，一方面表示主管对建议的重视，另一方面感谢提建议的人，使他们内心愉快而乐于再提建议。

④ 公平而合理的制度。鼓励自下而上的沟通，关键要建立公平而合理的升迁、奖惩和考绩等制度。一个组织如果在这些制度上有了不公平的待遇，人们必定心灰意懒，或阳奉阴违，沟通也就不能发挥作用了。

（3）在平行沟通与斜向沟通方面。采取集权制的组织，由于上级事事过问，凡事都须统一指挥，层层上报，在这种情形下，沟通必然贫乏，平行单位或人员之间，也就失去了自由处理问题的权力，从而减少协调的机会。而对于采取分权制或授权制的组织来说，其平行沟通一般比较畅通，因为下级单位或人员有充分的自由来处理本身权责范围以内的工作，不必事事上呈，如有需要，他们可以在合作的原则下通过平行沟通尽快处理工作任务，以提高效率。因此，可以说，平行沟通的先决条件就在于主管能否适当授权。

（二）实现有效沟通的方法

1. 强调有效沟通的重要性

（1）要加强组织中管理者与被管理者对沟通重要性的认识。人们通常认为沟通是一件非常简单的事，并不重视沟通的重要性，同时又在某种程度上对沟通存在着误解。例如，人们常常以为向对方讲述一件事后，沟通就完成了，没有考虑"语言"本身并不代表"意思"，其中还存在一个破译转化的过程。沟通虽然非常普遍，看起来非常容易，但是有效沟通却常常是一项困难和复杂的行为。

(2) 管理者和被管理者还要了解组织沟通过程中的一些规律。例如，在组织中建立重视沟通的氛围，创造一个相互信任的沟通环境，不仅在各项管理职能中有效地运用沟通手段，还要重视非正式沟通中"小道消息"对组织管理的重要性等。

2. 提高沟通技巧

良好的沟通能力是处理好人际关系的关键。下面从发送者和接收者两方面分析如何通过努力提高沟通技巧。

（1）提高发送者的技巧。发送者可以在陈述、写作、语言应用和非语言信息等几方面提高沟通技巧。

第一，陈述和说服技巧。作为一个管理者，要经常就各种问题发表看法。典型的是你经常要兜售你的主意。换句话说，你面临的挑战是说服他人接受你的建议。作为一个领导，你碰到的最艰巨的挑战发生在人们不想做那些必须做的工作时。但领导者必须有足够的说服力使人们就范。在一些组织中，如何说比说什么更重要，必须努力使你的陈述具备独特的个人风格并富趣味性。同时作为一个管理者，应该建立一种注重准确、诚实、公平和客观而不是仅仅展示操纵能力和印象的沟通文化。有效的说服是试图去发现和别人的感情连接点，去发现与双方利益和兴趣相符的共同的基础。

第二，写作技巧。拼写、标点符号和语法应用正确有助于但不能保证写作的效果。好的写作，要求清晰的逻辑思考。反过来，写作本身对思考过程又很有帮助，因为你必须考虑你实际想说的是什么，以及它们背后的逻辑关系如何。要想让你写的备忘录和报告通俗易懂并能激发读者的兴趣，就必须做到思路清楚、结构合理、通俗易懂和简短。

值得注意的是：第一稿总不会尽善尽美。如果有时间，要浏览一遍并删去不必要的字、句和段落。尽量用具体而不是抽象的词句。如"这段时间天气不讨人喜欢"不如说"这星期每天都下雨"来得简洁明了。

第三，语言技巧。用词会影响沟通的效果。例如行话在沟通双方都熟悉的情况下可以提高沟通效率和效果，但如果接收方不了解行话就会产生曲解。因此来自不同职能部门的人们在沟通中经常由于语言障碍而误解对方。所以不论说还是写，都应该根据接收者的背景调整自己的语言。听的时候不要以为你理解的就一定是正确的。如日本人常用"嗨"表示他们明白你说的是什么，但并不表示他们同意你。亚洲商人很少直接说"不"，而用一些含蓄的方式表达他们的反对意见等。

第四，非语言技巧。人们发送或解释信号不仅仅局限于他们说的或写的东西，非语言信息会强化或损害通过语言文字表达的信息。非语言的线索经常对其他信号产生巨大的影响。例如，在员工们的眼里，经理的行动比他们的语言更有说服力。

在谈话中，应该表现出热情、尊重、关心、平等、愿意倾听对方的意见，除非想传递负面信息。负面非语言信号包括冷淡、不尊重、没兴趣和优越感等。以下建议对学会传递正面非语言信号很有帮助。

首先，合理安排时间。避免让你的员工等你，留出足够的时间和他们谈话并经常和他们沟通，以表现你对他们关心的问题很感兴趣。其次，把办公室布置得适合公开交流。座位的安排要有利于创造温暖、合作的气氛（如果你坐在办公桌后面，下属坐在你前面，就会造成强迫和命令式的气氛）。再次，留心你的身体语言。研究表明，面部表情和语调在两个人的沟通中能起到90%的作用。有几种非语言信号可以向他人传递正面态度：假定你的地位和对方接近；经常应用手势；保持目光接触；微笑；作出一种开放的身体姿势，如直接面对对方；不要交叉抱胸；身体向前微微倾斜以表示对对方说的内容很感兴趣等。最后，沉默是一种有趣的非语言状况。据说美国人每天用在交谈的时间是日本人的两倍。北美人常喜欢用谈话来打破沉默，而日本人则常常听任沉默持续下去，他们相信他们能更好地了解他人，而且日本人通常认为如果两人必须通过交谈才能达到沟通，就意味着双方相互了解得还不够。

（2）提高接收者的技巧。要想成为一个全能的沟通者，仅仅熟练掌握发送口头、文字和非语言信号还不够，还必须提高接收信息的能力。作为接收者应该具备良好的倾听、阅读和观察技巧。

第一，倾听。最近一项调查表明，在今天的工作环境下，管理者需要的最重要的基本技巧是听的技巧。一般人会以为大多数人都自然而然地拥有良好的听的能力，而事实远非如此。以前人们往往只注重说、写能力的培养，忽视了听的能力的训练和培养。事实上，没有听就很难接收到有用的信息。而倾听则区别于一般的听，它是一种通过积极的听来完整地获取信息的方法，主要包括注意听、听清、理解、记忆和反馈五层内容。

① 注意听。要听得投入，全神贯注地听，不仅要用耳朵去听，还要用整个身体去听对方说话。例如，要保持与说话者的目光接触，身体微微前倾，以信任、接纳、尊重的目光让说话者把要说的意思表达清楚。同时，注意控制自己的情绪，克服心理定式，保持耐心，尽可能站在说话者的角度去听，认真地顺着说话者的思路去听。另外，自己不要多说，尽量避免中间打断别人的谈话。

② 听清内容。要完整地接收信息，听清全部内容，不要听到一半就心不在焉，更不能匆忙下结论。同时要营造一种轻松、安静的气氛，排除谈话时的各种噪声干扰，使得听者能努力抓住其中的关键点。

③ 理解含义。理解信息并能听出对方的感情色彩，这样才能完全领会说话者的真正含义。同时要准确地综合和评价所接收的信息，对一些关键点要时时加以回顾，通过重复要点或提一些问题来强化和证实你所理解的信息；对一些疑问和不清楚的问题，也要

在适当的时候向对方提问,以保证信息的准确理解。另外,为了能听懂,还要借助一些辅助材料,如报告、提纲、小册子或讲义等来帮助理解。

④ 记忆要点。在理解对方的基础上要记住所传递的信息。可以通过将对方的话用自己的语言来重新表达,或者通过记住所说的典型事例,以及对信息加以分类和整理的方法,增进有效记忆。另外,如有必要在听的时候做些笔记,以便于事后回忆和查阅。

⑤ 反馈。给予说话人适当的反馈,可以使谈话更加深入和顺利。在听的时候,用点头、微笑、手势等体态语言对说话人作出积极反应,让对方感觉到你愿意听他说话,以及通过提一些说话人感兴趣的话题,可以加深双方的感情,并使得谈话更加深入。表7-2和表7-3所示分别为倾听要点和提高倾听效果的十个关键。

表7-2 倾听要点

要	不 要
表现出兴趣	争辩
全神贯注	打断
该沉默时必须沉默	从事与谈话无关的活动
选择安静的地方	过快或提前作出判断
留出适当的时间用于辩论	草率地给出结论
注意非语言暗示	让别人的情绪直接影响你
当你没听清楚时,要以疑问的方式重复	
当你发现遗漏时,直截了当地问	

表7-3 提高倾听效果的十个关键

关 键	说 明
1. 寻找兴趣点	即使你肯定谈话的内容很乏味,也要想一想发言者说的是否对我有用
2. 评判内容而不是传送方式	不要太关注发言者的性格、特殊习惯、声音或服装等,把注意力放在发言者说的内容上
3. 沉着	在完全理解发言者说的是什么以后再作评价,不要被他表面上的言语打动
4. 注意领会要点	不要太拘泥于事实和细节,把注意力放在中心思想上
5. 灵活应变	准备多种记录方法,并选择适合发言者风格的方法,不要做太多记录或强迫自己把发言者没有条理的发言整理成正式的提纲
6. 集中注意力	关上门,关上收音机,离谈话者更近一些或请求发言者大声一些。不要看窗户外面或桌子上的其他材料
7. 训练自己的大脑	有些人习惯于知难而退,因此要培养勇于挑战困难的信心

第七章 激励与沟通

续表

关　　键	说　　明
8．保持头脑开放	很多人在涉及他们信念的问题上过于感情用事，不要让情绪影响到对问题的理解
9．利用思维速度的优势	多数人讲话的速度是每分钟125个字，而人们思维的速度是讲话速度的4倍，把省下来的时间用在思考讲话者说的是什么这个问题上
10．努力去听	投入一定的精力，不要只是表面上表现出倾听的热情。倾听是一项艰苦的工作，但你得到的会超过你付出的

积极主动的倾听可以给人们在沟通过程中带来以下好处。

- 倾听可以帮助你获取重要的信息。通过倾听，不仅可以了解到对方所传达的信息，还可以了解对方的感情，由此还可以推断出对方的性格、目的和心态。
- 倾听可以掩盖自身的弱点。"言多语失"、"沉默是金"等告诉我们，在对别人所谈问题不太了解时，多听而不说或者少说，是掩盖自身弱点的最好方法。
- 善听才能善言。只有先听别人的意见后，才能更有效地了解别人，包括了解他谈话的目的、背景、情感和弱点等，这些都为你跟对方交谈提供了契机，不仅使对方觉得你充分考虑了他的需要和见解，还会使你的谈话更有针对性和感染力，你的建议才容易被接纳。
- 倾听可以使你获得友谊和信任。人们大多喜欢发表自己的意见，如果你能谦虚地倾听，给他们说话的机会，他们会觉得你和蔼可亲、值得信赖。作为一名管理者，更应该倾听来自顾客、上级、下级的信息，及时有效的沟通会使他们对你更加信赖和尊重。

第二，阅读。阅读错误经常发生，会给组织造成很大的损失。作为一个接收者，从你个人的利益出发，应该尽早阅读相关资料，以防来不及作出反应。对大多数材料你都可以采用快速浏览的方法，但对于那些重要的文件、备忘录和信函则要仔细地阅读，将重点记下来以备不时之需。可以考虑学一些课程来提高你的阅读速度和理解能力。最后要注意的是，不要仅仅阅读和你的具体工作和技术相关的材料，因为你读过的小说、人物自传以及有关其他企业或行业的文章都会激发出新的思想，而这些新思想对你未来的工作都可能很有帮助。

第三，观察。好的沟通者还需要具备观察和理解非语言沟通信号的能力。例如，通过观察非语言信号，演讲者可以了解他的演讲效果如何，是否需要改变方式。有些公司致力于训练销售人员理解潜在顾客的非语言信号的能力。人们同样可以通过对非语言信号的解码确定信息发送者是否可信。说谎者或言不由衷者通常不敢正视他人的眼睛，小动作会比正常情况多，微笑的太多或笑不出来，而且他们不会像诚实的发送者那样提供较多的细节。

亲临现场是获得第一手资料的一种至关重要的观察方法。许多公司的高级管理人员过于依赖报告，他们往往不去现场实地考察，因此得不到实际情况的第一手材料。所以再好的报告也不能代替实地考察。经常访问现场做细致考察，可以帮助管理者加深对现状和未来的了解，更好地发挥企业的能力。

（3）有效的监督。有许多研究对监督者沟通技巧的优劣进行了比较。沟通技巧高的监督者有几个关键特征。首先，他们传递更多的信息。例如，他们事先会通知即将发生的变革，解释新的政策和制度出台的原因，并积极同下属展开对话。其次，有效的监督者偏爱请求和说服的方法。再次，他们对人们的感受和需要很敏感。例如，他们一般不会当众斥责下属。最后，他们是热情和反应迅速的倾听者，能对员工的问题作出迅速反应，公平地考虑员工们的怨言和建议并采取积极的行动。

本章小结

本章首先介绍了激励的含义、过程和原则，指出激励是在工作中调动人的积极性的过程，它遵循组织目标与个人目标相结合、物质激励与精神激励相结合、外在激励与内在激励相结合、正强化与负强化相结合、按需激励以及客观公正等原则。其次介绍了一系列的激励理论，如期望值理论、公平理论、强化理论、归因理论、挫折理论，以及激励的方法，如物质利益激励法、目标激励法、榜样激励法、内在激励法、形象与荣誉激励法、信任关怀激励法和兴趣激励法等。然后介绍了沟通的概念、重要性、过程和类别，指出沟通是信息从发送者到接收者的传递和理解的过程。沟通按照方法可分为口头沟通、书面沟通、非语言沟通和电子媒介沟通等；按照组织系统可分为正式沟通和非正式沟通；按照信息传递的方向可分为下行、上行、平行和斜向沟通；按照是否进行反馈可分为单向沟通和双向沟通。最后介绍了沟通障碍和有效沟通的技术与方法，指出沟通障碍主要来自三个方面，即发送者的障碍、接收者的障碍和沟通通道的障碍。可以从发送者和接收者两方面提高沟通技巧，如发送者可以在陈述、写作、语言应用和非语言信息等方面提高沟通技巧；而作为接收者应该具备良好的倾听、阅读和观察技巧。

# 了解大师

亚伯拉罕·马斯洛

亚伯拉罕·马斯洛（1908—1970）出生于纽约市布鲁克林区。美国社会心理学家、

人格理论家和比较心理学家,人本主义心理学的主要发起者和理论家,心理学第三势力的领导人。

马斯洛 1926 年进入康乃尔大学,三年后转至威斯康辛大学攻读心理学,在著名心理学家哈洛的指导下,1934 年获得博士学位。之后,留校任教。1935 年在哥伦比亚大学任桑代克学习心理研究工作助理。1937 年任纽约布鲁克林学院副教授。1951 年被聘为布兰戴斯大学心理学教授兼系主任。1969 年离任,成为加利福尼亚劳格林慈善基金会第一任常驻评议员。第二次世界大战后转到布兰代斯大学任心理学教授兼系主任,开始对健康人格或自我实现者的心理特征进行研究。曾任美国人格与社会心理学会主席和美国心理学主席,是《人本主义心理学》和《超个人心理学》两个杂志的首任编辑。

按马斯洛的理论,个体成长发展的内在力量是动机。而动机是由多种不同性质的需要所组成,各种需要之间有先后顺序与高低层次之分;每一层次的需要与满足,将决定个体人格发展的境界或程度。马斯洛的理论,最大用处在于它指出了每个人都有需要。身为主管人员,为了激励下属必须了解下属的需要。

著名哲学家尼采有一句警世格言——成为你自己!马斯洛在自己漫长的生命历程中,不仅将毕生精力致力于此,更以独特的人格魅力证明了这一思想,成功地树立了一个具有开创性的形象。《纽约时报》评论说:"马斯洛心理学是人类了解自己过程中的一块里程碑。"还有人这样评价他:正是由于马斯洛的存在,做人才被看成是一件有希望的好事情。在这个纷乱动荡的世界里,他看到了光明与前途,他把这一切与我们一起分享。

思考与讨论

1. 简述激励的过程和激励的方法。
2. 对应每一沟通的类别,举例分析。
3. 你能发现自己及周围人中存在的沟通障碍吗?列表并提出解决思路。
4. 列出你认为最重要的十大沟通技巧,并在班级中交流。
5. 在某个管理培训班的课间,有两位老总在进行交谈。

王总:"刚才听老师讲激励,很受启发。"
李总:"是呀,我觉得老师讲的通过给予富有挑战性的工作、满足兴趣的工作、经常树立榜样等这些方法都能对员工产生激励,很好呀。这样既能让他们多干活,又可以少花钱。何乐而不为呀。"

王总："不完全是吧。现在有几个人不跟你谈薪水呀，只要能产生激励，员工能把工作做好，多给点钱也值得，省事呀。不需要整天和他们谈成长、谈价值、谈挑战。忙都忙不过来了。"

问题：你认为他们说得对吗？请你根据上述对话，谈谈自己的看法。

实训题

倾听技能训练

本实训采用角色扮演的方式进行训练，通过角色互换，使每一个学生都有机会体验倾听者、信息提供者和旁观者等角色，借以提高和发展学生的倾听、反馈、总结、探察和支持技巧。

（1）训练要点。每三人组成一个小组，分别承担A、B、C三个角色。

A：谈论一件事情。

B：倾听，给予咨询。

C：观察、指导B的行为，并给予A、B反馈意见。

20分钟后轮换角色，反复进行。

（2）训练要求。A：谈论一个真实的问题（不一定是很重要的问题）。不要求得到解决问题的建议。

B：听取关键词；运用短句和沉默技巧；引导和控制谈话；使用A的术语；倾听对方的感情和需要。

C：用可操作的词汇，对可塑的、可改变的因素和行为提出反馈意见。

（3）总结与评价。每组由C做训练记录，对每一轮训练进行评价。依据最后的训练总结评判效果。

马岛之行

2004年秋，美国东南沿海椰子主产区，因自然灾害造成了椰子大面积减产及品质下降。收获的椰子中，一等品仅占5%，二等品却有15%，三等品20%，等外品25%，残次品竟高达35%。其中，一等椰子单枚重量由去年的3kg以上降到2.5kg以下，皮壳的厚

第七章 激励与沟通

度由 1.3cm 升至 1.8cm，一等椰子百吨批发价由上年的 29.6 万美元升至 32 万美元。市场态势让种植园主群体、大小批发商群体、果品制造商群体纷纷暗自叫苦。确实，终端消费群体对椰子类商品的购买欲开始下滑。

在灾难导致的市场低迷中，麦卡锡果品批发公司却独独走运。2004 年春，麦卡锡公司在期货市场以每百吨 25 万美元的期价买断了椰子主产地之一——马提尼岛的全部椰子。2004 年夏，远离海岸线的马提尼岛幸免于自然灾害。秋天，闻名全美的绿色天然果品马提尼椰子收获格外好。4 000 吨总产量中，一等品占 88%，二等品 8%，三等品 4%，一等马提尼椰子单枚平均重量在 3.5kg 以上，皮壳厚度在 1.1cm 以下。然而，麦卡锡公司老总约克·斯尔特忧心忡忡，忐忑不安。在马提尼岛椰子批发交易市场，品质上乘的 4 000 吨马提尼椰子交易空廖，形同死水。截至 10 月 15 日，马提尼岛椰子批发交易后期，现货现款意向询报价仅为 36 万美元/百吨，交易询报量不过 900 吨而已。

在该岛，看淡市场的大小批发商和制造商等买方组群，企图逼迫麦卡锡公司降价至 33 万美元/百吨以下时，再签订现款现货的购买合同。麦卡锡公司总裁约克·斯尔特不能打价格持久战。原因很简单，麦卡锡公司春天购买期值为 1 000 万美元的马提尼椰子时，已经支付了 300 万美元的期货定金。按照期货市场法规，若不能在 10 月 31 日前付清期货市场 700 万美金欠款，就将受到期货交易额 10 倍以上的罚款，并被取缔在期货市场的交易资格。届时，麦卡锡公司将面临丧尽可信度和落入破产的境地。

鉴于此，总裁约克·斯尔特决定亲赴马提尼岛。此行的沟通目标：（1）必须在 10 月 27 日前，以 34 万美元/百吨以上的价格用现货现款方式全部抛出 4 000 吨椰子，确保该项经营获得 120%的毛利率；（2）考核驻岛代表处的人才能力构成；（3）寻找长期合作的新的组织和群体。

在飞往东南方的机舱里，约克·斯尔特正在阅读商业计划书，谋划与当地众多买方的沟通策略和沟通技法。这时，他收到了公司驻马提尼总代表卡迪小姐的 E-mail，内容如下："总裁先生：今晨，美国伯特绿色纯净果水公司采购总代表麦克·李先生抵达，该公司报价 29 万美元/百吨。现款现货买断 4 000 吨椰子。如何应对，请指示！卡迪 10/16/2004 于马岛。"

约克·斯尔特预感到了不祥。伯特公司的报价肯定会助长当地买方的压价气势，他马上回电："卡迪小姐：请立刻与伯特绿色纯净果水公司谈判。第一，缠住麦克·李，坚决阻断他与任何买家的可能接触；第二，以 35 万美元/百吨的报价与他周旋，待我抵达后亲自处理。总裁约克·斯尔特 10/16/2004 于机上。"飞机越过大海，降落在马提尼机场。约克·斯尔特钻进公司驻岛副代表迎接他的汽车，立即听取谈判进展情况。副代表汇报后，又报告总裁一个新的动向：美国安瑞尔·罗尼生物制药公司副总裁安瑞尔小姐一小时前飞抵马岛，下榻联道夫饭店，正在与信息服务中介商讨论，如何用现款现货方式买断4 000吨马提尼椰子。安瑞尔公司用椰肉制造生物制品利润很高，志在必得，肯出高于伯特公司的价格——以30万美元/百吨进行第一次报价。一夜之间，出现了两个现款现货全额买断的大买家，改变了当地的供需关系，4 000吨马提尼椰子成为唯一货源。副代表还说：利用这两家的焦急心态，通过背对背轮流竞价，最后卖给报价高的一家，可能实现120%甚至更高的毛利率。关键在于如何挑起两家之争。马提尼椰子只有4 000吨，我们很主动。约克·斯尔特一言不发，他注视着副代表，思索良久，明确指示：（1）立即封锁我抵岛的消息；（2）马上改去联道夫饭店，化名包两间客房；（3）请中介商安排，我邀请安瑞尔小姐共进午餐；（4）你待在客房里，时刻保持与卡迪小姐的联络，随时用手机通报那边的进展。

奔驰03型豪华轿车泊靠联道夫饭店，风度翩翩的约克·斯尔特跨进饭店大厅，他踌躇满志，手握4 000吨马提尼椰子金砝码，准备给低迷的椰子市场一份惊喜。

案例分析题：约克·斯尔特总裁应如何通过沟通谋略实现马岛之行的三个目标呢？

 看图说事

合理的激励

● 激励手段要合理选择，贴近员工需求

要求：结合上述漫画内容，谈谈你的感悟。

第八章 控　　制

　　一件事情无论计划做得多么完善，如果没有令人满意的控制系统，在实施的过程中仍然会出问题。因此，对于有效的管理，必须考虑到设计良好的控制系统所带来的好处。
　　　　　　　　　　　　　　　　　　　　　　　　——斯蒂芬·P. 罗宾斯

【学习目标】

① 了解控制的概念和方法。
② 理解控制的作用与目的，控制与计划、组织间的关系。
③ 掌握控制的类型、控制过程的步骤及有效控制的特征。

【技能目标】

　　能运用某些控制方法完成控制任务；能搜集与有效处理信息。

导言

　　魏文王问名医扁鹊："你们家兄弟三人，都精于医术，到底哪一位最好呢？"扁鹊答说："长兄最好，中兄次之，我最差。"
　　文王再问："那么为什么你最出名呢？"扁鹊答说："我长兄治病，是治病于病情发作之前。由于一般人不知道他事先能铲除病因，所以他的名气无法传出去，只有我们家的人才知道。我中兄治病，是治病于病情初起之时。一般人以为他只能治轻微的小病，所以他的名气度只及于本乡里。而我扁鹊治病，是治病于病情严重之时。一般人都看到我在经脉上穿针管来放血，在皮肤上敷药等大手术，所以以为我的医术高明，名气因此响遍全国。"
　　事后控制不如事中控制，事中控制不如事前控制，可惜大多数的经营者均未能体会到这一点，等到错误的决策造成了重大的损失才寻求弥补，为时已晚。当然，现实中很多事情要做到事前控制有很大的难度，这时，我们还是不得不利用事中控制和事后控制了。

第一节 控制概述

不少组织在加强管理的过程中,明确了组织理念,制定了组织发展战略,规范了组织结构和岗位设置,明确了业务流程,形成了一整套规范的管理制度。但在实际运作中,却常常发现组织文化理念仅仅停留在领导人的口头和组织的宣传上,组织手册、业务流程和各项制度停留于形式,辛辛苦苦制定出来的规范的管理制度并没有能够在组织运作中发挥应有的作用。

为什么组织文化没有落到实处?为什么各项制度停留于形式?关键之一在于组织没有跟进控制工作。控制是一项重要的管理职能。控制职能的实施是对管理的其他职能如决策、计划、组织、领导等管理活动,的效果进行检测与矫正,以确保组织的活动不偏离组织目标,使组织目标得以圆满实现。由此可见控制在管理工作中的重要地位。

一、控制的概念

控制是检查已完成的工作是否按计划、标准和方法进行,发现偏差,分析原因,进行纠正,以确保组织目标实现的过程。由此可见,管理工作的控制职能实际上包括了管理人员为保证实际工作与计划一致而采取的全部活动。这一概念主要包括如下四点内容。

1. 控制是管理过程的一个必不可少的重要阶段

在实践中,一个组织为了生存和发展需要管理,管理活动主要是由计划、组织、领导和控制职能构成,控制通过纠偏的行为与其他几个职能紧密结合在一起。只有计划、组织、领导职能,不能保证管理的有效进行和组织目标的实现,通过控制对组织活动进行监控,将组织活动维持在允许的限度内,从而确保组织活动按计划完成。

2. 控制是一个发现问题、分析问题和解决问题的过程

由于各种各样的原因,使得计划的实际执行情况与计划标准之间存在一定的偏差。控制就是要了解实际情况,及时地发现问题,并找出问题的原因,采取具体的措施解决问题。

3. 控制要遵循一套科学的程序

实现有效控制需要三个基本步骤,即制定控制标准、衡量实际工作业绩和纠正偏差。没有标准就无法衡量实际工作效果和发现偏差,无法发现偏差也就无法制定纠偏的措施,控制就变得毫无意义。

4．控制的根本目的是保证组织目标的实现

具体包括：防止偏差的累积；提高组织的环境适应力。

在现代管理活动中，控制既是一次管理循环的终点，又是新一轮管理循环的起点，要保证组织的活动按照计划进行，控制是必不可少的。控制工作涉及组织的方方面面，是每个员工的职责。无论哪一层次的主管人员，不仅要对自己的工作负责，而且都还必须对整个计划的实施和目标的实现负责。因为他们本人的工作是计划的一部分，他们下级的工作也是计划的一部分。因此各级主管人员都必须承担实施控制工作的责任。

二、控制的目的与作用

（一）控制的目的

在现代管理工作中，控制的目的有两个方面。一个方面是"维持现状"，另一个方面是"改变现状"。

维持现状是控制工作的基本目的。在变化着的组织内外部环境中，通过控制工作，随时将计划的执行情况与预先设定的标准进行比较，若发现有超计划允许范围的偏差时，能及时采取措施纠正，以使组织的管理活动回到规定的轨道上来。

在组织的运行过程中，经常会出现可以迅速地、直接地影响组织日常管理活动的问题。这类问题如不马上解决，必然会直接影响组织目标的实现。对这类问题，应当采取果断的措施及时解决。

控制工作的另一个目的是"改变现状"。随着工作的不断深入，根据控制活动发现的问题，需要"改变现状"，即对组织目前工作的现状进行改变，如对计划进行调整，制定新的管理与控制标准，使之更适应组织面临的新的形势，解决存在的问题。

需要注意的是，对于组织内部长期存在的影响组织发展的"慢性问题"，如影响组织发展的人员整体素质问题，应当采取从长远考虑、逐步解决问题的办法，以确保组织的正常发展。

（二）控制的作用

1．检验作用

控制的检验作用是指检验组织的各项活动是否按组织的既定计划进行，同时也检验计划的正确性和合理性。

2．纠偏作用

控制的纠偏作用是指当偏差存在时，调整实际工作或计划，使两者相吻合。

组织的计划是对未来的预测，由于人的认识的局限性，未来的不确定性和不可预见性常导致实际工作与计划存在一定的偏差。有效的管理控制能及时地获取偏差信息,并能及时地采取纠偏措施,防止偏差的积累从而保证组织目标的顺利实现。

三、控制与计划

要理解控制的含义,首先必须把它放在与计划的联系中加以说明。控制主要是检查工作是否按既定的计划、标准和方法进行,发现偏差,分析原因,进行纠偏和激励,以确保组织目标的实现。由此可见,控制是管理人员为保证实际工作与计划一致而采取的管理活动。如果说管理的计划工作是谋求管理活动的一致、完整而又彼此衔接,那么管理控制工作则是务必使一切管理活动都按计划进行。

控制和计划的关系相当密切,具体表现在以下四个方面。

(1)计划起着指导性作用,管理者在计划的指导下领导各方面工作以便实现组织目标,而控制则是为了保证组织的运行与计划一致而产生的一种管理职能。

(2)计划预先指出所期望的行为和结果,而控制则是按计划指导人们的行为。

(3)如果没有计划来表明控制的目标,管理者就不可能进行有效的控制。计划和控制都是为了实现组织的目标,两者是互相依存的。

(4)控制工作既是一个管理过程的终结,又是一个新的管理过程的开始。控制绝不仅限于衡量计划执行中出现的偏差,控制的目的在于通过采取纠正和激励措施,把那些不符合要求的管理活动引回到正常的轨道上来。在较多的情况下,纠正措施可能涉及需要重新拟定目标、修订计划、改变组织机构、调整人员配备、调整流程,并对指导或领导方式作出重大的改变等。从这个意义上说,控制工作不仅是实现计划的保证,而且可以积极地影响计划工作。

四、控制与组织

管理的控制职能和组织职能也是密不可分的,所谓组织是指管理者根据组织的战略目标,建立科学合理的组织结构和设置合理的职位、职务及明确职务之间的相互关系,以使组织的资源能得到高效率的配置。但仅仅依靠组织并不能确保组织内所有员工都按有利于组织目标实现的方式工作,组织目标的实现离不开控制。以企业为例,控制的目的是通过一定的手段激励下属在既定的时期实现企业目标,并给管理者提供有关企业及其成员实施企业任务的真实情况的具体反馈。管理者制定组织战略和结构,希望组织有效地配置、利用资源,完成资源增值,为顾客创造价值。通过控制,管理者监督和评估组织战略和结构是否在按自己的意图发挥作用,如何改进它们,以及如果它们不能发挥作用,应该如何改变它们。所以从组织控制的角度来说，控制是管理者监督和规范组织及其成员各项活动，以保证它们按计划进行并纠正各种重要偏差，使他们有效地从事实现组织目标所需的行动的过程。然而，控制并不意味着只在事情发生后作出反应。它还意味着将组织保持在正常的运行轨道并预测可能发生的事情。由此可见，管理的控制职能是对组织的管理活动及其效果进行衡量和校正，以确保组织的目标以及为此而拟订的计划得以实现。

【案例 8-1】 张正的综合控制管理计划

> 张正在几天前被任命为一家国有化妆品公司的总经理。他很快就发现这家公司存在着很多问题，而且其中的大多数问题都与公司不适当的控制管理有关。例如，他发现公司各部门的预算是由各部门自行制定的，前任总经理对各部门上报的预算一般不加修改就签字批准；公司内部也没有专门的财务审核人员，因此对各部门的预算和预算的实施情况根本就没有严格的审核。在人事方面，生产一线人员流动率大，常有人不辞而别，行政工作人员迟到早退现象严重，而且常有人在工作时间利用公司电话炒股票。
>
> 公司对这些问题都没有采取有效的控制措施，更没有对这方面的问题进行及时调整或解决。不少中层管理者还认为，公司业务不景气，生产人员想走是很正常的，行政工作人员在没什么工作可做的情况下，迟到早退、自己想办法赚点钱也是可以理解的，对此没有必要大惊小怪。
>
> 张正认为，要改变公司的面貌，就一定要加强资金、人员等方面的控制，为此，就需要制订出一个综合控制计划。

想一想：
1. 为了改变公司的面貌，这个综合控制计划应包括哪几个方面的内容？
2. 这个综合控制计划在实施的过程中可能会遇到什么问题？

第二节 控制的类型

一、纠正执行偏差与调整控制标准

按控制目的和对象，可以分为纠正执行偏差和调整控制标准两种类型。

（一）纠正执行偏差

如果偏差是由于业绩不足造成的，管理者就应该采取一定的纠正行动来改善实际工作绩效。纠正执行偏差是使执行结果符合控制标准的要求,为此需要将管理循环中的实施环节作为控制对象,这种控制的目的就是要缩小实际情况与控制目标的偏差,即负反馈控制。这种纠正行动既可以是管理方式的改变,也可以是组织机构的调整以及人事方面的变动。

(二)调整控制标准

在有些情况下,产生偏差的原因可能来自不合理的标准。如果标准制定得过高或过低,即使其他因素都发挥正常也难以避免偏差的出现。当发现控制标准不切实际时,管理者应调整控制标准。调整控制标准就是使控制标准发生变化,以便更好地符合内外现实环境条件的要求,其控制作用的发生主要体现在管理循环中的计划环节,也就是这种控制对象包括了控制标准本身,这种控制的目的就是使控制标准产生动荡和变动,使之与实际情况更接近,即正反馈控制。

正反馈控制和负反馈控制应该并重使用,现实中要处理好这两方面控制工作的关系并不容易,管理者一定要非常谨慎。因为实际工作中,无论是普通员工还是管理阶层,当他们的实际工作与控制标准的偏差超过界限范围时,总会指责标准有问题,而这样做的结果就会导致系统运行的不稳定、不平衡;但另一方面,平衡不应该是静态的平衡。组织面临复杂多变的环境,环境条件变了,计划的前提也变了,如果还僵硬地抱着原先的控制标准不放,不做任何调整,那么组织很快就要衰亡。现代意义下的控制,应该持一种动态平衡的观念,应能促进被控制系统在朝向目标行为的同时适时地根据内外环境条件作出调整,妥善处理好适应性和稳定性。正反馈控制和负反馈控制这两种既相互对立又往往需要统一的关系,是控制的难点。

二、事前控制、事中控制、事后控制

控制按照控制点的不同,可分为事前控制、事中控制、事后控制。

(一)事前控制

事前控制是指一个组织在一项活动正式开始之前所进行的管理上的努力。事前控制主要是对活动最终产出的确定和对资源投入的控制,其重点是防止组织行为偏离目标,防止所使用的资源在质和量上产生偏差。因此,事前控制的基本目的是:保证某项活动有明确的绩效目标,保证各种资源要素的合理投放。可以说,计划是典型的事前控制。

(二)事中控制

事中控制是指在某项活动或工作进行过程中的控制。它是一种面对面的领导,目的是及时处理例外情况，纠正工作中发生的偏差。由于事中控制一般在现场进行，管理者的工作作风和领导方式对控制效果有很大的影响。生产过程中的进度控制、课堂上老师的提问等均属此类控制。

（三）事后控制

事后控制发生在行动或任务终了之后。这是历史悠久的控制类型，传统的控制方法几乎都属于此类。事后控制的主要特征是，根据事先确定的控制标准对实际工作绩效进行比较、分析和评价。事后控制的最终目的是把好最后一道关，并根据对实际工作绩效的评价，为未来的事前控制和事中控制打下基础。

三、反馈控制和前馈控制

按照控制信息的来源不同，可把控制分为反馈控制和前馈控制。

（一）反馈控制

就是根据过去的情况来指导现在和将来，即从组织活动进行过程中的信息反馈中发现偏差，通过分析原因，采取相应的措施纠正偏差。反馈控制尽管得到了广泛的应用，但简单的反馈控制并不能有效地解决一切控制问题，因为从发现偏差到纠正偏差存在着时间延迟现象。尽管现代科技的发展使我们能利用计算机进行信息传递，有可能在极短的时间内把实际测量的结果同标准进行比较并找出差异，但在分析偏差产生的原因、制定出正确的纠偏措施并实际执行纠偏时总要花费一定时间，这样就会导致在进行纠偏时，实际状况可能已发生了很大的变化。为了解决这个问题，采用前馈控制可收到较好的效果。

（二）前馈控制

又称为指导将来的控制。它通过情况的观察、规律的掌握、信息的分析、趋势的预测，预计未来可能发生的问题，在其未发生前即采取措施加以防止。如当一个企业的销售预测表明，下个月的销售量同原计划相比降低很多时，企业就可采取新的广告措施或引进新产品，以改进实际销售量。前馈控制的着眼点是通过预测对被控制对象的投入或过程进行控制，以保证获得所期望的产出，并可较好地解决时滞所带来的问题。

1. 前馈控制的优点

由于在工作之前进行，可以减少问题所造成的损失，避免了反馈控制对已造成的差错无能为力的弊端；准确的前馈控制能使管理者把握环境的主动性，还能够树立管理者的威信；在工作开始之前针对某项计划行动所依赖的条件进行控制，不针对某一具体人员,因而不易造成冲突,易被员工接受而付诸实施。

2. 前馈控制的缺点

现实中难以把握准确控制所需的信息,未来总有很大的不确定性。

【案例 8-2】　　　　　　　客户服务质量控制

美国某信用卡公司的卡片分部认识到高质量客户服务是多么重要。客户服务不仅影响公司信誉,也和公司利润息息相关。例如,一张信用卡每早到客户手中一天,公司可获得 33 美分的额外销售收入,这样一年下来,公司将有 140 万美元的净利润,及时地将新办理的和更换的信用卡送到客户手中是客户服务质量的一个重要方面,但这远远不够。

决定对客户服务质量进行控制来反映其重要性的想法,最初是由卡片分部的一个地区副总裁凯西·帕克提出来的。她说,"一段时间以来,我们对传统的评价客户服务的方法不大满意。向管理部门提交的报告有偏差,因为它们很少包括有问题但没有抱怨的客户,或那些只是勉强满意公司服务的客户。"她相信,真正衡量客户服务的标准必须基于和反映持卡人的见解。这就意味着要对公司控制程序进行彻底检查。第一项工作就是确定用户对公司的期望。对抱怨信件的分析指出了客户服务的三个重要特点:及时性、准确性和反应灵敏性。持卡者希望准时收到账单、快速处理地址变动、采取行动解决抱怨。

了解了客户期望,公司质量保证人员开始建立控制客户服务质量的标准。所建立的 180 多个标准反映了诸如申请处理、信用卡发行、账单查询反应及账户服务费代理等服务项目的可接受的服务质量。这些标准都基于用户所期望的服务的及时性、准确性和反应灵敏性上。同时也考虑了其他一些因素。

除了客户见解,服务质量标准还反映了公司竞争性、能力和一些经济因素。例如,一些标准因竞争引入,一些标准受组织现行处理能力影响,另一些标准反映了经济上的能力。考虑了每一个因素后,适当的标准就成型了,所以开始实施控制服务质量的计划。

计划实施效果很好,如处理信用卡申请的时间由 35 天降到 15 天,更换信用卡从 15 天降到 2 天,回答用户查询时间从 16 天降到 10 天。这些改进给公司带来的潜在利润是巨大的。例如,办理新卡和更换旧卡节省的时间会给公司带来 1 750 万美元的额外收入。另外,如果用户能及时收到信用卡,他们就不会使用竞争者的卡片了。

该质量控制计划潜在的收入和利润对公司还有其他的益处,该计划使整个公司都注重客户期望。各部门都以自己的客户服务记录为骄傲。而且每个雇员都对改进客户服务做出了贡献,使员工士气大增。每个雇员在为客户服务时,都认为自己是公司的一部分,是公司的代表。信用卡部客户服务质量控制计划的成功,使公司其他部门纷纷效仿。无疑,它对该公司的贡献将是非常大的。

想一想：
1. 该公司控制客户服务质量的计划是前馈控制、反馈控制还是现场控制？
2. 找出该公司对计划进行有效控制的三个因素？
3. 为什么该公司将标准设立在经济可行的水平上，而不是最高可能的水平上？

四、集中控制、分层控制和分散控制

按控制时所采用的方式，可分为集中控制、分层控制和分散控制。

（一）集中控制

就是在组织中建立一个控制中心，由它来对所有的信息进行集中统一的加工、处理，并由这一控制中心发出指令，操纵所有的管理活动。如果组织的规模和信息量不大，且控制中心对信息量的获取、存储、加工效率及可靠性都很高时，采用集中控制的方式有利于实现整体的优化控制。企业中的生产指挥部、中央调度室都是集中控制的例子。

当组织十分庞大，规模和信息量极大时，就难以在一个控制中心进行信息存储和处理。在这种情况下，集中控制会拉长信息传递时间，造成反馈时滞，使组织反应迟钝、决策延误时机，并且一旦中央控制发生故障或失误，整个组织就会陷于瘫痪，由于无其他替代系统存在，风险很大，此时就宜采用分散控制方式。

（二）分散控制

其对信息存储和处理能力的要求相对较低，易于实现；由于反馈环节少，因此反应快、时滞短、控制效率高、应变能力强；由于采用分散决策方式，即使个别控制环节出现了失误或故障，也不会引起整个系统的瘫痪。但分散控制可能会带来一个严重后果，即难以取得各分散系统的相互协调，难以保证各分散系统的目标与总体目标的一致性，从而会危及整体的优化，严重的甚至会导致失控。

（三）分层控制

分层控制是一种把集中控制和分散控制结合起来的控制方式。它有两个特点：一是各子系统都具有各自独立的控制能力和控制条件，从而有可能对子系统的管理实施独立的处理；二是整个管理系统分为若干层次，上一层次的控制机构对下一层次各子系统的活动进行指导性、导向性的间接控制。在分层控制中，要特别注意预防缺乏间接控制、自觉不自觉地滥用直接控制，并多层次地向下重叠实施直接控制的弊病。

五、正式组织控制、群体控制和自我控制

按控制源的不同，可把控制分为三种类型，即正式组织控制、群体控制和自我控制。

（一）正式组织控制

正式组织控制是由管理人员设计和建立起的那些机构或规定来进行控制，像规划、预算和审计部门等都是正式组织控制的典型例子。组织可以通过规划指导成员的活动，通过预算来控制组织的成本，通过审计监督来检查各部门或各个成员是否按规定进行活动，并提出具体更正措施和建议意见。正式组织控制是确保组织生存、发展及获利的重要手段。

（二）群体控制

群体控制基于群体成员们的价值观念和行为准则，它是由非正式组织发展和维持的。非正式组织有自己的一套行为规范，虽然这些规范往往没有明文规定，但对其成员却有很大的约束力和控制力。群体控制可能有助于达成组织目标，也可能给组织带来危害，关键在于对其加以正确引导。

（三）自我控制

自我控制是个人有意识地去按某一行为规范进行活动。如员工不愿意拿回扣，不单单是因为他怕被处分，可能是他具有廉洁的品质。这种控制成本低，效果好。但它要求上级对下级充分的信任和授权，还要把个人绩效与奖惩、薪酬和提升联系起来；要求组织成员具有良好的素质，顾全大局。

六、任务控制、绩效控制和战略控制

按问题的重要性和影响程度划分，可以把控制分为任务控制、绩效控制和战略控制三种类型。

（一）任务控制

任务控制亦称业务控制，是针对基层生产作业和其他业务活动而直接进行的控制。任务控制多采用负馈控制法，其目的是确保有关人员或机构按既定的质量、数量、期限和成本标准完成所承担的工作任务。

（二）绩效控制

绩效控制是针对组织、部门及员工个人等各个层级的绩效进行控制，其目的是为了

提升绩效,从而增强组织的竞争优势。它属于绩效管理范畴。

(三) 战略控制

战略控制是对战略计划和目标实现程度的控制。战略控制站在更高的角度看待问题,而不像低层次的控制活动那样仅局限于矫正眼前的、内部的具体执行工作。

上述各种控制类型各有利弊和适用的场所,作为管理者,不仅应当正确认识每种控制类型的特点和作用,而且应当能够结合组织的特点对各种控制类型进行有效的运用和协调。

第三节 有 效 控 制

一、控制的原则

无论采用何种控制方式,为了保证对组织活动进行有效的控制,控制工作必须遵循以下基本原则。

(一) 未来导向原则

该原则是指控制工作应当着眼未来,而不是只有当出现了偏差才进行控制。由于在整个控制系统中存在着时滞,所以一个控制系统越是以前馈而不是以简单的信息反馈为基础,则管理人员越是能够有效地预防偏差或及时采取措施纠正偏差。也就是说,控制应该是前向的,这才合乎理想。

(二) 组织适应性原则

控制必须反映组织结构的类型和状况。组织结构既然是明确组织内每个人应当担任什么职务的主要依据,因而也就是明确职权和责任的依据。为此,控制必须反映组织的结构状况并由健全的组织结构来保证,否则,控制只是空谈。

(三) 及时性原则

要实现高效率的控制,要求能迅速发现问题并及时采取纠偏措施。这一方面要求及时准确地提供控制所需的信息,避免时过境迁,使控制失去应有的效果;另一方面要事先估计可能发生的变化,使采取的措施与已变化了的情况相适应,即纠偏措施的安排应有一定的预见性。

实际情况千变万化,控制不仅要准确,而且要及时,一旦丧失时机,即使提供再准确的信息也徒劳。当然及时不等于快速,及时是指当决策者需要时,控制系统能适时地提供必要的信息。组织环境越复杂、动荡,决策就越需要及时的控制信息。同时,要尽可能地采用前馈控制方式,一旦发生偏差,就对以后的情况进行预测,使控制措施能够针对未来,较好地避免时滞问题。

(四)关键点原则

控制不仅要注意偏差,而且要注意出现偏差的项目。我们不可能控制工作中所有的项目,而只能针对关键的项目,且仅当这些项目的偏差超过了一定限度,足以影响目标的实现时才予以控制纠正。事实证明,要想完全控制工作或活动的全过程几乎是不可能的,因此应抓住活动过程中的关键和重点进行局部的和重点的控制,这就是所谓的关键点原则。

在一个组织中,无论什么性质的工作都能列举出许多目标,并总有一两个是最关键的,这就需要管理者在这众多的目标中,选择出关键的目标加以重点控制。

同时,在影响目标实现的众多环节中,有些环节由于组织力量的薄弱,在组织运行过程中特别容易出问题。这些特别容易出问题的薄弱环节,也是管理者需要在实施过程中应特别加以关注的。

在控制过程中,管理者还应重点针对事先未能预料而实际发生了的例外情况。例外情况的出现,由于缺乏事先准备而易措手不及,从而对组织造成很大的影响,因此要集中精力迅速而专门地加以对付。但单纯地注意例外之处是不够的,某些例外可能影响不大,有些则可能影响很大,因此管理者所关注的,应当是那些需要特别注意的地方,而把一般性的例外交给下属去处理。

管理者越是把控制力量集中在目标、薄弱环节和例外情况上,他们的控制就越有效。

(五)例外原则

所谓例外原则,是指控制工作应着重于计划实施中的例外偏差。这可使管理者把精力集中在他们注意和应该注意的问题上。但是,只注意例外情况是不够的,对例外情况的重视程度不应仅仅依据偏差的大小而定,同时需要考虑客观实际情况。在偏离标准的各种情况中,有一些是无关紧要的,而另一些则不然。例如,在某一企业中,对"合理化建议"的奖励超出20%可能无关紧要,而产品的合格率下降1%却可能使所有产品滞销。

因此,在实际工作中,控制的例外原则必须与控制关键点原则相结合,把注意力集中在对关键点的例外情况控制上。关键点原则强调选择控制点,而例外原则强调观察在这些控制点上所发生的异常偏差。

(六)弹性原则

尽管人们努力探索未来、预测未来,但未来的不可预测性始终是客观存在的。我们

第八章 控制

努力追求预测的准确性以及对实际业绩评价和差异分析的准确性,但不准确性总会存在。如果控制不具有弹性,则在执行时就会被动。因此为了提高控制的有效性,控制过程就要具有一定的灵活性。

控制的弹性原则要求管理者制订多种应付变化的方案和留有一定的后备力量,并采用灵活多样的控制方式和方法达到控制的目的。

(七)经济性原则

控制是一项需要投入大量的人力、物力和财力的活动,其耗费之大正是今天许多应予控制的问题而没有加以控制的主要原因之一。是否进行控制,控制到什么程度,都涉及费用问题,因此必须把控制所需的费用与控制所产生的效果进行经济上的比较,只有当有利可图时才实施控制。

控制的经济性原则一是要求实行有选择的控制,全面周详的控制不仅是不必要的也是不可能的,要正确而精心地选择控制点,太多会不经济,太少会失去控制;二是要求努力降低控制的各种耗费而提高控制效果,费用的降低使人们有可能在更大的范围内实行控制。花费少而效率高的控制才是有效的控制。

【案例 8-3】　　　　　　　戴尔公司与电脑显示屏供应商

戴尔公司创建于1984年,是美国一家以直销方式经销个人电脑的电子计算机制造商,其经营规模已迅速发展到当前 120 多亿美元销售额的水平。戴尔公司是以网络型组织形式来运作的企业,它联结有许多为其供应计算机硬件和软件的厂商。其中有一定供应厂商,电脑显示屏做得非常好。戴尔公司先是花很大的力气和投资使这家供应商做到每百万件产品中只能有 1 000 件瑕疵品,并通过绩效评估确信这家供应商达到要求的水准后,戴尔公司就完全放心地让他们的产品直接打上"Dell"商标,并取消了对这种供应品的验收、库存。类似的做法也发生在戴尔其他外购零部件的供应中。

通常情况下,供应商将供应的零部件运送到买方那里,经过开箱、触摸、重新包装,经验收合格后,产品组装商便将其存放在仓库中备用。为确保供货不出现脱节,公司往往要贮备未来一段时间内可能需要的各种零部件。这是一般的商业惯例。因此,当戴尔公司对这家电脑显示屏供应商说道:"这种显示屏我们今后会购买 400 万到 500 万台,贵公司为什么不干脆让我们的人随时需要、随时提货"的时候,商界人士无不感到惊讶,甚至以为戴尔公司疯了。戴尔公司的经理们则这样认为,开箱验货和库存零部件只是传统的做法,并不是现代企业运营所必要的步骤,遂将这些"多余的"环节给取消了。

戴尔公司的做法就是,当物流部门从电子数据库得知公司某日将从自己的组装厂提出某型号电脑××部时，便在早上向这家供应商发出配额多少数量显示屏的指令信息，这样等到当天傍晚时分，一组组电脑便可打包完毕分送到顾客手中。如此，不但可以节约了检验和库存成本，也加快了发货速度，提高了服务质量。

思考题：

1. 你认为，戴尔公司对电脑显示屏供应厂商是否完全放弃和取消了控制？如果是，戴尔公司的经营业绩来源于哪里？如果不是，那它所采取的控制方式与传统的方式有何切实的不同？
2. 戴尔公司的做法对于中国的企业有适用性吗？为什么？

二、控制的过程

控制是在"维持现状"的过程和"打破现状"的过程中完成的。一方面保证按计划实施活动的结果尽可能地接近原定目标；另一方面针对内部条件和外部环境的变化，确定新的更先进、更合理的现实目标和管理控制标准。控制过程就是根据预定的目标或标准检查实际工作的偏差并予以纠正的过程。

控制的对象一般都是针对人员、财务、作业、信息及组织的总体绩效，无论哪种控制对象其所采用的控制技术和控制系统实质上都是相同的。控制工作的程序基本是一致的，大致可以分为三个步骤：第一，确定控制标准；第二，衡量工作绩效；第三，采取纠正措施。

（一）确定控制标准

控制标准就是控制的依据。所谓**控制标准**，<u>是指从整个计划方案中选出的对工作成效进行控制的关键指标、关键点</u>。建立控制标准是实施控制的前提。简单地说，标准是衡量工作绩效的尺度。离开了标准，控制工作就无从谈起。因此，控制标准制定的合理与否是能否有效执行控制的关键，没有科学合理的标准，控制就可能流于形式。

1. 控制标准的要求

（1）目的性。控制工作必须以计划为标准，控制标准必须体现计划的目的性。

（2）多元性。不论是企业，还是机关、学校以及各种类型的单位，它的目标都不是单一的，而是多元的。每一个目标都可以转换成一个标准，可见，标准也是多元的。

（3）可检验性。标准的制定要具有可检验性，标准只有量化才具有可检验性，要尽量地将定性目标转化为定量的形式来加以控制。

（4）可行性。标准的制定要切实可行，具有可行性，即标准水平的高低要适当，标准制定得太高或太低都不会调动执行人员的工作积极性。

(5) 目标利益一致。一个组织的部门是多元的，组成的目标也是多元的，组织内部这些部门的利益也是多元的。这些多元的目标和多元的利益都要与组织整体的目标和整体的利益相一致，体现组织整体目标和整体利益的要求。

2. 确定标准的过程和方法

(1) 确定控制对象。控制首先需要知道的问题是控制什么。一项控制标准可能是为某一个员工、某一个部门，也可能是为整个组织制定的。

(2) 选择关键控制点。制定标准的同时，还必须明确关键控制点的选择。所谓关键控制点，是指在组织系统的运行中受限制的那些因素，或是对计划的完成更具有影响力的因素。有了这些关键控制点，就能扩大管理人员的管理幅度，从而使管理人员能管理更多的下属。这样不仅节约了成本，还增进了沟通。因此，为了进行有效的控制，需要特别注意那些对衡量工作绩效有关键意义的因素。

对关键控制点的选择，一般应统筹考虑如下四个方面：首先，选择的关键控制点应能及时反映并发现问题，也就是说，通过关键控制点应能在严重损害发生前就能显示出差异现象；其次，关键控制点应能全面反映并发现问题；再次，选择关键控制点应考虑经济实用；最后，关键控制点的选择应注意平衡，也就是反映组织绩效水平的时间与空间分布均匀的控制点。

(3) 制定控制标准常用的方法。制定控制标准常用的方法有：①统计计算法，利用统计方法分析各个历史时期的数据，以此为基础来为组织的未来活动制定标准，但历史与现实往往存在着差距，故用此方法制定的标准可能低于实际情况；②工程方法，是指通过对工作情况进行全面的、科学的分析，以在此基础上所获得的数据和参数为基础建立的标准，用这种方法建立的标准准确性高，但代价也大；③经验估算法，是指由经验丰富的管理者依据经验和判断来制定标准，这种方法是以上两种方法的补充。

3. 控制标准的类型

常见的控制标准多种多样，有定量和定性两大类，相比较而言，定量化的控制标准更能保证控制准确性。因此，在实际工作中，应尽可能地采用定量化和定性化相结合的方式。控制标准的类型主要分为以下几种。

(1) 实物标准。这是反映工作的数量值。如每单位产出所需工时数、生产每单位产品所耗电度数等数量标志。

(2) 成本标准。这是经营活动成本的货币值。如人力资源总成本、人力资源平均成本、产品总成本、单位产品成本等。

(3) 资金标准。这是物质项目的货币值。如流动资产与流动负债比率、固定投资额与总投资额比率等。

（4）收益标准。这是绩效的货币值。如每辆公共汽车乘客每千米的收入、每股收益等。

（二）衡量工作绩效

衡量工作绩效是指用控制标准衡量活动的业绩成效，找出实际活动绩效与控制标准的差异，并以此对实际活动作出评估。

衡量绩效的步骤如下。

1．汇集资料

对控制对象进行评估，首先要有足够的资料，这些资料有计划统计表，各种报表等。

2．分析偏差

实际作业活动并非总是按所计划那样进行，当我们的控制衡量表明事情进展不顺利时，我们不得不对许多可能的原因进行分析以发现差异的真正原因。即要深入分析造成偏差的原因、条件，并寻找出诸因素中的主要原因，这就能有针对性地采取纠正措施，从根本上纠正偏差。

比较实际绩效与标准找出差异有两种可能：一种是存在偏差；另一种是不存在偏差。偏差有两种情况，一种是正偏差，另一种是负偏差。所谓正偏差是指实际工作绩效优于控制标准，而负偏差则是指实际工作绩效劣于控制标准。出现正偏差，表明实际工作取得了良好的绩效，应及时总结经验，肯定成绩。但正偏差如果太大也应引起注意，很有可能是控制标准定得太低，这时应对其进行认真分析。出现负偏差，表明实际工作绩效不理想，应迅速准确地分析其中的原因，为纠正偏差提供依据。

（三）采取纠正措施

一旦查出了偏差原因所在，很快就进入了纠正调整阶段，纠正偏差是控制过程的最后一个阶段，也是控制过程的关键。纠正偏差就是在发现实际工作绩效与控制标准存在偏差的基础上，分析偏差产生的原因，制定并实施必要的纠正措施，以使管理回到正确轨道上来，从而保证预期目标的实现。

纠正偏差大致可以分为三个步骤：一是分析偏差产生的主要原因；二是确定纠偏对象；三是采取纠偏措施。

1．分析偏差产生的主要原因

并非所有的偏差都对企业的最终结果有影响。有些偏差可能反映了计划本身和实际工作过程中的严重问题，而另一些偏差的产生纯属偶然，从而不一定会对组织活动的最终结果产生重要影响。因此，在采取纠正偏差措施以前，一定要对反映的偏差信息进行正确的分析判断。

2．确定纠偏对象

在现实的管理活动中，偏差的产生可能是实际工作绩效不理想造成的，也可能是控制标准不切实际造成的。因此需要予以纠正的可能不仅仅是组织的实际工作绩效,也包括指导这些活动的计划或既定的控制标准。

3. 采取纠偏措施

常见的纠正偏差的方法有以下几项。

(1) 调整原计划。如果发现原计划安排不当,或由于内外环境的变化,不得不调整计划时,就要调整原计划。

(2) 改进生产技术。如因生产技术上的原因达不到控制标准,应采取措施,提高各方面的技术水平,及时处理出现的技术问题,纠正偏差,完成预定目标。

(3) 改进组织工作。在执行计划的过程中出现了偏差,如果是组织工作造成的,就要采取步骤改善组织工作,使工作恢复正常。

(4) 改进激励工作。控制和激励是相辅相成的,控制如无激励就会失去动力,激励如无控制就没有客观依据。因此可以通过改进激励工作来达到控制的目的,有效控制是在偏差出现时,采取必要的纠正行动之后才能得以实现。

在纠正措施的选择和实施过程中,管理者需要注意以下几点问题。

(1) 保持纠正方案的双重优化。纠正偏差,可以采取多种不同的措施,所有这些措施其实施的成本都应小于不采取任何行动任由偏差发展可能给组织带来的损失,这是第一重优化。第二重优化是在第一重优化的基础上,通过对各种纠偏方案的比较,找出其中投入最少,纠偏效果最好的方案来组织实施。

(2) 关注原计划实施的影响。在决策和制订计划的过程中,就要充分体现控制的观点和方法。由于客观环境发生了重大变化,可能会导致原计划与标准的局部甚至全局的否定,从而要求管理者调整组织活动的方向和内容。这时要考虑原计划实施已经消耗的资源及这些资源所造成的影响。

(3) 消除员工对纠偏措施的疑虑。纠偏措施总会在不同程度上引起组织结构的调整、人事关系的变动,从而会使某些组织成员的利益受到影响,并对纠偏措施产生抵触情绪。因此,管理者在采取纠偏行动前,要注意到组织成员对纠偏措施的不同态度,尽力消除他们的疑虑,争取更多人的理解、支持和赞同,以保证纠偏方案的顺利实施。

 小看板

三鹿:企业内部控制失效的典型

近年来,我国乳制品行业的扩张速度令人瞠目结舌。自1993年起,三鹿奶粉产销量连续15年实现全国第一。2007年,集团实现销售收入100.16亿元,同比增长15.3%。按三鹿自己的说法,三鹿一直在快车道上高速行驶,创造了令人振奋的"三鹿速度"。然而,在企业疯狂扩张的背后,是内控失效的潜在风险。"在企业风险管控方面,三鹿事件将是MBA学习的经典案例"。安永华明会计师事务所合伙人梅放认为,三鹿之败在于内控的缺失。三鹿集团内控意识淡薄,风险识别、评估、控制能力低下,最终导致了"结石门"。

"大头娃娃"的预警:内控意识淡薄

早在2004年4月,安徽阜阳"大头娃娃"事件,三鹿就上过一堂风险警示课。当时,阜阳地方媒体公布本市45家不合格奶粉和伪劣奶粉"黑名单"中,三鹿奶粉榜上有名。随之,三鹿婴儿奶粉在全国多个市场被强迫下架,每天损失超过1 000万元。但经过紧急公关,17天后,三鹿从"黑名单"中消失,成功躲过了一劫。

且不论事情的性质如何,三鹿集团应该从中汲取教训,加大公司内部治理与内控建设,建立健全风险预警机制。然而,三鹿并没有这么做。在三鹿集团网站的企业简介中有这么一段话:"安徽阜阳'问题奶粉'事件后,中国农村奶粉市场暂时出现'真空',为了快速抢占这块市场,三鹿把销售网络从县一级延伸到乡、镇级……仅2004年,三鹿集团就在短时间内在全国建立了12.3万个乡镇销售点。"可见,在"大头娃娃"事件后,三鹿集团的关注点并不在内部治理,而在企业的外部扩张。处于扩张期的企业,往往为追逐利益而忽视内控建设,这正是三鹿留下的沉痛教训。

"早产奶"的征兆:风险管控漏洞

企业在迅速扩张时期,风险点也在不断增加,如果内控制度不健全,极易出现管理漏洞。2005年7月,三鹿酸奶在天津、衡水、沧州市场出现断货现象,生产厂销售部与仓库人员为了缩短物流时间,擅自将正在检测过程中的产品提前出厂,导致了轰动一时的"早产奶"事件。三鹿在"摆平"舆论之后,除了将销售部门有关人员调离岗位,对三鹿酸奶销售直接负责人采取了扣除20%年薪的处罚外,没有从消除内控隐患的角度思考问题,又一次失去了整改的机会。

风险点管控是企业内控的基本要求。一个企业的产业链越长,风险点就越多。对食品行业而言,质量监控无疑是风险控制的关节点。梅放认为,在企业迅速扩张的前提下,当公司整体利益与部门利益发生冲突时,就可能出现管理漏洞。

"结石娃娃"的反思:应急机制缺失

2008年6月28日,财政部等5部委联合发布《企业内部控制基本规范》,其中第37条规定:"企业应当建立重大风险预警机制和突发事件应急处理机制,明确风险预警标准,对可能发生的重大风险或突发事件,制定应急预案、明确责任人员、规范处置程序,确保突发事件得到及时妥善处理。"应急机制不健全,正是压倒三鹿集团的最后一根稻草。

据报道,从2008年3月份起,三鹿就陆续接到一些患泌尿系统结石病儿童家长的投诉，一些媒体也开始以"某品牌"影射三鹿。然而，面对即将到来的危机，三鹿的应急机制几近失效。在整个事情过程中，三鹿处理危机的方式是能推就推、能拖就拖、能瞒就瞒，导致事态日益恶化。直到9月11日东窗事发前夕，三鹿集团仍坚持说："三鹿集团是国内最大的奶粉生产企业，公司的产品经国家有关部门检测，均符合国家标准，目前尚没有证据表明食用奶粉与患肾结石有必然联系。"后来实在瞒不住了，公司才发布公告，承认部分批次三鹿婴幼儿奶粉受三聚氰胺污染。"三鹿没有表现出一个大品牌面对危机时所应有的大气魄和大动作。这样迟钝、被动的危机反应，足以让公众的信心跌到谷底。"学者林岳对三鹿集团的危机处理方式表示不解。

资料来源：www.ratax.gov.cn，2008-09-26

三、有效的管理控制

在许多情况下，人们制订了良好的计划，也有了适应的组织，但由于没有把握住控制这一环节，最后还是达不到预期的目的。所谓**有效控制，就是以较少的人力、物力和财力使组织的各项活动处于控制状态**。也就是说，在实际运行活动过程中，一旦偏差出现则能及时发现并纠正偏差，从而把组织的损失减少到最低限度。

一个有效的控制系统应包括如下特征。

（一）合理的标准

首先控制标准的水平必须是科学合理的、切合实际的，标准制定得太高或太低，对组织成员都将起不到激励的作用。其次，控制标准的数量也必须是科学合理的，数量过少容易把握，但难以准确地衡量实际工作绩效；数量过多虽能够更准确地衡量实际工作绩效，但操作起来比较麻烦，代价也较大，得不偿失。

（二）适时控制

适时性指控制系统在实施有效控制时，及时提供信息，一旦发生偏差，系统能迅速检测并作出管理上的反应。如果反应过于迟缓，修正措施将毫无价值。如进口产品检验不合格，过了索赔期，对方就不承担责任。

时滞现象是反馈控制的一个难以克服的困难。正像前文提到的，虽然了解实际绩效，并将其同控制标准进行比较，找出偏差，可能不会花费很多时间。但分析偏差原因，提出纠正偏差的具体方法也许旷日持久，当真正采取这些办法纠正偏差时，实际情况可能有了很大变化。纠正偏差的最理想的方法应是在偏差未产生以前就注意到偏差产生的可能性，从而采取必要的防范措施。

如何做到这一点呢？管理者可以通过建立组织状况预警系统来实现。可以为需要控制的对象建立一条警报线,反映状况的数据一旦超过这个警戒,预警系统就会发出警报,提醒人们采取必要的措施加以纠正,以避免偏差的扩大或防止偏差对组织不利影响的扩散。

(三)适度控制

适度控制是指控制系统的作用效果在范围、程度和频度三维空间上要恰到好处,它包括范围、程度和频度的各自效果和共同效果两个方面。虽然任何组织都需要控制,但控制系统的大小各异。不管管理者应用怎样的控制,它必须与涉及的工作相适合并且是经济的。适度控制要注意以下几个方面。

1. 防止过度控制或控制不足

一方面,过多的控制常给组织成员带来约束和某种程度的不舒服,会扼杀组织中成员的积极性、主动性和创造性,会抑制他们的首创精神,从而影响个人能力的发展和工作热情的提高,最终影响企业的绩效;另一方面,控制不足将可能导致组织活动的混乱,不能使组织活动有序地进行,不能保证各部门活动进度和比例的协调,造成资源配置的不合理及资源浪费。此外,过少的控制还可能使组织中的个人无视组织的要求,我行我素,甚至利用在组织中的便利地位谋求个人私利,从而导致组织的涣散和崩溃。

2. 控制的力度和频度需要考虑多种因素

控制的力度和频度因控制对象的性质、管理的层次、管理的幅度、组织成员的素质及受教育程度等的不同而不同。一般而言,政府机构的控制力度应高于企事业单位,以保证政令畅通;科研部门的控制力度低于生产部门,以便调动科研人员的主观能动性,充分发挥他们的积极性和创造性。

3. 控制系统要有战略高度

有效控制不仅要考虑各个部门的局部利益,更应具有全局的观念,在必要的时候要为全局利益而牺牲局部利益。管理者应该关注那些对组织行为有战略影响的关键环节和关键因素,实施重点控制。

4. 客观控制

客观控制是指控制的客观性,具体要求:控制标准客观、分析问题客观、纠偏措施客观,尽量避免主观臆断。然而,在现实生活中,管理者要做到客观控制是比较困难的,许多管理人员的决策往往是基于不精确的信息。销售人员为了迎合主管上司在估计销量时说些模棱两可的话;生产车间的管理人员为了达到上级制定的目标隐瞒生产成本的上升;更有甚者,一些管理者为了得到领导的青睐而虚报成绩,这些都在一定程度上影响了管理人员的客观控制,进而阻碍了管理人员作出正确决策。

在实施管理中,要做到客观地控制,必须做到以下几点:第一,要尽量避免主观因素的干扰,建立客观的、标准的计量方法,即尽量把绩效用定量的方法记录并评价,把定性的内容具体化。第二,管理人员必须谨慎适当地去分析所获得的信息。数字的客观性不能代表一切,管理人员在做决策时还应看到数字背后的真正含义。如每月销售额的提高,不一定来自于销售人员绩效的改进,也许是销售人员擅自提供了折扣,或对产品的功效作了不切实际的保证,或答应较早的交货期等。第三,管理人员要从组织目标的角度来观察问题,避免个人偏见和成见。

5. 弹性控制

企业在生产经营过程中经常会遇到某种突发的、无力抗拒的变化,如环境突变、计划疏忽、计划变更、计划失败等,这些变化使企业计划与现实条件严重背离。有效的控制系统应在这种情况下仍能发挥作用,维持组织的正常运转,也就是说,控制系统应该具有一定的弹性或灵活性。例如在工程项目建设中在对地质进行勘测、工程量测量时经常会发生偏差,导致工程费用急剧上升,因此,在做总投资预算时不能绝对化,要留有一定的余地,如安排预备费,建立预算周转金。一般来说,弹性控制要求组织最好制定弹性的计划和弹性的衡量标准。例如,管理者在制订经营计划时,充分考虑到未来企业经营可能出现的不同水平,从而为经营规模的不同参数值规定不同的经营额度,使预算在一个可接受的范围内变化。

【案例8-4】　　　　　经济学院的教学过程控制

某大学经济学院下设经济管理、市场营销、会计学、国际贸易和经济学五个系,共有老师150名,学生(包括博士、硕士研究生)2 500名,每个学生必须在一个系里学习专业课,专业课约占整个课程的1/3,其余2/3课程可在大学和学院的其他系选修,按学分制管理。

1990年,已连续任职20年的老院长退休。他德高望重,采用独裁型的领导方式。老师的聘任和解聘,教职工的工资和晋升,各系的教学计划和对主要课程的要求等,均由他自己决定,然后宣布其决定要求执行。不同意这位院长领导方式的教师都只好辞职而去。

新院长是按学校规定程序选聘的,他年轻有为,曾任大公司总经理,对企业很熟悉。他一上任,就约见五位系主任,请他们继续留任并请求合作和支持。他说:"我想按管理的基本原则来管理学院,即把我们所教的东西付诸实践。我主要关心的是建立学院教学管理的程序,我需要经常了解各系课程的开设、选用教材、教师是否在按所选教材授课、学生是否已从教学中受益,以及哪些教师的教学效果好。"

新院长又说:"我非常赞赏教师们在教学之外从事的研究和服务活动,但在目前,要求大家把精力集中在教学上。首先要对教学建立管理程序，制定一套标准，还要经常掌握教学的实际情况，并在必要时可以采取纠正的措施。"他指示各系主任找骨干教师组成委员会，共同草拟一个说明草案，提出能回答他所提问题的最适合的办法。并要求各系的草案在一个月内提出。

几天后，经济学系主任去找院长说："我和系里教师都积极地配合您的工作，但老实说，我们对如何回答您所提的问题真有点一无所知。经济学家不同于企业家，您说要按管理的基本原则来管理教学，我不懂您的意思。作为系主任，我过去所做的事就是向全体老师传达院长对教学的指示和决定，仅此而已。现在您要求各系组成委员会，提出教学管理程序，制定教学标准，请您给我们规定好，越详细越好。"

想一想：

1. 学校确实不同于企业，新院长提出"按管理基本原则来管理学院、管理教学活动"是否合理？应当如何理解？

2. 新院长是否能说服经济学系主任以及其他系主任和教师？

3. 你认为学校能否制订出一套教学管理程序包括反馈控制程序，这个程序大体应包括哪些内容？

第四节　控制的方法

如何有效地运用控制方法是成功地进行控制的重要保证。要对组织的各项活动进行全面的控制，必须借助于各种各样的控制方法。充分了解综合运用各种控制方法，是搞好控制工作的一个重要前提。控制的方法多种多样，下面将介绍一些常用的控制方法。

一、行为控制法

行为控制法就是讨论对员工行为的控制。组织是由人组成的，各种各样的工作要靠人去完成。从这个意义上说，控制工作主要是对人的控制。由于人的行为是由人的价值观、性格、经验、需要、社会前景等因素作用的结果，而这些因素又都很难用精确的方法加以描述，因此对人的行为的控制就成了控制中最复杂的部分，但也是必须加以重视的部分。常用的行为控制方法有评价与奖惩等。

（一）评价

对员工行为的评价可以是对其工作结果的评价，也可以是对其工作方法、工作内容的评价，还可以是对其工作行为的评价。通过对以上方面的评价，可以发现员工的工作结果与预期结果之间的差距，可以发现员工工作方法、工作内容及其行为存在的问题，管理者可以通过帮助员工改进工作方法与工作内容，调整其行为以符合组织目标的需要。

一般而言，评价应当有标准。评价标准的制定可以避免评价过程中的偏见和主观臆断，使评价更接近实际情况。评价标准的制定必须符合组织的实际情况，做到公正合理。如果组织的成员认为评价标准是合理的、公正的，他就会根据组织的评价标准调整自己的行为，使之符合组织的要求。反之，则可能产生消极的结果，影响员工工作积极性。

（二）奖惩

奖惩是指通过对员工行为或绩效的评价，对表现好的、完成组织规定任务的员工进行奖励，而对表现不好的、没有完成组织规定任务的员工进行处罚，以达到控制的目的。

奖励是一种对员工的行为进行肯定的方法，通过奖励可以使员工对组织认可的表现进一步维持并发展下去，以促使其更加努力地为实现组织目标而努力工作。奖励可以是物质奖励，也可以是精神奖励，包括对其级别的提升，还可以通过给员工承担更重要、更关键的任务来对其进行心理奖励。

惩罚是对员工的行为进行否定的方法，通过惩罚可以使员工改变不符合组织要求的行为，以达到组织要求的行为规范，更好地为实现组织目标而努力。

二、预算控制法

（一）预算的概念

预算是以财务术语（如收入、费用以及资金等），或者以非财务术语（如直接工时、材料、实物销量和生产量等）来表明组织的预期成果，它是用数字反映组织在未来某一个时期目标的综合计划。

（二）预算的作用

预算的作用主要体现在以下几个方面。

1. 帮助管理者掌握全局，控制组织的整体活动

资金财务状况对任何组织而言都具有十分重要的意义。通过预算，组织管理者可以清楚地看到资金将由谁、在什么项目上使用，从而可以通过资金状况了解和控制组织的整体活动。

2. 帮助管理者合理配置资源

组织中各项活动的开展都离不开资金的支持，资金作为一种重要的杠杆调节着组织各项活动的轻重缓急及其规模大小。因此，组织管理者可以通过预算合理配置资源，以

确保组织重点活动的开展，同时对非重点活动的规模进行控制。

3．有助于管理者对各部门的工作进行评价

根据各部门执行预算的情况，可以看出各部门资金使用的效率及工作任务的完成情况，从而对各部门的工作进行评价。另外，由于预算规定了各项资金的运用范围及资金使用的负责人，因此通过预算还可以控制各级管理人员的职权，明确各级管理人员的职责。

4．有利于提高资金使用效率

由于预算的严肃性，且组织管理者常把预算的执行情况作为考核下属管理人员的依据，因此各部门管理者在收支方面会尽可能精打细算，有助于杜绝浪费，提高资金的使用效率。

（三）预算的种类

预算的种类很多，概括地可以分为以下几种。

1．销售预算

这是以货币来表示组织的收入和经营费用支出的计划。由于公司主要是依靠产品销售或提供服务所获得的收入来支付经营管理费用并获取利润的，因此销售预测是计划的基石，销售预算是预算控制的基础，是销售预测的详细和正式的说明。

2．时间、空间、原材料和产品产量预算

这是一种以实物单位来表示的预算。因为在计划和控制的一定阶段采用实物数量单位比采用货币单位更有意义。常用的实物预算单位有：直接工时数、台时数、原材料的数量、占用的平方米面积和生产量等。

3．资本支出预算

资本支出预算概括了专门用于厂房、机器、设备、库存和其他一些类目的资本支出。由于资本通常是企业最有限制性的因素之一，而且一个企业要花费很长的时间才能收回厂房、机器设备等方面的投资，因此，对这部分资金的投入一定要慎重地进行预算，并且应尽量与长期计划结合在一起。

4．现金预算

这实际上是对现金收支的一种预测，可用它来衡量实际的现金使用情况。它还可以显示可用的超额现金量，因而可以用来编制剩余资金的赢利性投资计划。从某种意义上来说，这种预算是组织中最重要的一种控制。

5．总预算

通过编制预算汇总表，可以用于公司的全面业绩控制。它把各部门的预算集中起来，反映了公司的各项计划，从中可以看到销售额、成本、利润、资本的运用、投资利润率及其相互关系。总预算可以向最高管理层反映出各个部门为了实现公司总的奋斗目标而运行的具体情况。

（四）预算的编制

在编制预算之前，应首先建立一套制度。通过预算制度的建立，为预算的制定和执行提供保障；同时，选择出预算的类型，确定预算的期限、分类等。在此基础上，可以参考下述步骤来编制预算。

（1）上层管理者将可能列入预算或影响预算的计划和决策提交预算委员会。预算委员会在综合考虑各种因素后，估计或确定未来某一时期内的业务量。根据预测的业务量、价格与成本，预测该时期的利润。

（2）预算负责人向各部门管理者提出有关预算的建议并提供必要的资料。

（3）各部门管理者根据企业的计划和拥有的资料，编制出本部门的预算，并由他们相互协调可能发生的矛盾。

（4）企业预算负责人将各部门的预算汇总整理成总预算，并预拟资产负债表及损益表计算书，以表示组织未来预算期限中的财务状况。最后将预算草案交预算委员会和上层管理者核查批准。

预算批准后，在实施过程中，必须经常检查和分析执行情况，必要时可修改预算，使之能适应组织发展的需要。

【案例 8-5】 华润公司运行 6S 管理体系

中国华润总公司控股的华润（集团）有限公司设在香港地区。6S 管理体系是华润公司从自身实际出发探索出的管理多元化集团企业的一种系统化管理模式。6S 管理体系将集团内部多元化的业务及资产划分为责任单位并作为利润中心进行专业化管理，其组织领导及监督实施机构是集团董事会下设的 6S 委员会。6S 既是一个全面预算管理体系，也是一个多元化的信息管理系统。

一、利润中心编码体系（profit center number system）

在专业化分工的基础上，将集团及下属公司按管理会计的原则划分为多个业务相对统一的利润中心（称为一级利润中心），每个利润中心再划分为更小的分支利润中心（称为二级利润中心等），并逐一编制号码，使管理排列清晰。这个体系较清晰地包括集团绝大部分资产，同时使每个利润中心对自身的管理也有清楚的界定，便于对每项业务实行监控。

二、利润中心管理报告体系（profit center management account system）

在利润中心编码体系的基础上，每个利润中心按规定的格式和内容编制管理会计报表，具体由集团财务部统一制定并不断完善。管理报告每月一次，包括每个利润中心的营业额、损益、资产负债、现金流量、成本费用、赢利能力、应收账款、不良资产等情况，并附有公司简评。每个利润中心报表最终汇总为集团的管理报告。

三、利润中心预算体系（profit center budget system）

在利润中心分类的基础上，全面推行预算管理，将经营目标落实到每个利润中心，并层层分解，最终落实到每个责任人每个月的经营上，这样不仅使管理者对自身业务有较长远和透彻的认识，还能从背离预算的程度上去发现问题，并及时加以解决。预算的方法由下而上再由上而下，不断反复和修正，最后汇总形成整个集团的全面预算报告。

四、利润中心评价体系（profit center measurement system）

预算执行情况需要进行评价，而评价体系要能促进经营目标的实现。根据每个利润中心业务的不同，度身订造一个评价体系，但总体上主要是通过获利能力、过程及综合能力指标进行评价。每一个指标项下再根据各业务点的不同情况，细分为能反映该利润点经营业绩及整体表现的许多明细指标，目的是要做到公平合理，既可以兼顾到不同业务点的经营情况，又可以促进业务改进提高，加强管理。其中有些是定量指标，有些是定性指标，而对不确定部分集团则有最终决定权。集团根据各利润中心业务好坏及其前景，决定资金的支持重点，同时对下属企业的资金使用和派息政策，将根据业务发展方向统一决定，不实行包干式资金管理。而对利润中心非经营性的资产转让或会计调整的盈亏，则不能与经营性业绩混在一起评价，但可视具体情况给予奖惩。

五、利润中心审计体系（profit center audit system）

集团内部审计是管理控制系统的再控制环节，集团通过审计来强化全面预算管理的推行，提高管理信息系统的质量。

六、利润中心经理人考核体系（profit center manager evaluation system）

预算的责任具体落实到各级责任人，从而考核也要落实到利润中心经理人。利润中心经理人考核体系主要从业绩评价、管理素质、职业操守三方面对经理人进行评价，得出利润中心经理人目前的工作表现、今后的发展潜力、能够胜任的职务和工作建议。根据以上三部分的考核结果，进一步决定对经理人的奖惩和使用。

围绕 6S 管理体系的建设，集团还做了以下完善和配套工作。

（1）建立服务中心考核体系。将集团职能部设定为服务中心，并对这些与利润没有直接联系的管理部门，如何进行考核及以民主形式进行监督作出规定。主要做法是，对各服务中心进行定位，明确其主要职能；提出评价及量化服务中心工作质量的指引；规定服务中心考核办法；根据考评结果决定奖惩办法。

（2）改革用人制度。一级利润中心经理人聘任增加了内部公开招聘的程序。公开报名，统一考试，人事部门综合评议，推荐候选人名单，经常务董事会面试后聘任。这一做法已在多家单位实行。另外，根据对一级利润中心、服务中心的考评结果，对表现优异者由集团总经理向常务董事会建议入选新一届领导班子。这样，使干部提拔使用进一步透明化、规范化，并促使6S管理体系真正落到实处。

想一想：

1. 华润的预算控制系统的主要内容是什么？
2. 这一系统有什么优缺点？试评价之。

三、非预算控制法

（一）财务报表分析

财务报表分析是指以财务报表和其他资料为起点和依据，采用专门的分析方法，来判断企业的经营成果、财务状况的好坏，并分析财务状况的变动趋势及企业经营的优劣势。财务报表分析的结果是对组织的偿债能力、风险抵御能力及盈利能力作出评价。

财务报表分析法主要有实际数字法和比率法两种。实际数字法是用财务报表分析中的实际数字来分析，但有时这种绝对的数字因为可比性问题，不能准确地反映企业的不同时期或不同企业间的实际水平。比率法是求出实际数字的各种比率后再进行分析，因为是用相对数进行分析，所以，体现出了对比的科学准确性，比较常用。

财务报表分析主要包括负债比率分析、变现能力比率分析、资产管理比率分析、盈利能力分析、生产率分析。

（1）负债比率分析，以财务报表为依据来分析权益和资产的关系，分析不同权益之间的内在关系，从而分析组织的资本结构是否健全合理，评价组织的偿债能力。反映负债能力的财务比率主要有资产负债率、产权比率、有形净值债务率、已获利息倍数。

（2）变现能力比率分析，判断组织产生现金能力的强弱。反映变现能力的财务比率主要有流动比率和速动比率，其中速动比率比流动比率更能反映企业的变现能力。

（3）资产管理比率分析，衡量组织在资产管理方面效率的高低。反映资产管理能力的指标有很多，通常使用的主要有营业周期、流动资产周转率、总资产周转率、应收账款周转率及存货周转率。

（4）盈利能力分析，分析组织赚取利润的能力。管理者在分析盈利能力时，应当排除证券买卖等非正常项目带来的影响。反映组织盈利能力的财务比率主要有销售毛利率、销售净利率、资产净利率、净值报酬率。

（5）生产率分析，指分析企业在计划期间内生产出多少新的价值，又是如何进行分配将其变为人工成本、应付利息和净利润的。

（二）统计分析控制

统计分析控制是指组织的管理者通过对过去资料的统计分析，形成对未来的预测，利用其中的规律与组织的实际运行业绩进行比较，从而进行控制的方法。这种方法的优点是利用历史数据，可以形成简单明了的统计曲线或图表，使管理者对组织过去的经营情况一目了然，并能对未来进行预测。根据预测的结果与实际结果进行比较，可以发现组织活动中存在的问题，从而实施有效的控制。当然这一方法也有缺点，主要体现在根据过去对现在或未来的预测上，这种预测的准确性会受到多种因素的限制，从而影响其准确性，进而影响控制的效率。

利用现场观察进行观察、分析，利用亲自观察得到的结果进行控制，也是一种在实践中行之有效的控制方法。管理者经常到组织活动的第一线观察组织人员的实际工作情况，发现实际工作中存在的问题，可以使管理者充分了解组织内部具体工作的情况，根据具体情况进行决策、控制。组织管理者，尤其是中、下层的管理人员更应当注意这一控制方法的使用。

（三）审计法

审计是一种常用的控制方法，它是对反映组织的资金运动过程及其结果的会计记录和财务报表进行审计、鉴定，以判断其真实可靠性，从而为决策和控制提供依据。财务审计与管理审计是审计控制的主要内容。

1. 财务审计

所谓财务审计是以财务活动为中心内容，以检查并核实账目、凭证、财物、债务以及结算关系等客观事物为手段，以判断财务报表中所列出的综合的会计事项是否正确无误，报表本身是否可以信赖为目的的控制方法。通过这种审计还可以判明财务活动是否合法。它包括外部财务审计和内部财务审计两大类。

外部财务审计是指由组织外部专门的审计机构和审计人员对本组织的财务经济往来及财务程序所做的有目的的综合审核检查；而内部财务审计则是由组织内部的财务人员对本组织的财务活动进行有目的的综合审核检查。

财务审计的最终目的是保证本组织的财务报表能真实准确地反映组织的财务状况。

2. 管理审计

所谓管理审计是对组织战略目标及组织的各项职能所进行的全面审计。它不仅要关注一个组织的最终工作成效，同时也要关注组织内在的素质能力；它是检查评价一个单位或部门管理工作的好坏，评价人力、物力和财力的组织及利用的有效性的一种重要控制手段。管理审计的内容有组织结构的合理性、客户的满意度、研究与开发的周期、生产效率、销售能力、员工的学习成长性等方面，其目的旨在通过改进管理工作来提高经济效益。

（四）目标管理

目标管理是由美国管理学家德鲁克在1954年正式提出的。目标管理的概念是，把经营的目的和根本任务转化为企业的方针和目标，实现各层次的目标管理，一方面，激发有关人员的责任心和创造性；另一方面，把总的目标层层分解，最终化为个人的目标。目标管理在本质上是一种控制。通过目标的分解使控制的标准清晰、明确，各级管理者容易作出判断；而且目标管理强调让管理人员和工人参与制定工作目标，员工的态度和行为与组织目标更为贴近；并在工作中注重推行自我管理，这使得对人员行为控制变得容易许多。因此有人称目标管理为"管理中的管理"。

【案例 8-6】　　　　刘总的目标管理方案

北斗公司刘总经理在一次职业培训中学习到很多目标管理的内容。他对于这种理论逻辑上的简单清晰及其预期的收益印象非常深刻。因此，他决定在公司内部实施这种管理方法。首先他需要为公司的各部门制定工作目标。刘总认为：由于各部门的目标决定了整个公司的业绩，因此应该由他本人为他们确定较高目标。确定了目标之后，他就把目标下发给各个部门的负责人，要求他们如期完成，并口头说明在计划完成后要按照目标的要求进行考核和奖惩。但是他没有想到的是中层经理在收到任务书的第二天，就集体上书表示无法接受这些目标，致使目标管理方案无法顺利实施。刘总感到很困惑。

想一想：

1. 根据目标管理的基本思想和目标管理实施的过程，分析刘总的做法存在哪些问题？
2. 他应该如何更好地实施目标管理？

（五）现场管理法

现场管理法或称走动式管理，是一种常用的控制方法。它是指管理者通过对重要管理问题的实际调查研究获取控制所需的各种信息，如亲自观察员工的生产进度、倾听员工的交谈来获取信息；或者亲自参加某些具体工作，通过实践来加深对问题的了解，获得第一手资料。亲自观察不仅可以直接与下属沟通，了解他们的工作、情绪、工作成绩，发现存在的问题，而且能激励下属，有利于创造一种良好的组织气氛。

（六）质量管理

狭义的质量指产品的质量；而广义的质量除了涵盖产品质量外，还包括工作质量。产品质量主要指产品的使用价值，即满足消费者需要的功能和性质。这些功能和性质可以具体化为性能、可信性、安全性、经济性、环境适宜性、心理特性。工作质量主要指在生产过程中，围绕保障产品质量而进行的质量管理工作的水平。

现在人们又将质量管理的内容从产品质量和工作质量延伸到了服务、过程、体系和组织以及以上的几项组合上。

【案例 8-7】　　　　　　　　　计划与控制

> 王雷担任某厂厂长已一年多了,他刚看了工厂今年实现目标情况的统计资料。厂里各方面工作的进展出乎他的意料。记得他任厂长后的第一件事就是亲自制定了工厂一系列工作的目标,例如:为了减少浪费、降低成本,他规定在一年内要把原材料成本降低 10%～15%,把运输费用降低 3%。他把这些具体目标都告诉了有关方面的负责人。现在年终统计资料表明,原材料的浪费比去年更严重,浪费率竟占总额的 16%,运输费用则根本没有降低。
>
> 他找来了有关方面的负责人询问原因。负责生产的副厂长说:"我曾对下面的人强调要注意减少浪费,我原以为下面的人会按我的要求去做的。"而运输方面的负责人则说:"运输费用降不下来很正常,我已经想了很多办法,但汽油费等还在涨,我想,明年的运输费可能还要上升 3%～4%。"
>
> 王雷了解了原因,并进行了进一步的分析以后,把这两个负责人召集起来布置第二年的目标:生产部门一定要把原材料成本降低 10%,运输部门即使运输费用还要提高,也绝不能超过今年的标准。

想一想:王雷的控制有什么问题?怎样才能实现他所提出的目标?

本章小结

本章主要介绍了管理职能中的控制职能,控制是检查已完成的工作是否按计划、标准和方法进行,发现偏差,分析原因,进行纠正,以确保组织目标实现的过程。它与管理的其他职能都有着密切的关系,控制的效果如何将会对整个管理过程产生重要的影响。为了使控制取得预定的效果,要把握住控制的标准和原则,进行有效的控制管理。同时介绍了一些常用的控制方法及各自适用范围,如预算控制法和非预算控制法等。

了解大师

控制论大师:诺伯特·维纳

诺伯特·维纳(1894—1964),美国应用数学家,控制论的创始人。

维纳的父亲列奥·维纳是语言学家,又有很高的数学天赋。他出生于俄国,智力早熟,13岁就会好几种语言;他朝气蓬勃,富于冒险精神,18岁那年单独一个人漂洋过海,移居美国;他刻苦自学,凭掌握40多种语言的才能,成为哈佛大学斯拉夫语教授。这位才华横溢、不畏艰难而又性情急躁的人决心要使儿子在学术上超人一等。

维纳认为他父亲是天生的学者,集德国人的思想、犹太人的智慧和美国人的精神于一身。从童年到青年,维纳一直在他的熏陶下生活,并逐步成长为一个学者。

维纳对科学发展所作出的最大贡献,是创立控制论。这是一门以数学为纽带,把研究自动调节、通信工程、计算机和计算技术,以及生物科学中的神经生理学和病理学等学科共同关心的共性问题联系起来而形成的边缘学科。

1947年10月,维纳写出划时代的著作《控制论》,1948年出版后,立即风行世界。维纳的深刻思想引起了人们的极大重视。它揭示了机器中的通信和控制机能与人的神经、感觉机能的共同规律;为现代科学技术研究提供了崭新的科学方法;它从多方面突破了传统思想的束缚,有力地促进了现代科学思维方式和当代哲学观念的一系列变革。

现在,控制论已有了许多重大发展,但维纳用吉布斯统计力学处理某些数学模型的思想仍处于中心地位。他定义控制论为:"设有两个状态变量,其中一个是能由我们进行调节的,而另一个则不能控制。这时面临的问题是如何根据那个不可控制变量从过去到现在的信息来适当地确定可以调节的变量的最优值,以实现对于我们最为合适、最有利的状态。"

特别值得一提的是维纳对中国的深厚感情。1935—1936年间,维纳曾经到中国的清华大学做了一年的访问研究,据维纳说,中国之行是他作为数学家和控制论专家的分界线,是他创立控制论的起点。1960年在莫斯科的 IFAC 大会上,作为控制论鼻祖的维纳看起来恃才傲物,却独独对与会的中国科学家表示了特别的友好,成为中外科学交流史上的佳话。

思考与讨论

1. 你是如何运用控制管理你的个人生活的?
2. 大学的学生会有没有控制系统?如何建立?
3. 控制应当采取什么样的标准?请提出你的建议。
4. 请列举一个控制失效的例子,并分析原因。
5. 分组讨论怎样才能建立起一个有效的控制系统,以衡量自己在管理学课程学习方面所取得的进步。该控制系统应该包括哪几方面的内容?如何运用?如何检验控制系统的有效性？

 实训题

1. 在老师指导下，围绕控制职能编写情景短剧剧本，并进行表演。
2. 模拟公司的综合评价（主要利用课余时间）。

第一阶段为自评阶段：经过一段时间的实践，由模拟公司的各个部门按工作性质的不同，责成各部门每名成员写出自检评估报告，总经理写出公司全面工作总结。模拟公司每名成员给自己打出自评分数。重点是搜集与整理有关本公司与本人绩效的信息。

第二阶段为互评和总评阶段：各模拟公司互评与教师总评，本着"公平、公正、公开"的原则，各模拟公司之间根据绩效与日常表现，互相评估打分；课上教师依据绩效及表现对各公司进行综合评估打分；最后将各部分分数进行加权汇总。

模拟公司综合评价表

阶段项目	第一阶段				阶段项目	第二阶段				
	业务目标	实施过程	完成情况	平均得分		形象	士气	计划	组织	实施效果
自评1					互评					
自评2					教师					
平均合计					合计					
总计	自评×20%+互评×30%+教师×50%=									

 综合案例

麦当劳公司的控制系统

麦当劳公司以经营快餐闻名。1955年，克洛克在美国创办了第一家麦当劳餐厅，其菜单上的品种不多，但食品质量高，价格廉，供应迅速，环境优美。连锁店迅速发展到每个州，至1983年，美国国内分店已超过5 000家。1967年，麦当劳在加拿大开办了首家国外分店，以后国外业务发展很快。到1985年，国外销售额约占它的销售总额的1/5。在40多个国家里，每天都有1 800多万人次光顾麦当劳。

第八章 控制

麦当劳金色的拱门允诺：每个餐厅的菜单基本相同，而且"质量超群，服务优良，清洁卫生，货真价实"。它的产品、加工和烹制程序乃至厨房布置，都是标准化的，严格控制的。它撤销了在法国的第一批特许经营权，因为他们尽管盈利可观，但未能达到在快速服务和清洁方面的标准。

麦当劳的各分店都为当地人所有和经营管理。鉴于在快餐饮食业中维持产品质量和服务水平是其经营成功的关键，因此，麦当劳公司在采取特许连锁经营这种战略开辟分店和实现地域扩张的同时，就特别注意对各连锁店的管理控制。

如果管理控制不当，使顾客吃到不对味的汉堡包或受到不友善的接待，其后果就不仅是这家分店将失去这批顾客光顾的问题，还会波及影响到其他分店的生意，乃至损害整个公司的信誉。为此，麦当劳公司制订了一套全面、周密的控制办法。

麦当劳公司主要是通过授予特许权的方式来开辟连锁分店。其考虑之一，就是使购买特许经营权的人在成为分店经理人员的同时也成为该分店的所有者，从而在直接分享利润的激励机制中把分店经营得更出色。特许经营使麦当劳公司在独特的激励机制中形成了对其扩展中的业务的强有力控制。麦当劳公司在出售其特许经营权时非常慎重，总是通过各方面调查了解后挑选那些具有卓越经营管理才能的人作为店主，而且事后如发现其能力不符合要求则撤回这一授权。

麦当劳公司还通过详细的程序、规则和条例规定，使分布在世界各地的所有麦当劳分店的经营者和员工们都遵循一种标准化、规范化的作业。麦当劳公司对制作汉堡包、炸土豆条、招待顾客和清理餐桌等工作都事先进行翔实的动作研究，确定各项工作开展的最好方式，然后再编成书面的规定，用以指导各分店管理人员和一般员工的行为。公司在芝加哥开办了专门的培训中心——汉堡包大学，要求所有的特许经营者在开业之前都接受为期一个月的强化培训。回去之后，他们还被要求对所有的工作人员进行培训，确保公司的规章条例得到准确的理解和贯彻执行。

为了确保所有特许经营分店都能按统一的要求开展活动，麦当劳公司总部的管理人员还经常走访、巡视世界各地的经营店，进行直接的监督和控制。例如，有一次巡视中发现某家分店自行主张，在店厅里摆放电视机和其他物品以吸引顾客，这种做法因与麦当劳的风格不一致，立即得到了纠正。除了直接控制外，麦当劳公司还定期对各分店的经营业绩进行考评。为此，各分店要及时提供有关营业额和经营成本、利润等方面的信息，这样总部管理人员就能把握各分店经营的动态和出现的问题，以便商讨和采取改进的对策。

麦当劳公司的再一个控制手段，是在所有经营分店中塑造公司独特的组织文化，这就是大家熟知的"质量超群，服务优良，清洁卫生，货真价实"口号所体现的文化价值观。麦当劳公司的共享价值观建设，不仅在世界各地的分店，在上上下下的员工中进行，而且还将公司的一个主要利益团体——顾客也包括进这支建设队伍中。麦当劳的顾客虽然被要求自我服务，但公司特别重视满足顾客的要求，如为他们的孩子们开设游戏场所，提供快乐餐和组织生日聚会等，以形成家庭式的氛围，这样既吸引了孩子们，也增强了成年人对公司的忠诚感。

案例分析题：

  1. 麦当劳提出的"质量超群，服务优良，清洁卫生，货真价实"口号如何反映它的公司文化？以这种方式来概括一个组织或公司的文化，具有哪些特色或不足？

  2. 麦当劳公司所创设的管理控制系统具有哪些基本构成要素？

  3. 该控制系统如何促进了麦当劳公司全球扩张战略的实现？

看图说事

哪顶帽子合适

● 管理者不要"张冠李戴"哦

  要求：结合上述漫画内容，谈谈你的感悟。

参 考 文 献

[1] 王凤彬，李东．管理学．第 2 版．北京：中国人民大学出版社，2003
[2] 潘大钧．管理学教程．北京：经济管理出版社，2003
[3] （美）托玛斯·贝特曼，斯考特·斯奈尔．管理学：构建新时代的竞争优势．第 5 版．北京：中国财政经济出版社，2004
[4] （美）加里·戴斯乐．管理学精要．第 2 版．北京：中国人民大学出版社，2004
[5] 蒋永忠，张颖．管理学基础．大连：东北财经大学出版社，2006
[6] （美）斯蒂芬·P. 罗宾斯．管理学．第 7 版．北京：中国人民大学出版社，2006
[7] 余凯成．组织行为学．第 2 版．大连：大连理工大学出版社，2002
[8] 张明玉．管理学．北京：科学出版社，2005
[9] 谭力文．管理学．第 2 版．武汉：武汉大学出版社，2004
[10] 杨孝伟．管理学——原理、方法与案例．武汉：武汉大学出版社，2004
[11] 郑美群．管理学——原理、方法与前沿理论．长春：吉林人民出版社，2002
[12] 戚安邦．管理学．北京：电子工业出版社，2006
[13] 刘兴倍．管理学原理．北京：清华大学出版社，2004
[14] 单凤儒．管理学基础．第 2 版．北京：高等教育出版社，2004
[15] 杨文士，焦叔斌等．管理学原理．北京：中国人民大学出版社，2004
[16] 周三多，陈传明，鲁明泓．管理学——原理与方法．第 4 版．上海：复旦大学出版社，2005
[17] 王利平．管理学原理．北京：中国人民大学出版社，2003
[18] 刘光明．企业文化．第 3 版．北京：经济管理出版社，2001
[19] 戴淑芬．管理学教程．北京：北京大学出版社，2000
[20] （美）哈罗德·孔茨，海因茨·韦里克．管理学．第 11 版．北京：经济科学出版社，2005
[21] 周三多．管理学——教与学导引．上海：复旦大学出版社，2005
[22] 徐光华，暴丽艳．管理学——原理与应用．北京：清华大学出版社，2004
[23] 刘汴生．管理学．北京：科学出版社，2006
[24] 邢以群．管理学．杭州：浙江大学出版社，2005

[25] 宝利嘉顾问，尹毅夫．中国人的管理行为．北京：中国社会科学出版社，2003
[26] 宝利嘉顾问，尹毅夫．中国人的管理功夫．北京：中国社会科学出版社，2003
[27] 北京交通大学管理学精品课程网：
　　http://col.njtu.edu.cn/jingpinke/06jpsb/jgxy/glx/管理学课程网/管理学课程网/shouye.asp
[28] 东北师范大学商学院管理学精品课程网：http://hhh.nenu.edu.cn/Default.asp
[29] 河北大学管理学精品课程网：http://course.hbu.edu.cn/2004/glx.asp
[30] 易迈管理学习网：http://www.mba163.com/index.shtml
[31] 企业文化网：http://www.7158.com.cn